Wie wir träumen

Douwe Draaisma

Wie wir träumen

Aus dem Niederländischen
von Verena Kiefer

Galiani Berlin

Der Verlag dankt der Niederländischen Literaturstiftung
für die Förderung der Übersetzung.

N ederlands
letterenfonds
dutch foundation
for literature

MIX
Papier aus verantwor-
tungsvollen Quellen
FSC® C083411

Verlag Kiepenheuer & Witsch, FSC® N001512

1. Auflage 2015

Titel der Originalausgabe: *De Dromenwever*
Copyright © Historische Uitgeverij, Groningen, Niederlande 2013
All rights reserved
Aus dem Niederländischen von Verena Kiefer
Verlag Galiani Berlin
© 2015, für die deutsche Ausgabe
Verlag Kiepenheuer & Witsch GmbH & Co. KG, Köln
Umschlaggestaltung: Manja Hellpap und Lisa Neuhalfen, Berlin
Umschlagmotiv: © plainpicture/Demurez Cover Arts
Autorenfoto: © Sake Elzinga
Lektorat: Esther Kormann
Gesetzt aus der Minion Pro und der Scala Pro
Satz: Buch-Werkstatt GmbH, Bad Aibling
Druck und Bindung: CPI books GmbH, Leck
ISBN 978-3-86971-101-0

Weitere Informationen zu unserem Programm finden Sie
unter *www.galiani.de*

Es ist charakteristisch für Träume, dass sie dem Träumenden oft nach einer Interpretation zu verlangen scheinen.
Man ist kaum je geneigt, einen Tagtraum aufzuschreiben
oder ihn jemandem zu erzählen oder zu fragen: »Was bedeutet er?« Aber Träume scheinen etwas Rätselhaftes und
auf besondere Weise etwas Interessantes an sich zu haben –
sodass wir sie gedeutet haben möchten.

Ludwig Wittgenstein in einem Gespräch mit Rush Rhees
im Jahre 1943

Inhalt

Ein Wort vorab

Bücher über Träume – ich habe immer einen großen Bogen um sie gemacht. In der Buchhandlung standen sie meist im falschen Regal, bei Esoterik und Spiritualität, neben Werken über Aura-Lesen und Astralwanderung. In der Regel geht es um Traumdeutung, es handelt sich um Traumwörterbücher und Traumlexika, in denen man nachschlagen kann, was es bedeutet, wenn man von einem Schlüssel träumt, einem sich aufbäumenden Pferd oder einem umgefallenen Baum. Zwei dieser Bücher reichen vollkommen für die Feststellung, dass sie den Intellekt beleidigen: In dem einen Buch bedeutet das Pferd etwas ganz anderes als in dem anderen und beide gehen offensichtlich von dem Gedanken aus, es mache keinerlei Unterschied, ob dieses Pferd einem sechzehnjährigen Mädchen im Traum erscheint oder einem sechzigjährigen Mann.

Eine zweite Kategorie von Büchern über Träume stand nicht bei der Esoterik, schien aber genauso uninteressant: Ausführungen von Neurologen oder Physiologen drehen sich vor allem ums Schlafen. Man erfährt alles Mögliche über die Unterschiede zwischen REM- und Tiefschlaf, Alpha- und Betawellen beim EEG, wechselnde Hormonspiegel und die Lösung motorischer Blockaden. Der Anteil, der sich wirklich mit Träumen beschäftigt, ist zugunsten des Messbaren bei einem schlafenden Gehirn oder Körper eher kein Thema.

Auch mein eigenes Traumleben entfesselte keine beseelte wissenschaftliche Neugier. Es ist so gut wie nicht vorhanden. Meine wenigen Träume sind nicht besonders spektakulär, mit Ausnahme vielleicht des einen über Annejet van der Zijl (im Kapitel über Prüfungsträume), und meistens habe ich sie schnell wieder vergessen. Viel Symbolik findet sich nicht darin, es sei denn, ich übersehe sie. Auch Erzählungen anderer über ihre Träume hinterließen selten Eindruck. Erzähltechnisch weisen Traumberichte fatale Mängel auf. Sie fangen einfach mittendrin an und hören kurz vor der Lösung auf, ihr Verlauf ist kapriziös, die Ereignisse sind bizarr. Früher oder später taucht ein sprechendes Kaninchen auf und danach wird aufmerksames Zuhören immer schwieriger. Was mit »Was ich da geträumt habe! –« beginnt und mit »– und dann wurde ich wach« endet, ist fast immer eine Non-Geschichte. Henry James formulierte sein »tell a dream, lose a reader« als ein literarisches Gesetz, aber es könnte auch für die Etikette am Frühstückstisch gelten.

Vor drei Jahren fand diese umfassende Gleichgültigkeit ein jähes Ende. Eine befreundete Künstlerin fragte mich, ob ich wohl für sie herausfinden könne, was über die Träume von Blinden bekannt sei. Geburtsblinde träumen ohne visuelle Bilder, aber was geschieht stattdessen in ihren Träumen? Wird dieser Raum mit Geräuschen, Gerüchen, Tasteindrücken gefüllt? Ist ein Traum ohne Bilder überhaupt noch ein Traum? Ich versprach, ihr ein kleines Dossier zusammenzustellen, und begann zu lesen.

Nie zuvor ist mir ein Thema so unter den Händen aufgegangen wie diese Träume von Blinden.

Schon 1838 berichtete ein deutscher Arzt, was ihm Bewohner von Blindenheimen über ihre Traumerfahrungen erzählt hatten. Heute lädt man Blinde in Laboratorien ein und unterzieht sie Experimenten mit MRT-Scannern. In den anderthalb Forschungsjahrhunderten dazwischen hat man Antworten auf eine lange Reihe faszinierender Fragen gesammelt. Bedeutet das Fehlen von Bildern zusätzlichen Raum für andere Sinne? Träumen Blinde zum Beispiel häufiger von Musik oder Gesprächen? Bleiben die visuellen Bereiche in ihrem Gehirn ungenutzt oder werden sie allmählich von anderen Sinnesorganen kolonisiert? Und wenn Menschen erst später erblinden, verschwinden die Bilder dann auch nach und nach aus ihren Träumen? Träumen sie noch eine Zeit lang weiter von sich selbst als einer Person, die normal sehen kann, so wie Menschen, die sich einer Amputation unterziehen mussten, manchmal noch jahrelang träumen, ihr Körper sei intakt? Kann man als Blinder träumen, dass man sieht? Oder in Bildern träumen, dass man blind ist?

Das Fehlen dieses einen Sinnesorgans öffnete ein Fenster. In Träumen von Blinden waren Fragen verborgen, die sich teils auf experimentelle Forschung bezogen und teils auf die Introspektion von Blinden. Aber sie hatten auch eine angenehm zersetzende Wirkung darauf, was ich im Hinblick auf meine eigenen Träume immer für selbstverständlich gehalten habe. Versucht man als Sehender in Form eines Gedankenexperiments, alles Visuelle aus den eigenen Träumen zu verbannen, und glaubt dann, das Verbleibende entspräche dem Traumleben von Blinden, ist man sich meist nicht bewusst, dass Blinde ohne visuelle Vorstellungen dennoch über *räumliche* Vorstellungen verfügen. Irrtümlich denkt man zu viel weg. Ein Stuhl hat im Traum eines Blinden keine Farbe, wohl aber eine Form.

Auch die physiologischen Befunde aus dem Schlaflabor zeigten bei näherer Betrachtung interessante Konsequenzen für Träume. Während des REM-Schlafs bewegen sich die Augäpfel unter den geschlossenen Lidern wild hin und her, die »rapid eye movements«, denen diese Schlafphase ihren Namen verdankt. Früher dachte man, diese Bewegungen entstünden durch den Versuch, die Ereignisse im Traum mit den Augen zu verfolgen. Ein wesentliches Argument gegen diese Hypothese ist Studien mit Blindgeborenen zu verdanken; auch sie zeigen diese schnellen Augenbewegungen.

Ich berichtete jener Freundin, was ich über die Träume von Blinden in Erfahrung gebracht hatte, und dankte ihr für den so unerwartet inspirierenden Anstoß, der mich zum Nachdenken anregte – was hatte ich möglicherweise noch alles gedankenlos und fahrlässig übersehen? Von dem Moment an schien es, als würde jede Frage eine weitere aus den Kulissen auf die Bühne schicken. Wenn die Bilder in einem Traum wirklich wie »eine Art Film« erfahren werden, weshalb fällt es dann so schwer, die Frage zu beantworten, ob man sie in Farbe oder in Schwarz-Weiß träumt? Man *weiß* doch, ob man einen Film in Farbe oder in Schwarz-Weiß gesehen hat? Wenn man sich sicher ist, in Farbe zu träumen, haben die Traumszenen dann ihre natürliche Farbe oder gibt es feine Abweichungen, die dem Träumenden verdeutlichen, dass er träumt? Kann man sich während eines Traums bewusst werden, dass man träumt? Bedeutet das dann auch, dass man den Traum steuern kann? Warum akzeptiert man bizarre Ereignisse und Inkonsistenzen in einem Traum als vollkommen selbstverständlich, während man beim Nacherzählen sofort über sie stolpert? Immer wieder tauchten Einzelheiten auf, über die ich nie nachgedacht hatte, jetzt aber gern eine Erklärung dafür hören würde. Viele Menschen haben in stressigen Zeiten Prüfungsträume. Sie müssen ein Examen wiederholen, meist die Schulabschlussprüfung, und die geht völlig daneben. Aber weshalb handelt es sich – wie Untersuchungen ausweisen – immer um ein Examen, das man einst bestanden hat? Warum ruft der Stress des Tages nachts nicht die Erinnerung an eine Prüfung auf, bei der man tatsächlich durchgefallen ist?

Was bei den Träumen von Blinden geschehen war, wiederholte sich bei anderen Traumarten – ob Prüfungstraum oder Nackttraum, erotischer Traum oder Albtraum, Klartraum oder Flugtraum –, immer war es, als würde man beim Denken und Lesen etwas auspacken, als würde die Rätselhaftigkeit dieser Träume erst sichtbar, wenn hier und dort Schleier gelüftet wurden. Nach einigen Monaten war es unmöglich, *nicht* über Träume zu schreiben.

Die meisten Kapitel in *Wie wir träumen* folgen den Pfaden meiner Neugier. Sind sexuelle Träume Ausdruck tiefster sexueller

Sehnsüchte? Stimmen sie mit sexuellen Fantasien überein oder haben Träume ihr eigenes Repertoire? Warum ist die Angst in Albträumen so häufig mit dem Gefühl verbunden, sich nicht bewegen zu können? Warum werden Flugträume immer als angenehm erfahren? Wo bleibt bei all diesem Fliegen und Schweben die Angst, man könne fallen? Wie kann diese eigenartige Doppelung entstehen: Träumen und wissen, dass man träumt? Und natürlich die schwierigste aller Fragen: *Bedeuten* Träume etwas? Sagen sie etwas über den Träumer? Oder ist die Traumgeschichte ein unbeholfener Versuch – unseres Unterbewusstseins oder eines Teils unseres Gehirns –, Logik in etwas zu bringen, das in Wirklichkeit nur eine Salve chaotisch feuernder Gehirnzellen ist?

Ich habe mich dafür entschieden, die Statistik bei den Träumen und die Träume bei der Statistik zu halten. In den meisten wissenschaftlichen Veröffentlichungen über Träume, vor allem in den neueren, kommen kaum Träume vor. Sie werden gezählt, kategorisiert und mit Persönlichkeit, Alter, Geschlecht, Kreativität, Kultur, Schlafphase, Medikamentengebrauch, Gehirnaktivität, Hormonen und einem weiteren Dutzend anderer Faktoren korreliert, aber die Träume selbst sind nach und nach daraus verschwunden. So seltsam es auch klingen mag, in Artikeln über erotische Träume stehen keine erotischen Träume, in Monografien über Albträume keine Albträume. Diese Literatur dient dazu, Licht in den Zusammenhang zwischen dem Auftreten verschiedener Arten von Albträumen und Schlafstadien oder erotischen Träumen und genitaler Erregung zu bringen. *Was* die Menschen träumen und was diese Träume für sie bedeuten, ist daraus nicht abzuleiten.

Für Traumsammlungen hingegen, wie sie in Traumjournalen und Tagebüchern zu finden sind, gilt die spiegelbildliche Beanstandung. In diesen sind die Träume selbst wiedergegeben, aber es fehlt an Analyse und Zusammenhang. So viel auch aus der Perspektive moderner Traumforschung gegen Freud vorzubringen ist – mit seiner *Traumdeutung* startete er im Jahr 1900 den tapferen Versuch, sich beidem zu widmen, den Träumen *und* ihrer Analyse. Dasselbe Verdienst gebührt dem Werk seines niederländischen Kollegen, Frederik van Eeden, Psychiater und Schriftsteller. Er war nicht nur der Namensgeber des »luziden« Traums, des Traums, in dem einem klar ist, dass man träumt, sondern er begann mit fünfzehn, im Jahr 1875, seine Träume in Tagebüchern und Traumjournalen zu notieren, und setzte dies bis 1927, fünf Jahre vor seinem Tod, fort. Die Traumjournale umfassen etwa tausend Träume. Zu der Zeit, als Freud in der *Traumdeutung* auflistete, was er »typische Träume« nannte, Träume, von denen er dachte, fast jeder habe sie mal, wie Nacktträume, Flugträume und Prüfungsträume, hatte Van Eeden derlei Träume schon ein Vierteljahrhundert lang notiert und sie mit seinem persönlichen aktuellen Leben in Verbindung gebracht. Wie die meisten von uns hatte Van Eeden kein grandioses Gedächtnis für Träume, er musste sie gleich morgens aufschreiben und manchmal erinnerte er sich an erst zwei Wochen alte Träume beim erneuten Lesen seiner Hefte schon nicht mehr, doch manche seiner Träume werden sich dem Gedächtnis des Lesers gewiss einprägen. *Seine* Geschichten wären an jedem Frühstückstisch willkommen gewesen! Van Eeden ist neben Freud in diesem Buch der meistzitierte Autor.

Apropos Freud – für ihn und die Psychoanalytiker, die sich im letzten Jahrhundert mit Träumen beschäftigt haben, ist eine Doppelrolle vorgesehen. Vorbehalte gegenüber der Gültigkeit und Nachprüfbarkeit der psychoanalytischen Traumtheorie sind berechtigt. Trotzdem muss man in einigen Kapiteln auch den Hut ziehen: Psychoanalytiker haben sogar in einer Zeit, als die Psychologie Träume als zu flüchtig und zu subjektiv für Untersuchungen abgetan hatte, weiter über Träume nachgedacht und geschrieben. Erst 1953, als Träume etwas Messbares zu haben schienen, kehrten sie als wissenschaftlich respektables Forschungsthema auf die Tagesordnung zurück. Psychoanalytiker waren lange Zeit die »Hüter dieser Flamme«. *Was* sie über Träume schrieben, war außerdem von erfrischender Offenherzigkeit – so offenherzig, dass sie damit auch nur in ihren eigenen Kreisen punkten konnten. Die Zeitschriften, in denen die meisten Befunde der Psychologie veröffentlicht wurden, waren für Artikel über das Nachtleben schlichtweg zu prüde.

Im ersten Kapitel findet sich das meiste dessen, was über die neuronale Maschinerie des Träumens – das Gewebe, die Fäden – und die quantitative Analyse ihres Inhalts erzählt werden muss. Manche Teile unseres Gehirns müssen wachen, während wir schlafen, und beginnen dann Geschichten zu spinnen, die wir als Träume erfahren. Diese Träume stehen unter dem Einfluss von Fluktuationen im EEG, Neurotransmittern, Hormonen und noch etlichen anderen neuronalen und physiologischen Bedingungen. Schlaflabore, die nach 1953 überall auf der Welt eingerichtet wurden, haben im letzten halben Jahrhundert viel zur Klärung der Frage beigetragen, wie es unserem Gehirn gelingt, uns träumen zu lassen.

Damit ist jedoch nicht erklärt, *was* wir träumen. Sogar »zerebrale Konstanten«, Gehirnprozesse, die sich bei jedem Menschen auf exakt gleiche Weise abspielen, rufen Träume hervor, die sich je nach Individuum unterscheiden. Das Phänomen »Schlaflähmung« ist ein gutes Beispiel dafür: Eine ausgesprochen spezifische neurologische Störung verursacht einen halluzinierenden Traum, den jeder Mensch als beängstigend erfährt, aber die Form, die diese Angst annimmt, kann vom religiösen Hintergrund des Träumers oder den Gruselgeschichten abhängen, mit denen er aufgewachsen ist. Neurologische und physiologische Prozesse kennzeichnen bei Träumen immer wieder Bedingungen, nicht die Geschichte und schon gar nicht, was die Geschichte für den Träumenden bedeutet.

Für alle anderen Kapitel bot sich keine Reihenfolge an, wohl aber eine Gruppierung. Die drei ersten handeln von »typischen Träumen«, um noch kurz bei Freuds Formulierung zu bleiben, nämlich von Flugtraum, Nackttraum und Prüfungstraum. Freud selbst fand sie nicht so interessant, weil »jeder« sie hat. Schon bald hatte sich das Thema für ihn erschöpft. Aber gerade wegen der leicht zu erkennenden Gründe eignen sich typische Träume dazu, ihre Empfindsamkeit gegenüber historischer, kultureller oder persönlicher Variation zu analysieren. Treten Prüfungsträume vor allem in leistungsorientierten Gesellschaften auf, in denen gesellschaftliche Positionen von offiziellen Ausbildungen und Diplomen abhängen? Oder kommen sie eher, wenn sich jemand unter Druck gesetzt fühlt und der Traum ihn zu einer ähnlichen Situation in der Vergangenheit führt? Verweist das nicht bestandene Examen auf Versagensängste? Auch Nacktträume rufen solche Fragen hervor. Träumt man diese nur in einer Kultur mit bedeckender Kleidung? Oder ist der wahre Kern des Traums nicht die Nacktheit, sondern die intensive Scham, die man als Träumender empfindet? Bekommt diese Scham in anderen Kulturen dann auch einen anderen Ausdruck? Oder geht es in Nacktträumen nicht um die Nacktheit oder die Scham, sondern um das Desinteresse und die Gleichgültigkeit, mit der andere Personen im Traum auf die Nacktheit reagieren?

Auch die anschließenden Kapitel über prophezeiende und luzide Träume gehören zusammen. Mit keiner anderen Traumkategorie ist so viel experimentiert worden wie mit diesen. Während des Träumens sollte in beiden Kategorien Kontakt mit der Welt außerhalb des Traums hergestellt werden. Weit vor der Ära der Schlaflaboratorien bemühte sich Van Eeden in seinen luziden Träumen, der Außenwelt ein Zeichen zu geben, dass er gerade träumte. Er versuchte alles Mögliche: Rufen, lautes Singen, einmal bat er sogar jemanden, dem er – im Traum – begegnete, ihm, Van Eeden, einen Brief zu schicken, zum Beweis, dass diese Begegnung tatsächlich stattgefunden habe. Ein halbes Jahrhundert später kamen luzide Träumer als Versuchspersonen ins Schlaflabor und bemühten sich, mit Augenbewegungen ein vereinbartes Signal zu geben, sobald die Bewusstwerdung eingesetzt hatte.

Noch viel ausführlicher ist die Literatur über Träume, die so genau in Erfüllung gegangen sind, dass sie schon fast als prophetisch betrachtet werden müssen. Ende der Sechziger-, Anfang der Siebzigerjahre hat man in verschiedenen Schlaflaboren versucht, Träume experimentell zu manipulieren: Meist sollte ein »Sender« einem »Empfänger«, der anderswo schlief, auf telepathischem Weg Informationen zum Traum zukommen lassen. Auch außerhalb des Labors wurden telepathische und hellseherische Träume auf ihren Wahrheitsgehalt untersucht, unter anderem bei der Entführung von Gerrit Jan Heijn, einst der Topmanager von Ahold. Sowohl luzide als auch prophetische Träume wurden im groß angelegten Stil durch die Maschinerie der modernen Traumforschung gedreht, mit aller technischen und statistischen Verfeinerung, die nur mobilisiert werden konnte.

Die dann folgenden drei Kapitel versuchen, die »Bilder« in Träumen zu präzisieren. Was »sieht« man eigentlich, wenn man träumt? Betrachtet man die Bilder, die einem der Traum auftischt, wie ein Zuschauer einen Film? Weiß man von diesen Bildern dann auch, ob sie Farben enthalten, oder sieht man sie in Schwarz-Weiß? Oder ist dieser Film eine irreführende Metapher für die Erfahrung eines Traums, in dem man immer selbst vorkommt? Stehen Träume vielleicht auf eine ganz andere Art unter dem Einfluss visueller Medien? Macht es, wie manche Forscher argumentiert haben, für die Wahrnehmung des eigenen Traumlebens einen Unterschied, ob man mit Filmen in Schwarz-Weiß oder mit Farbfilmen aufgewachsen ist? Und können filmische Konventionen der Traumwiedergabe – etwa der Wechsel von Farbe auf Schwarz-Weiß – umgekehrt das Traumleben beeinflussen?

Das Kapitel über Träume von Blinden enthält ein Interview mit dem blinden niederländischen Schriftsteller und Kabarettisten Vincent Bijlo. Er vermittelt die Perspektive des Ich-Erzählers, die Introspektion den Bericht von innen heraus. Seine Träume sind ohne Bild, aber deswegen noch lange kein »Hörspiel«, wie man ihm hin und wieder helfend vorschlägt. Er berichtet über die Gestalt und das Erleben luzider Träume, über Nacktträume und erotische Träume, über das Verhältnis zwischen Traum und – auch bei ihm – visueller Sprache, in der man von Träumen erzählt, und vor allem darüber, wie nicht etwa die Blindheit, sondern seine zunehmende Taubheit in Träumen auftauchte.

Manche Träume scheinen gerade erst begonnen zu haben, da werden wir auch schon wieder wach: der Wecktraum. Im Zimmer fällt etwas um, draußen erklingt ein ungewohntes Geräusch, der Wecker läutet – und innerhalb weniger Sekunden, so scheint es, hat man einen Traum, in dem dieses Geräusch den vollkommen natürlichen Schluss der Traumgeschichte bildet. Der Traum endet also mit seiner eigenen Ursache. Das ist nicht das einzige Rätsel des Wecktraums. Wie schafft es unser Gehirn so schnell, eine glaubwürdige Geschichte zu weben? Oder scheint es nur schnell, weil der Weckreiz in Wirklichkeit in einen schon laufenden Traum fiel? Was wissen wir eigentlich vom Zeitverlauf in Träumen?

Auch Albträume und erotische Träume bilden am Ende des Buches ein Paar – wenn auch nur, weil der »erotische Albtraum« jahrhundertelang eine ebenso selbstverständliche Traumkategorie gebildet hat wie jetzt der Flugtraum oder der Wecktraum. Das Verhältnis des gegenseitigen Ausschlusses, das jetzt so natürlich scheint, gibt es noch nicht allzu lange. Neurologen und Physiologen haben mit den fortschrittlichsten Techniken versucht, Einfluss auf diese beiden Traumarten zu gewinnen. Beim Albtraum war dies erfolgreich – vieles rund um die verschiedenen Arten von Angstträumen und die somatischen Prozesse, mit denen sie einhergehen, wurde aufgeklärt. Beim erotischen Traum ist das nicht gelungen. Allein schon die Erforschung des Verhältnisses zwischen erotischen Träumen und Erektionen, auf den ersten Blick keine allzu komplizierte Frage, warf so viele neue Fragen auf, dass der erotische Traum heute ein größeres Rätsel darstellt als noch vor einem Jahrhundert.

In ihrem Gedicht »Sleeping standing up« schreibt Elizabeth Bishop, die Welt mache eine Vierteldrehung, wenn man sich

schlafen lege, sie bewege sich um »neunzig dunkle Grade«, sodass Gedanken, die tagsüber ruhig auf dem Rücken lägen, jetzt
aufrecht stehend einen dichten Wald aus Stämmen bilden. Auch
die Erforschung von Träumen und der Literatur, in der sie ihren Niederschlag gefunden hat, ist ein solch undurchdringlicher
Wald. Dort ist es immer dämmrig, es gibt kaum Wege, und die
Pfade, die andere eingeschlagen hatten, sind häufig wieder zu-
gewachsen. Ein Wald, der eine geheimnisvolle Anziehungskraft
ausübt. Aber nachdem man aus ihm zurückgekehrt ist und wieder auf offenem Feld steht, ist man immer auch etwas erleichtert,
nicht von diesem Wald verschlungen worden zu sein.

1. Der Traumweber.
Über das Gehirn und Träume

Manche Wissenschaftler verspüren nach ihrer Emeritierung die Sehnsucht, sich zugleich mit den akademischen Verpflichtungen auch von den Einschränkungen des Spezialgebiets zu befreien. Nach einer langen Laufbahn im Chemielabor, in der Hirnforschung oder der Virologie ist es an der Zeit, sich größeren Fragen zu stellen: dem Verhältnis von Glaube und Wissenschaft, der Organisation der Gesellschaft, dem Platz des Menschen in einem materiellen Universum.

Für den herausragenden Neurophysiologen Charles Sherrington – Nobelpreisträger 1932 – kam dieser Zeitpunkt, als man ihn 1937 bat, die Gifford Lectures zu halten. Nach einer glänzenden Karriere auf dem Gebiet der Nervenimpulse und neuronalen Reflexe nahm er sich jetzt, gereift und achtzig Jahre alt, die Freiheit, das Verhältnis zwischen Gehirn und Bewusstsein aus einer umfassenderen, philosophischen Perspektive zu betrachten. Die Vorlesungen erschienen 1940 unter dem Titel *Man on his Nature*.[1]

Viele seiner Reflexionen sind seither dem Vergessen anheimgefallen. Einer Metapher und zwei Druckseiten verdankt Sherrington, dass sein Buch dennoch zum Zitatenklassiker geworden ist. Er lädt den Leser ein, sich die Aktivität in Gehirn und Rückenmark beim Aufwachen als eine große Menge von Lichtpunkten vorzustellen, die sich schnell und rhythmisch an Bahnen und

Knotenpunkten entlangzubewegen beginnt. »Die große oberste Fläche der Masse, dort, wo kaum ein Licht geblinkt oder sich gerührt hatte, wird jetzt ein flimmerndes Feld von rhythmisch aufleuchtenden Punkten mit Zügen von wandernden Funken, die hin und her eilen.« Und dann folgt die berühmte Metapher: »Schnell wird die Kopfmasse ein zauberischer Webstuhl, wo Millionen flitzender Schiffchen ein sich immer wieder auflösendes Muster weben, stets ein bedeutungsvolles, wenn auch nie ein dauerndes; eine veränderliche Harmonie von Teilmustern.«[2] Das Gehirn ist wach, die Schussspulen werden für den Rest des Tages weiter hin- und herflitzen.

In einem schlafenden Gehirn hingegen herrscht Dämmerlicht. Nur wenige Bahnen und Knotenpunkte sind beleuchtet. An einigen Stellen ist noch ein wenig Aktivität, um Atmung und Herzschlag in Gang zu halten, aber »das große verwickelte Kopfstück des ganzen schlafenden Systems liegt größtenteils dunkel, ganz besonders das Großhirn. Gelegentlich flammen an Stellen in ihm leuchtende Punkte auf oder bewegen sich, aber erlöschen bald.«[3] Der Webstuhl hat angehalten, reglos steht er im Halbdunkel, erst am nächsten Morgen wird er funkend wieder zum Leben erwachen.

Sherrington starb 1952. Im Jahr darauf berichtete *Science* über eine Entdeckung, die den nächtlichen Teil von Sherringtons Metapher schlagartig in eine überholte Vorstellung verwandelte.[4]

Eugene Aserinsky vom Schlaflabor der Universität von Chicago hatte bei EEG-Aufzeichnungen entdeckt, dass schlafende Gehirne etwa vier- bis fünfmal pro Nacht plötzlich aktiv werden. Die Versuchsperson schläft einfach weiter, anscheinend ist alles noch in tiefer Ruhe, aber ihr Gehirn ist hellwach. Es ist, als würden alle Lichter aufleuchten und der Webstuhl webte plötzlich mit derselben Geschwindigkeit wie tagsüber seine Muster. Weckte man die Versuchspersonen in dieser Schlafphase, war die Chance groß, dass sie gerade träumten. Es dauerte ein Weilchen, bis allen die Konsequenzen dieser Beobachtung bewusst wurden – in der Neurophysiologie vom Schlafen und Träumen hatte eine Umwälzung stattgefunden. Sherringtons Schussspulen webten auch in der Nacht ihre flüchtigen Muster. Und manche davon, so schien es, erfahren wir als einen Traum.

In der Traumforschung gilt 1953 als ein Revolutionsjahr – zu Recht. Aber es hat noch mehr Revolutionsjahre gegeben: 1900, 1929, 1966, 1977. Nicht alle Jahre sind gleichermaßen bekannt und sie werden hier auch nicht alle gleich detailliert zur Sprache kommen, aber bei allem, was man jetzt über die Entstehung, die Funktion und die Bedeutung von Träumen zu wissen glaubt, kann man sie in der Einleitung nicht ignorieren. Stellt man sich vor, die Neurophysiologie von Träumen sei ein Tresor, so bräuchte man zum Öffnen zwei Schlüssel, die gleichzeitig umgedreht werden müssten. Über den ersten verfügte man 1929, über den zweiten ab 1953. Nach 1953 schien alles, was zuvor über Träume publiziert worden war, zu einem »vorwissenschaftlichen« Stadium zu gehören. Im Jahr 1900 war allerdings auch schon einmal unterstellt worden, die wirklich wissenschaftliche Erörterung von Träumen habe soeben erst begonnen.

Der Königsweg

In der ersten Novemberwoche des Jahres 1899 kam *Die Traumdeutung* in den Buchhandel.[5] Als Erscheinungsjahr hatte der Verlag 1900 angegeben, damit man es nicht gleich als Buch aus dem vorigen Jahrhundert abstempeln würde. Sehr hoch war die Auflage nicht – sechshundert Exemplare – und es dauerte auch eine ganze Weile, bis sie alle ihren Weg zu einem Käufer gefunden hatten. Erst 1909 wurde eine zweite Auflage benötigt.

Wer heute noch einen Erstdruck erwerben möchte, wird tief in den Beutel greifen müssen. Ab und zu werden antiquarisch noch Exemplare angeboten, sie erzielen Preise über fünftausend Euro. Die nachfolgenden Auflagen sind deutlich weniger selten. Die

Auflagen stiegen und folgten in kurzen Abständen. 1930 erschien die achte und die letzte, die Freud selbst noch überarbeitete.

Zu der Zeit, als Freud sich in Ausbildung zum Neurologen befand und seine Praktika im physiologischen Labor ableistete, entsprach das Äußere wissenschaftlicher Instrumente ihrer Funktion, aber auch ästhetischen Ansprüchen. Sie wurden in Messing oder Bronze ausgeführt, in Glas und glänzendem Mahagoni, wie es dem Stil ihrer Zeit entsprach. Was sie auch tun sollten – elektrische Reize messen oder Reaktionszeiten registrieren –, die Form der Instrumente besaß immer eine gewisse Anmut. Einem solchen Instrument ähnelt Freuds Traumtheorie. Wer in der *Traumdeutung* zu lesen beginnt – und natürlich bereit ist, Freuds Ausgangspunkte zu akzeptieren –, sieht ein kunstvoll entworfenes Instrument, dessen Achsen und Räder elegant ineinandergreifen. Dieser Eindruck verstärkt sich noch bei einer zweiten, weniger bekannten Veröffentlichung Freuds über seine Traumtheorie. Noch kein Jahr nach dem Erscheinen der *Traumdeutung* beschloss er, besorgt über die schwache Resonanz, einen kurzen Abriss seines Hauptwerks zu verfassen. Dieses Mal beschränkte Freud sich auf die essenziellen Mechanismen der Entstehung und Deutung des Traums, ohne historische Darstellungen und ausführliche Analysen seiner eigenen Träume. *Über den Traum* erschien über mehrere Ausgaben in einer psychiatrischen Zeitschrift und zählte kaum vierzig Seiten. Der Abriss war im Vergleich zum großen Werk wie eine Entwurfsskizze zum Instrument selbst.[6]

Seine Traumtheorie, schrieb Freud, sei aus einer Methode entstanden, die ihren Wert bereits bei der Behandlung von Wahnzuständen und Hysterie bewiesen habe, die freie Assoziation. Er lud seine Patienten ein, ungehemmt zu erzählen, was ihnen gerade in den Sinn kam, so willkürlich und trivial diese Einfälle auch schienen. Bei der Analyse seiner eigenen Träume hatte er gemerkt, dass gerade diese Assoziationen alles Mögliche auslösten, halb vergessene Erinnerungen, Impulse, Gefühle, Stimmungen, Sehnsüchte.

Das alles stecke nicht im Traum selbst, sondern werde durch ihn hervorgerufen. Der Traum, wie er in der Erinnerung verfügbar sei, der manifeste Traum, unterscheide sich von dem Traum, der die wirklichen Traumgedanken enthielte, der latente Traum. Die Übertragung oder die Darstellung des latenten Traumgedankens im manifesten Traum nannte er »Traumarbeit«, das Wieder-unge-schehen-Machen desselben »analytische Arbeit«.

Kinderträume sind meist noch einfache, unverhüllte Wunschträume. Ein Junge, der seinem Onkel ein Körbchen mit Kirschen hatte geben müssen und selbst nur ein paar davon probieren durfte, träumte in dieser Nacht, er habe alle Kirschen aufgegessen. Ein Mädchen, das bei seiner Tante übernachtete und in einem großen Bett geschlafen hatte, träumte, sie habe in einem viel zu kleinen Bett gelegen, zweifelsohne der Ausdruck ihres Wunsches, jetzt schon »groß« zu sein. Diese Träume zeigen in ihrer Durchsichtigkeit zwei Eigenschaften, die auch die Träume Erwachsener kennzeichnen. Sie schließen an das Leben am Tag an, meistens an etwas, das am Tag zuvor geschehen ist, sie werden um einen »Tagesrest« herumgesponnen. Und sie stellen den Wunsch so dar, dass dieser in Erfüllung geht. Manche Träume von Erwachsenen haben noch den »infantilen« Charakter von Kinderträumen, wie bspw. die Träume von Mitgliedern einer Polarexpedition, die inmitten ihrer Entbehrungen von opulenten Mahlzeiten und von Bergen von Tabak träumen, aber meist braucht es größere Anstrengungen, um den verborgenen Wunsch zu ermitteln. Dass einer seiner Patienten träumte, seine Frau habe unerwartet ihre Monatsblutung bekommen, musste wohl bedeuten, dass er hoffte, die Schwangerschaft ließe noch ein wenig auf sich warten. Je größer der Abstand zwischen dem latenten und dem manifesten Traum – je mehr Traumarbeit also verrichtet worden war –, desto zwingender stellte sich die Notwendigkeit der Traumanalyse ein.

Traumanalyse erinnert im Wesentlichen an eine Demontage. Der Analytiker muss zunächst wissen, wie ein manifester

Traum aus latenten Traumgedanken ineinandergeschraubt wird. Zum Glück bedient sich die Traumarbeit einiger fester Mechanismen, auch wenn deren Entzifferung noch für viel Kopfzerbrechen sorgen kann. Der erste ist »Verdichtung«. Im Traum werden gemeinsame Elemente zusammengezogen, ungefähr so, wie man bei den »zusammengesetzten Porträts« von Francis Galton die drei Schwestern auf derselben lichtempfindlichen Platte fotografiert hatte und ein gemeinsames Porträt entstand. Das erklärt zugleich, weshalb Bilder in einem Traum oft so verschwommen sind: Das Gemeinsame sticht sofort ins Auge, aber die Unterschiede machen die Darstellung vager. In Träumen sind »Mischpersonen« eine Folge der Verdichtung: Jemand sieht aus wie ein Freund, spricht aber mit der Stimme eines Familienmitglieds. Bei der Analyse sucht man das Motiv des Träumenden, gerade diese beiden zusammenzubringen.

Der zweite Mechanismus ist »Verschiebung«. Die psychische Intensität, die zu einem Traumelement passt, wird zu einem anderen Element geschoben. Das hat einen Tarneffekt: Was innerhalb des Traums klar und deutlich scheint, lenkt vom Wesentlichen ab, das in dem liegt, was einen vagen und nebensächlichen Eindruck macht. Tagesreste verweisen häufig auf Dinge, die tagsüber kaum Aufmerksamkeit erregten, so unbedeutend und läppisch scheinen sie. Aber durch Verschiebung kann sich gerade dort die wahre Bedeutung des Traums offenbaren.

Und dann müssen die Gedanken des latenten Traums noch in Bilder umgesetzt werden, der dritte Mechanismus. Ein Traum ist vor allem eine visuelle Aktivität und Traumarbeit bedient sich darum der Metaphern, Gleichnisse, Symbole und Analogien. Abstraktionen wie Kontrast, Einklang, Negation oder Umkehrung sind für einen Traum nicht anwendbar und müssen daher eine anschauliche Gestalt bekommen. Zur Herstellung eines logischen Zusammenhangs verbindet der Traum einfach alles, was zusammengehört, in einer einzigen Situation, »ähnlich wie der Maler, der alle Dichter zum Bild des Parnaß zusammenstellt, die niemals auf einem Berggipfel beisammen gewesen sind, wohl aber begrifflich eine Gemeinschaft bilden«.[7]

Aufgrund all dieser Bearbeitungen ist im manifesten Traum der latente Gedanke kaum mehr zu erkennen. Dafür gibt es einen guten Grund. Wer den manifesten Traum zum latenten zurückgeführt hat, stößt immer auf unangenehme, peinliche und schmerzliche Gedanken und Erlebnisse. Es ist nämlich Material, das verdrängt worden war – und das nicht von ungefähr. Es sind beunruhigende Impulse, verbotene Sehnsüchte, Gedanken, die man im Wachzustand heftigst leugnen würde. Tagsüber bleibt dieses Abteil des eigenen Geistes, das Unbewusste, sicher verschlossen. Ein Zensor wacht davor, damit nichts in das bewusste Erleben durchdringen kann. Während des Schlafs ist dieser Zensor noch immer aktiv, aber nicht mehr so aufmerksam wie tagsüber. Verschiebung, Verdichtung und Symbolisierung sorgen dafür, dass die latenten Traumgedanken verkleidet beim Zensor ankommen – der sie in seiner schläfrigen Arglosigkeit passieren lässt. Kaum wach, wird der Zensor flugs wieder tätig, weswegen der Traum auch so schnell wieder vergessen wird.

Damit ist auch die Funktion des Traums klar. Während des Schlafs ist nicht alle Aufmerksamkeit betäubt. Hört man den eigenen Namen oder ein Geräusch, das man nicht einsortieren kann, wird man aufwachen. Ein Teil dieser Aufmerksamkeit wird eingesetzt, um auf störende Reize zu achten, die von innen heraus kommen: die verdrängten und unterdrückten Wünsche, die versuchen, ins Bewusstsein zu gelangen. Die Darstellung in Form erfüllter Wünsche stört den Schlafenden nicht und wird ihn erst recht nicht wecken. Der Traum ist in Wirklichkeit der Hüter des Schlafes. Es ist derselbe Mechanismus, der bei Weckträumen tätig ist. Der Reiz, der den Schlafenden zu wecken droht – ein klapperndes Fenster, Rufe auf der Straße –, wird in eine Geschichte verkapselt und verliert damit seinen alarmierenden Charakter. So gelingt es dem Traum, den Schlaf noch einen Augenblick zu verlängern. Erst wenn Trauminhalte so beunruhigend werden, dass es wirklich nicht mehr gelingt, sie außerhalb des Bewusstseins zu halten, bleibt keine andere Lösung, als den Schlafenden zu wecken, wie es bei Albträumen geschieht. Der Traum »verfährt dabei auch nur wie der gewissenhafte Nachtwächter, der zunächst seine Pflicht tut, indem er Störungen ausschaltet, um die Bürgerschaft nicht zu wecken, dann aber seine Pflicht damit fortsetzt, die Bürgerschaft selbst zu wecken, wenn ihm die Ursachen der Störung bedenklich scheinen und er mit ihnen allein nicht fertig wird«.[8]

1911 fügte Freud noch einen Abschnitt über den erotischen Traum hinzu. Die meisten Träume, so hatte die Erfahrung mit der Psychoanalyse ergeben, seien Ausdruck eines sexuellen Wunsches. Das sei nicht erstaunlich, denn in unserer Kultur gebe es keinen Trieb, der so stark unterdrückt werden müsse wie der sexuelle, und auch keinen, der sich so leicht davon befreie. Offensichtliche sexuelle Träume seien für die Deutung nicht so interessant, auch wenn einem die Personen oder Aktivitäten in solchen Träumen zu denken geben könnten. Es seien gerade die auf den ersten Blick vollkommen unschuldigen, asexuellen Träume, die – so die Analyse – auch sexuelles Verlangen ausdrückten. Zur Tarnung bediene sich die Traumarbeit einer großen Vielzahl an Symbolen. Vor allem könnten die Genitalien »durch eine Anzahl von oft sehr überraschenden Symbolen dargestellt werden«. [9]

Hier erschienen die Passagen, die für ein breites Publikum – und bis zum heutigen Tag – typisch »freudsche« Traumdeutungen beinhalten. Das männliche Glied trat in Gestalt scharfer Waffen, Stöcke, Baumstämme auf; der weibliche Unterkörper erschien in Form von Kästchen, Fahrzeugen, Backöfen und Öfen. Andere Symbole waren weniger einsichtig wie Treppenlaufen für Geschlechtsverkehr oder die Krawatte für den Penis, aber ihr Status als festes Ausdrucksmittel war in der analytischen Praxis inzwischen bestätigt. Die symbolbildende Kraft des menschlichen Geistes sorge auch dafür, dass neue Erfindungen, wie das Luftschiff, in das erotische Traumrepertoire aufgenommen wurden.

Im Übrigen könne eine Übersicht von Symbolen, so ausführlich sie auch sei, die analytische Deutung nicht ersetzen. Sie erläuterten nur einen Teil des Traums und fachkundiger Beistand sei weiterhin notwendig, um festzustellen, ob das Luftschiff im Traum dieses einen Individuums nun ein verschlüsselter erotischer Traum sei oder ein Traum über ein Luftschiff.

Die Vorstellung des Traums als »Königsweg zum Unterbewussten« kommt in *Über den Traum* nicht vor. In der *Traumdeutung* übrigens auch nicht. Darin schrieb Freud etwas anderes: »Die Traumdeutung aber ist die ›Via regia‹ zur Kenntnis des Unterbewussten im Seelenleben.«[10] Dieser »Königsweg« ruft Assoziationen zu einem erhabenen, privilegierten Zugang hervor, aber das war nicht die Bedeutung der Metapher, als Freud sich ihrer bediente, und es war auch nicht, was er meinte. Die *via regia* war die legendäre, rund 2700 Kilometer lange Straße, die König Dareios I. im fünften Jahrhundert vor Christus für die schnelle Kommunikation in seinem unermesslichen Persischen Reich hatte anlegen lassen. Als der griechische König Ptolemaios I. zwei Jahrhunderte später von Euklid in der Messkunde unterwiesen wurde und fragte, ob es keine leichtere Methode gäbe, antwortete dieser: »Sire, es gibt keinen Königsweg zur Messkunde.« Der Königsweg stand für eine schnelle, vereinfachte, weniger mühselige Methode des Wissenserwerbs. Genau das bot der Traum. Indem wir der Analyse des Traums folgen, schrieb Freud im folgenden Satz, bekommen wir »ein Stück weit Einsicht in die Zusammensetzung dieses allerwunderbarsten und allergeheimnisvollsten Instruments«.[11] In die *Zusammensetzung* des Unbewussten, seine Wirkung – nicht den *Inhalt*. Um zu erfahren, *was* jemand verdrängt habe, sei die Deutung seiner Träume einfach eines der Instrumente, die einem Analytiker zur Verfügung stünden, genau wie die Deutung seiner Versprecher oder Versehen.

Nachdem jetzt auch das Jahrhundertfest der *Traumdeutung* – gefeiert mit Ausstellungen, Kongressen und Gedenkschriften –

schon wieder fünfzehn Jahre hinter uns liegt, ist es, als hätte Freud im Jahr 1900 *zwei* Bücher erscheinen lassen, die wiederum jeweils eine ganze Bibliothek erzeugt haben.

Das eine darf sich unverminderter Ehrfurcht erfreuen. Es inspirierte Maler und Filmemacher, Choreografen und Komponisten, Schriftsteller und Dichter.[12] Es wurde aufgesogen in unsere Intuitionen über Träume und Verdrängen. Es bildete den Anfang von etwas, das mittlerweile Kulturgut wurde, so verzweigt und alles durchdringend, dass der Ursprung manchmal nicht mehr auszumachen war.

Das andere wurde als Ikone der Spekulation und Irreführung beigesetzt. Die Traumtheorie, die darin formuliert wurde, erwies sich als nicht überprüfbar. Der Unterschied zwischen dem latenten und dem manifesten Traum führte zu unzulässig viel Spielraum. Verdichtung, Verschiebung und Symbolisierung ließen unendlich viel Spekulation zu. Personifikationen wie der Zensor beim Zugang zum Bewusstsein führten zu einem fatalen Zirkel. Wie sollte er wissen, was vorbeidurfte und was nicht? Der Verkehr zum Unterbewussten und wieder zurück spielte sich im neurologisch luftleeren Raum ab, es gab keine einzige Spezifizierung der Hirnkreisläufe, die diesen Weg ermöglichten. In einer Wissenschaft, die sich selbst ernst nahm, war kein Platz für dergleichen Theorien.

Diese Zweiteilung zeichnete sich schon zu Freuds Lebzeiten ab. Er schrieb weiterhin über Träume, aber die meisten dieser Abhandlungen waren in ihrer Art ergänzend und verdeutlichend, es wurde wenig zurückgenommen oder bearbeitet. Für neue Auflagen überarbeitete er die *Traumdeutung* bis 1930. In den dreißig Jahren zwischen der ersten und der achten Auflage war seine Theorie über Träume in groben Zügen gleich geblieben – und zugleich war alles anders. Während er die *Traumdeutung* verfasste, wusste nur ein kleiner Kreis von Freunden und Patienten von seinen Ideen zur Herkunft und Bedeutung von Träumen, und das auch nur sehr begrenzt, denn Freud wachte wie ein Alchimist über seine Entdeckungen. 1930 hatte die Traumdeutung gewissermaßen industrielle und weltweite Dimensionen angenommen. Es hatten sich ganze psychoanalytische Schulen entwickelt und abgespalten, in Buchhandlungen fand man freudianische Traumlexika und von Hunderten von Sofas stiegen Tag für Tag Träume zur Analyse auf. Jeder kultivierte Laie hatte mittlerweile vom Traum als sexuelle Wunscherfüllung gehört oder vom Traum als Königsweg zum Unterbewussten.

Aber es war auch etwas verschwunden.

In der kürzesten Formulierung: die Welt *vor* Freud. Aus dieser Welt stammten noch seine ersten Patienten. Freud konnte keine »freudianischen Träume« von ihnen hören, schlichtweg, weil die Psychoanalyse noch nicht zum Traumleben vorgedrungen war. Es ist nicht so einfach, die Vorstellung von einem »freudianischen Traum« zu spezifizieren. Gehört »freudianisch« zur Deutung oder zum Traum? Im ersten Fall träumen Menschen einfach weiterhin, wovon sie schon immer geträumt haben – vom Fliegen, Zuspätkommen, Verfolgtwerden, vom Examen –, aber ihre Träume bekommen jetzt eine Deutung, die der Psychoanalyse entlehnt wurde. Im anderen Fall sind es die Träume selbst, die sich verändern: Sie nehmen eine ödipale Wendung, laufen auf Vatermord hinaus, verraten Angst vor Kastration, Themen und Motive, die man *vor* Freud nicht oder nicht in diesem Maße in Traumjournalen vorfand. Es ist schwierig und vielleicht unmöglich, zwischen diesen zwei Lesarten zu wählen. Aber in den Kapiteln über Nacktträume und Prüfungsträume wird sich herausstellen, dass beide Lesarten eine Zirkularität einführen, die eine tatsächliche Prüfung der psychoanalytischen Traumtheorie zumindest kompliziert.

Freud war 1900 davon überzeugt, dass jetzt, mit ihm, mit dem Erscheinen der *Traumdeutung,* die Wissenschaft vom Traum erst richtig begonnen hatte. Die Psychoanalyse markierte das Ende des vorwissenschaftlichen Stadiums. Auf einer der ersten Seiten der *Traumdeutung* schrieb er auch, er sehe wenig Veranlassung, sich mit »dem Problem des Schlafs« zu beschäftigen, seine Theorie handele von Träumen.[13] Die Ironie liegt darin, dass die Entdeckung, durch die Freud – seinerseits – auf das vorwissenschaftliche Stadium der Traumanalyse verwiesen wurde, genau von dort kam, nämlich der Erforschung des Schlafs.

Aber erst musste ein Instrument gefunden werden, mit dem man sich zu den Prozessen eines schlafenden Gehirns Zugang verschaffen konnte.

»Eine Art Hirnspiegel«

Im Leben des deutschen Neurologen Hans Berger ist nicht viel gut gegangen. Ein Vorfall im Jahr 1892 – er war damals neunzehn – inspirierte ihn zu einer experimentellen Studie, die Dutzende von Jahren umfassen sollte, ihm aber vor allem viel Misserfolg und Frustration einbrachte. Derselbe Vorfall hätte auch fast zu seinem Tode geführt. Und als er sich mit 68 Jahren in einem abgelegenen Flügel der Klinik, die er freudlos geleitet hatte, durch Erhängen das Leben nahm, war das fast der natürliche Abschluss jahrelanger Depression und Desillusionierung. Den größten Teil seines Lebens hatte Berger, wie er wusste, den Ruf eines Sonderlings, der im Keller des Krankenhauses eigensinnig an einem Gerät arbeitete, von dem nur er selbst glaubte, es könne jemals funktionieren.

Hans Berger wurde 1873 in der Nähe von Coburg geboren. Er wollte Astronom werden und hatte ein Mathematikstudium begonnen, dieses jedoch schnell wieder abgebrochen. Er meldete sich bei der Kavallerie. Eines Vormittags bäumte sich sein Pferd bei einer Übung auf und warf ihn ab. Berger prallte vor den Rädern eines Geschützes auf, vor das sechs Pferde gespannt waren. Er war sicher, im nächsten Moment zermalmt zu werden, aber der Wagen kam gerade noch rechtzeitig zum Stillstand und der geschockte Berger blieb unverletzt. Viel später, erst 1940, beschrieb Berger, was später an diesem Tag geschah. Seiner Einheit wurde am Abend ein Telegramm zugestellt. Absender war Vater Berger. Hans, der in seinem Leben noch nie ein Telegramm von seiner Familie erhalten hatte, war bestürzt. Es stellte sich heraus, dass seine Schwester zu Hause im einhundert Kilometer entfernten Coburg zum Zeitpunkt des Unglücks das Gefühl hatte, ihr Bruder befände sich in Todesangst, weswegen sie den Vater gebeten hatte, sich telegrafisch zu erkundigen, ob alles in Ordnung sei. »Das ist eine spontane Gedankenübertragung«, schrieb Hans Berger, »bei der ich wohl im Augenblick der höchsten Gefahr, den sicheren Tod vor Augen, als Sender und die mir besonders nahestehende Schwester als Empfängerin tätig war.«[14] Offenbar könne das menschliche Gehirn unter extremen Umständen ein Signal aussenden, und das müsse doch bedeuten, dass sich im Hirngewebe eine Art »psychische Energie« befinde.

Ab diesem Zeitpunkt gab es für Berger nur noch einen Traum. Er wollte ein Gerät entwickeln, das in der Lage wäre, das physische Substrat dieser Energie zu registrieren. Er nahm ein Medizinstudium auf und fand eine Anstellung an der Psychiatrisch-Neurologischen Klinik der Friedrich Schiller Universität Jena. Dort begann er mit seinen Versuchen, »eine Art Hirnspiegel« zu entwickeln, wie er es in seinem Tagebuch formulierte.[15] Er versetzte Hunde in Narkose, öffnete ihren Schädel, legte ihnen Zinkplättchen im Abstand von einigen Zentimetern auf das Gehirn und hoffte, mit einem Galvanometer Unterschiede in der elektrischen Spannung zu messen. Die Idee mit den Zinkplättchen schaute er sich bei Willem Einthoven ab, der sie bei seinem Elektrokardiografen nutzte. Aber Bergers Ergebnisse zeigten eine entmutigende Launenhaftigkeit. Bei ein und derselben Hündin konnte er das eine Mal Hirnströme registrieren, das nächste Mal wieder nicht, manchmal bei einem Tier ja und bei fünf anderen wieder nicht. Auch wenn das Gehirn bei diesen Eingriffen zu sehr auskühlte, riss der Strom ab. Besser erging es ihm, als die Hunde gegen Menschen ausgetauscht wurden. Seinen Durchbruch datierte Berger auf den 6. Juli 1924.

Ein siebzehnjähriger Junge, der an einem Tumor operiert worden war, hatte ein Loch im Schädel, über dem sich die Kopfhaut wieder geschlossen hatte. Im Abstand von vier Zentimetern führte Berger zwei Elektroden senkrecht zum Schädel bis kurz vor die Hirnhaut ein und es gelang ihm zum ersten Mal, ein elektrisches Signal des menschlichen Gehirns aufzufangen.

Bergers Kollege Guleke – Hirnchirurg – sorgte für einen nicht abreißenden Strom von Versuchspersonen: Patienten, bei denen ein Teil der Schädeldecke weggenommen werden musste, um Tumore oder Granatsplitter zu entfernen. Berger steckte seine Nadeln in die Kopfhaut, verband sie mit immer empfindlicheren Galvanometern und registrierte so die Spannungsschwankungen. Die rhythmischen Fluktuationen in diesen Schwankungen zeigten sich auf dem Papier als Wellen mit unterschiedlichen Frequenzen. Zu Bergers Überraschung stellte sich heraus, dass die Registrierung ein deutlicheres Muster ergab, wenn die Nadeln nicht bis dicht ans Gehirn gestochen wurden, sondern das Signal von der Haut aufnahmen.

Der logische nächste Schritt war, die Hirnströme *ohne* darunter befindliches Loch im Schädel von der Haut aus aufzunehmen. Schon 1920 hatte Berger einen kahlköpfigen Medizinstudenten gefunden, der bereit war, sich seinen Experimenten zu unterziehen, aber sie waren erfolglos verlaufen. Die Anschaffung eines äußerst starken Galvanometers der Firma Siemens & Halske eröffnete neue Möglichkeiten. Dieses Mal musste sein Sohn Klaus daran glauben – so muss man das wohl nennen. Für die Dauer der Experimente – zwischen seinem fünfzehnten und seinem siebzehnten Lebensjahr – wurde sein Haar so kurz wie möglich rasiert und er unterzog sich einer langen Reihe von Experimenten, in denen sein Vater verschiedene Sorten von Elektroden ausprobierte, aus Silber, Platin, Blei »und so weiter«, an verschiedensten Stellen unter die Kopfhaut gesteckt. Später wurden sie an der Haut festgeklebt. Eine Elektrode auf dem Scheitel und eine zweite am Hinterkopf zeigte die besten Resultate. Auch bei sich selbst ließ Berger Registrierungen aufzeichnen, aber weil sich herausstellte, dass Menschen mit Halb- oder Vollglatze doch am geeignetsten waren, wurden neue Versuchspersonen vor allem nach diesem Kriterium ausgewählt. Unter den vierzehn folgenden war nur eine einzige Frau, die an genau den richtigen Stellen unter Haarausfall litt.

Der Artikel, in dem Berger 1929 von seiner Entdeckung berichtete – »Über das Elektroenzephalogramm des Menschen« –, ist vielleicht wirklich die denkwürdigste Veröffentlichung in den Annalen der Neurologie.[16] Das Elektroenzephalogramm oder EEG ist in der neurologischen Untersuchung noch immer die wichtigste Methode zur Messung der elektrischen Aktivität des Gehirns. Berger identifizierte als Erster die »Alphawellen« des Gehirns im Ruhezustand, mit einer Frequenz von etwa zehn Wellen pro Sekunde, und entdeckte, dass diese von Betawellen abgelöst werden (zwischen zwanzig und dreißig Wellen pro Sekunde), und zwar in dem Moment, in dem eine Person plötzlich die Augen öffnet oder sich konzentriert. Auch Veränderungen im EEG bei Tumoren, Epilepsie, Narkose und im Schlaf hat Berger als Erster festgestellt.

Sein erstes EEG zeichnete Berger 1924 auf, in dem Jahr, in dem Willem Einthoven den Medizinnobelpreis für den Elektrokardiografen erhielt. Ein solcher Ruhm war Berger nicht vergönnt. Seine Publikation von 1929 war zunächst nicht beachtet worden; danach wurden seine Befunde massiv verhöhnt. Bestimmt leide das Gerät an Störungen, vielleicht habe er aus Versehen die Muskelspannung gemessen oder – wer weiß – die Fluktuationen in der Stromversorgung des Krankenhauses. Für die meisten seiner Fachgenossen blieb es undenkbar, dass die schwache elektrische Aktivität des Gehirns quer durch Schädeldecke und Kopfhaut hindurch registriert werden könne. Erst als der renommierte Neurophysiologe Lord Adrian (Cambridge) 1934 diese Beobachtungen bestätigte, folgte eine späte Anerkennung – die Berger übrigens ebenso reaktionslos hinnahm wie zuvor die Fehleinschätzung.

Bis Jena ist diese Anerkennung allerdings auch nie richtig durchgedrungen. An seiner eigenen Universität blieb Berger eine Randfigur. 1938 zwang man ihn von einem Tag auf den anderen zur Emeritierung und er musste seine Sachen zusammenpacken. Er hat nie erfahren, dass Adrian ihn 1940 für den Nobelpreis vorschlug (der wegen der Kriegsumstände nicht vergeben wurde).[17] Seiner Forschungsmöglichkeiten beraubt, rutschte Berger in eine Depression, die er am 1. Juni 1941 eigenhändig beendete, indem er noch einmal in seine Klinik zurückkehrte. Noch nicht mal ein halbes Jahr später musste auch der Name seines in Russland gefallenen Sohnes Klaus in die Grabplatte gemeißelt werden.

Schnelle Augenbewegungen

Eugene Aserinskys Karriere war eher schleppend in Gang gekommen. Nach seinem mittleren Schulabschluss 1937 in Brooklyn hatte er zwölf Jahre lang ein Studium nach dem anderen begonnen – darunter Spanisch und Zahnheilkunde – und wieder abgebrochen. Obwohl er auf einem Auge blind war, hatte er eine Zeit lang in der Sprengstoffabteilung der amerikanischen Armee gearbeitet, eine Anstellung, mit der er sich 1949 einen Anspruch auf eine Stelle als Doktorand an der University of Chicago erwarb. Unterdessen war er 28, verheiratet, das zweite Kind war unterwegs und er setzte all seine Hoffnungen auf eine Laufbahn im Schlaflabor, das Nathaniel Kleitman in Chicago eingerichtet hatte.[18]

Genau wie Hans Berger hatte Aserinsky eine Versuchsperson im unmittelbaren Umfeld. Eines Abends im Dezember 1951 musste sein achtjähriger Sohn Armond mit ins Labor. Dort stand ein ausrangiertes EEG-Gerät. Armond bekam Elektroden an Augen und Kopfhaut und dann begann eine lange Nacht, in der Aserinsky im Nebenraum auf Registrierpapier zu verfolgen versuchte, was sich im Gehirn seines schlafenden Sohnes abspielte.

Bis dahin war niemand auf die Idee gekommen, ein EEG einmal während einer ganzen Nacht aufzuzeichnen. Warum sollte man Hunderte Meter Endlospapier für die langen, eintönigen Stunden eines inaktiven Gehirns vergeuden? Aber Aserinsky sah, dass die Messschreiber nach einer Phase regelmäßigen Kritzelns plötzlich auszuschlagen begannen, sowohl die für das Gehirn als auch die für die Augenbewegungen. Armond musste aufgewacht sein – wahrscheinlich lag er da und schaute sich um. Als Aserinsky nach ihm sah, stellte sich heraus, dass der Junge ruhig schlief. Unter den geschlossenen Lidern zuckten seine Augen.

Es war schon lange bekannt, dass Schlafende hin und wieder hektisch die Augen bewegen, bereits Aristoteles hatte davon berichtet. Aber man hatte die Bewegungen nie als Hinweis auf etwas anderes aufgefasst als zufällige, zuckende Bewegungen in willkürlichen Augenblicken des Schlafs. Aserinsky war der Erste, der vermutete, sie könnten mit einer bestimmten Schlafphase verbunden sein und mit einem charakteristischen EEG-Muster einhergehen. Anfänglich hatte er sie »jerky eye movements« nennen wollen, aber weil »jerky« neben zuckend auch »idiotisch« bedeutet und das Ganze sowieso schon eine etwas seltsame Entdeckung war, entschied er sich für »rapid eye movements«. 1953 veröffentlichte Aserinsky zusammen mit seinem Doktorvater den Klassiker »Regularly occurring periods of eye motility, and concomitant phenomena, during sleep«.[19]

Nach 1953 war der Schlaf nicht mehr, was er jahrtausendelang gewesen war. Fortan zerfiel er in zwei Phasen: in den REM-Schlaf und den Non-REM-Schlaf. Etwa vier- bis fünfmal pro Nacht gehen offenbar im Gehirn alle Lichter an. Das EEG-Muster unterscheidet sich dabei kaum von dem Tagesmuster. Das Gehirn verbraucht ebenso viel wie oder sogar noch etwas mehr Sauerstoff als im Wachzustand. Gleichzeitig ist die Motorik vollständig blockiert. Das Gehirn ist eingeschaltet – in einem Körper, der ausgeschaltet ist.

Aserinskys und Kleitmans Artikel handelte nur nebenbei von Träumen. Gemeinsam mit der leicht beschleunigten Atmung und dem Herzschlag gehörten Träume zu dem, was sie im Titel »Begleiterscheinungen« der Augenbewegungen genannt hatten. Beiläufig erwähnten sie die hohe Wahrscheinlichkeit, dass die Versuchspersonen gerade träumten, wenn sie während der Augenbewegungen geweckt wurden. Träume außerhalb der REM-Phase seien eine Ausnahme. Aserinsky war Schlafforscher, kein Traumforscher und Träume konnten ihn nur mäßig fesseln. Aber Kleitman hatte noch einen Studenten, William Dement, der sich für Psychiatrie interessierte. Ihm gegenüber entschlüpfte Aserinsky die Bemerkung: »Dr. Kleitman und ich glauben, dass diese Augenbewegungen vielleicht etwas mit Träumen zu tun haben.« Dement sagte rückblickend, das sei gewesen, als habe ihm jemand gesagt: »Wir haben irgendeine alte Karte gefunden, darauf ist so etwas wie der Quell ewiger Jugend oder so.«[20] 1957 veröffentlichte Dement gemeinsam mit Kleitman den zweiten klassischen Artikel aus der Traumforschung, in dem die schnellen Augenbewegungen als »eine objektive Methode für die Erforschung von Träumen«[21] präsentiert wurden.

Aserinsky war damals schon von der Bildfläche verschwunden. Er hatte es auch nicht so gut getroffen mit seinem Doktorvater. Kleitman glaubte eigentlich nicht an die REM-Phase als eine gesonderte Schlafphase. Seiner Ansicht nach handelte es sich um normalen Schlaf, nur etwas leichter. Als er 1999 mit 104 Jahren starb, war er noch immer davon überzeugt. Aserinsky verließ Chicago schon 1953 und nahm seine mosaikartige Laufbahn mit Anstellungen an anderen Physiologiefakultäten wieder auf. Sie alle endeten im Konflikt. In der Rückschau auf sein Pionierwerk fand Aserinsky, dafür hätten andere den Ruhm eingestrichen, allen voran Kleitman und Dement.[22] Aber 2003, bei den Feierlichkeiten zur Entdeckung aus dem Jahr 1953, musste Armond Aserinsky, mittlerweile ein sechzigjähriger klinischer Psychologe, zugeben, sein Vater sei auch ein schwieriger Mensch gewesen, leicht zu kränken und mit wenig Gefühl für akademische Etikette. Eugene Aserinsky verunglückte 1998 – er war am Steuer eingenickt.

Die Architektur des Schlafs

Heute nimmt man in Schlaflaboratorien standardmäßig eine »Polysomnografie« auf. Sie besteht aus einem Hirnstrombild (EEG), der Registrierung von Augenbewegungen (EOG), Herzschlag (EKG), Muskelspannung (EMG) sowie der Körpertemperatur und Atmung. Manchmal werden auch die Veränderungen im Umfang des Penis und der Durchblutung der Vaginawand registriert. Diese Sammlung von Messdaten hat in den ersten Jahrzehnten nach der Pionierarbeit von Berger und Aserinsky viel zur Physiologie des Schlafens und Träumens beigetragen.

Dement und Kleitman testeten bereits 1957, ob die schnellen Augenbewegungen mit den Ereignissen im Traum zu tun hatten. Später nannte man dies »Scanning-Hypothese«: Verfolgte der Träumende vielleicht die Aktion im Traum mit den Augen? Die meisten Augenbewegungsmuster erwiesen sich als gemischt, die Augen schossen in alle Richtungen und diese Unordnung war mit dem Verlauf des Traums nicht mehr in Zusammenhang zu bringen. Muster aus überwiegend vertikalen Bewegungen waren selten, aber sie gingen tatsächlich mit Träumen einher, die zu den Bewegungen passten. Jemand träumte, er steige etliche Leitern hinauf und schaue dabei wiederholt hinauf und hinunter, ein anderer träumte, dass er Basketbälle vom Boden aufhebe und in den Korb werfe. Rein horizontale Augenbewegungen wurden nur einmal gefunden, bei einem Probanden, der träumte, er beobachte Menschen, die sich gegenseitig mit Tomaten bewarfen. Wurden die Versuchspersonen nach wenigen Augenbewegungen geweckt, handelte der Traum häufig davon, dass jemand in die Ferne schaute oder auf einen Gegenstand in der Nähe starrte. Mittlerweile ist die Scanning-Hypothese verworfen worden. Die Augenbewegungen zeigen sich auch bei Neugeborenen, sie gehen nicht immer mit Träumen einher und Geburtsblinde bewegen die Augen genauso schnell, obwohl in ihren Träumen keine visuellen Szenen vorkommen.

Dement und andere Forscher haben festgestellt, dass nahezu alle Menschen träumen. Auch Menschen, die mit der festen Überzeugung ins Schlaflabor kommen, niemals zu träumen, tun dies zu ihrer eigenen Überraschung sehr wohl – wenn man sie in dem Moment weckt, in dem die Polysomnografie auf Traumaktivität verweist. Weniger als vier von zehntausend Menschen erinnern sich auch zu physiologisch optimalen Weckmomenten nicht an einen Traum, obwohl ihrem Gedächtnis nichts fehlt und sie auch sonst im Vollbesitz ihrer geistigen Fähigkeiten sind.[23]

Diese letzte Feststellung ist wichtig, denn leider hat Dement 1960 auch einem Mythos ins Leben geholfen, der anscheinend nicht mehr weichen will. In einem Artikel in *Science* schrieb er, dass Versuchspersonen nach einigen Nächten immer ängstlicher und reizbarer werden, wenn sie systematisch in dem Moment geweckt werden, in dem sie träumen – Symptome, die in einer extremeren Form zu psychiatrischen Beschwerden führen könnten.[24] Der Ton war leicht alarmierend: Er sah »mit dem Anstieg des Traummangels den zunehmenden Druck zu träumen« und erwartete »in der Folge eine ernsthafte Persönlichkeitsstörung, wenn die Traumunterdrückung nur lange genug andauere«.[25] Dieser Gedanke, außerhalb des Labors schnell zusammengefasst als »wenn du nicht träumen kannst, wirst du verrückt«, besaß eine große intuitive Anziehungskraft, denn er gab dem Traum eine Funktion. Vielleicht flossen in Träumen Spannungen ab, die sich tagsüber nicht entladen konnten. Vielleicht versetzten Träume das Gehirn in die Lage, sich vorübergehend der Steuerung durch externe Reize zu entziehen und dennoch aktiv zu bleiben. Aber egal, welche Funktion sie hatten, offensichtlich seien Träume zur Wahrung des seelischen Gleichgewichts unverzichtbar. Dement stellte Freuds Theorie auf den Kopf: Der Traum sei nicht der Hüter des Schlafs, der Schlaf sei der Hüter des Traums.

Schon wenige Jahre später war klar, dass es sich doch anders verhielt. Nicht so sehr der Mangel an Träumen, sondern der fehlende REM-Schlaf machte den Versuchspersonen zu schaffen. Zu wenig REM-Schlaf führt zu einem »Rebound«-Effekt, er wird bei der erstbesten Gelegenheit aufgeholt und dauert dann auch länger. Es wurde noch klarer, dass Träume und seelisches Gleichgewicht jedenfalls nicht auf der von Dement beschriebenen Weise zusammenhängen, als das Bild der Schlafzyklen schärfer wurde.

Berger hatte bereits festgestellt, dass die relativ schnellen Wellen im Gehirn eines wachen Menschen von langsameren – Alphawellen – abgelöst werden, sobald er seine Augen schließt. Nach 1953 wurden die Schlafstadien überwiegend mit Begriffen von EEG-Mustern definiert. In Stadium 1, dem Eindösen, ähneln die Wellen zunächst noch dem eines wachen Gehirns: schnell, unregelmäßig. Nach einigen Minuten werden die Wellen langsamer und der Abstand zwischen Spitzen und Tälern wird größer, Stadium 2. Wiederum zehn Minuten später rollen immer langsamere Wellen heran, Stadium 3. Wenn sie überhandnehmen, hat Stadium 4 eingesetzt, das des »slow wave sleep«, des tiefsten Schlafs. Stadium 3 und 4 bilden zusammen den Tiefschlaf.

Was genau ist »tief« am Tiefschlaf? Den Ausdruck gab es bereits lange vor der Möglichkeit, Gehirnwellen zu messen, und dass die Tiefe des Schlafs variiert, war ein Jahrhundert vor den Schlaflaboren auch schon wissenschaftlich untersucht worden. 1860 wurden Experimente durchgeführt, um zu bestimmen, wie laut ein akustischer Reiz sein musste, um einen Schlafenden zu wecken. Das erforderliche Volumen stieg eine Viertelstunde nach dem Einschlafen steil an und erreichte nach einer weiteren Viertelstunde seinen Höhepunkt. Die entsprechende Kurve dazu passt – umgeklappt – exakt in das tiefe Tal, das in Grafiken für Stadium 4 steht. Auch mit anderen sinnlichen Reizen – Licht an, Schütteln, Kneifen – gelingt es nur schwer, den Schlafenden aus Stadium 4 zu wecken. Er ist wirklich weit weg.

Nach einer knappen halben Stunde Tiefschlaf beginnt der Rückweg. Der Schlafende passiert dieselben Stationen: Stadium 3, Stadium 2, Stadium 1 – aber statt danach aufzuwachen und so den Schlafstadien eine elegante Symmetrie zu verleihen, gleitet er in ein neues Stadium, den REM-Schlaf. Das EEG-Muster ist während dieser Phase kaum von dem einer hellwachen Person zu unterscheiden. Alle Muskelspannung ist gewichen. Nur die Augen schießen wild hin und her, ein surrealistischer Kontrast zur Motorik, die ansonsten vollkommen blockiert ist, bis hin zu den Stimmbändern. Aufgrund dieser Kombination aus hektischer neuronaler Aktivität und regungslos schlafendem Körper bezeichnete der französische Physiologe Jouvet diese Phase als »paradoxalen Schlaf«.

Die vier Stadien von Non-REM-Schlaf plus REM-Schlaf bilden zusammen *einen* Schlafzyklus, der etwa anderthalb Stunden umfasst. Der gesunde Schläfer – jung, keine Sorgen, trinkt nicht zu viel, gute Blasenfunktion – vollendet in seinen acht Stunden Nachtruhe fünf dieser Zyklen. Aber *innerhalb* der Zyklen verschiebt sich im Laufe der Nacht etwas. Die Tiefschlafphase ist im zweiten Zyklus schon etwas kürzer und auch nicht mehr so tief. Im dritten Zyklus ist das so erholsame Stadium der langsam rollenden Wellen meist schon entfallen, im vierten Zyklus bleibt auch Stadium 3 auf der Strecke. Der REM-Schlaf dagegen wird immer länger: Im ersten Zyklus dauert er höchstens eine Viertelstunde, im letzten gut eine Dreiviertelstunde, zusammengenommen etwa zwei Stunden pro Nacht.

Auch während des Tiefschlafs geschieht etwas Paradoxes: Die Wahrscheinlichkeit, aktiv zu werden, ist gerade dann am größten. Murmeln, Treten, Aufschrecken und sogar Aufstehen und Schlafwandeln – das alles macht der Schlafende seltsamerweise nicht während der leichtesten Schlafphase, sondern während er in den Teil des Schlafs gesunken ist, aus dem man ihn am schwierigsten wecken kann. So entsteht die merkwürdige Situation, dass ein Schlafender sich während des Tiefschlafs ruhig und ohne aufzuwachen umdrehen kann, dagegen aber nahezu gelähmt im Bett liegt, wenn er fast wach ist. Es hat mit den Träumen zu tun, dass dies dennoch ein sehr vernünftiges Arrangement ist.

In den Sechzigerjahren hieß der REM-Schlaf eine Zeit lang »D-Sleep«. Man glaubte, Träume träten nur während des REM-Schlafs auf. Weckte man Schlafende während des REM-Schlafs mit der Frage:»Haben Sie geträumt?«, folgte in vier von fünf Fällen tatsächlich eine Traumerzählung. Beim Wecken außerhalb des REM-Schlafs folgte auf dieselbe Frage meist ein benommenes Schweigen. Das wandelte sich mit einer veränderten Fragestellung: »Ist Ihnen gerade etwas durch den Kopf gegangen?« Jetzt kam auch aus dem Non-REM-Schlaf häufiger ein Bericht.[26] Traumberichte aus dem REM-Schlaf waren jedoch viel zahlreicher und sie ähnelten auch mehr dem, was man sich unter einem Traum vorstellt – eine Serie visueller Szenen, häufig ein bizarrer Verlauf –, aber auch während des Non-REM-Schlafs ging noch alles Mögliche im Schlafenden um, oft in Form eines kreisenden Gedankens, eines einzelnen Bildes oder eines Satzfetzens.

Zur Rettung der überschaubaren Vorstellung von »REM-Schlaf ist Traumschlaf« schlug man vor, dann eben etwas an der Definition des Traums zu tun. Konnte die nicht ein wenig korrigiert werden? Was Menschen von inneren Erlebnissen berichteten, wenn sie aus dem Non-REM-Schlaf geweckt wurden, war doch eher denken und nicht träumen? Und wenn die Gedanken Träumen ähnelten, waren es dann nicht eigentlich Erinnerungen an etwas, das die Menschen zuvor während des REM-Schlafs geträumt hatten? Aber die Traumberichte aus diesen beiden Schlafphasen mögen sich zwar in der Länge, der Geschichte, der Entwicklung, der Anzahl der Einzelheiten, in der Lebendigkeit unterscheiden, jedoch sind dies keine absoluten oder qualitativen Unterschiede, eher könnte man von unterschiedlichen Positionen auf einer gestaffelten Skala sprechen. Und wenn der Traum aus dem Non-REM-Schlaf in Wirklichkeit noch aus dem REM-Schlaf stammt, müsste man auch das Umgekehrte berücksichtigen. Außerdem war dem ersten Non-REM-Schlaf noch kein REM-Schlaf vorausgegangen. Die Bewahrung der Symmetrie zwischen REM-Schlaf und Träumen ginge nur auf Kosten einiger uneleganter Anpassungen.

Die absolute Muskelblockade gerade während des REM-Schlafs ist bei näherer Betrachtung sehr logisch: Dann kommen die lebendigsten Träume und es muss verhindert werden, dass geträumte Handlungen auch wirklich ausgeführt werden. Bei den flüchtigen, vagen Träumen aus dem Non-REM-Schlaf kann die Aufsicht etwas weniger streng sein. Wenn in dieser Phase der Schlafende möglicherweise beginnt, zu murmeln oder spazieren zu gehen, ist das wiederum der nicht ausreichend blockierten Muskulatur zuzuschreiben.

In neueren Artikeln stößt man hin und wieder auf den Seufzer, wir wüssten heute weniger über REM-Schlaf und Träume als vor fünfzig Jahren.[27] Bis eine wissenschaftliche Erkenntnis zu einem größeren Publikum vorgedrungen und zu einem anerkannten Bestandteil der Allgemeinbildung geworden ist, kann dieselbe Erkenntnis manchmal schon widerlegt, widerrufen oder nuanciert worden sein. Genau das ist mit dem Verhältnis zwischen REM-Schlaf und Träumen passiert. Manche Verletzungen am Hirnstamm, dem Generator für den REM-Schlaf, blockieren den REM-Schlaf, obwohl der Patient noch immer träumt. Umgekehrt gibt es Schäden – und Medikamente –, die das Träumen verhindern, während der REM-Schlaf intakt bleibt.[28] Nicht widerrufen werden musste jedoch, dass der REM-Schlaf den einfachsten Zugang zum Träumen bietet. Das ist die Phase, in der die Chance auf eine gute Ausbeute am höchsten ist. 1953 wurde der REM-Schlaf zu dem, was er heute noch ist: der Königsweg zum Traum, in der Bedeutung, die Freud der Metapher verlieh, ein schneller, einfacher Zugang.

Ob dieser Traum tatsächlich den Weg zum Unterbewussten weist, ist mittlerweile nicht mehr so sicher.

Die Kartografie des Traums

Eine willkürliche Erkenntnis aus der jüngeren Traumforschung: Zwei Gruppen junger Erwachsener wurden in ein Schlaflabor eingeladen.[29] In einer Gruppe befinden sich Menschen mit Autismus, die andere Gruppe bildet die Kontrollgruppe. Die Frage lautet, ob sich Träume von Autisten von denen von Menschen ohne Autismus unterscheiden. Eines der Ergebnisse ist, dass in 41 Prozent der Träume von Autisten keine weiteren Personen vorkommen und in 65 Prozent ihrer Träume keine soziale Interaktion stattfindet. Ist das viel? Wenig? Ganz normal? Dazu kann man nichts Sinnvolles sagen, solange nichts darüber bekannt ist, wie oft diese Elemente im Allgemeinen in Träumen auftauchen. In der Kontrollgruppe Gleichaltriger ohne Autismus kamen in allen Träumen noch weitere Personen vor und es war auch häufiger die Rede von sozialem Umgang. Aber noch immer wüsste man gerne, wie sich diese Zahlen zu dem verhalten, was sich in Träumen anderer Gruppen abspielt. Wäre das Ergebnis anders gewesen, wenn beide Gruppen nicht fast ausschließlich aus Männern bestanden hätten?

Dem geht noch eine Frage voraus. Wie untersucht man den Inhalt von Träumen? Worauf achtet man, was verfolgt man, was ignoriert man? Eine Studie wie diese und Tausende andere würden in der Willkür der Entscheidungen versanden, die individuelle Forscher treffen müssen, und dadurch den Vergleich erschweren. Zwei amerikanischen Psychologen, Calvin Hall und Robert Van de Castle, ist es zu verdanken, dass dies nicht der Fall ist. Sie veröffentlichten 1966 ein System für die Inhaltsanalyse von Träumen.[30] Das war eine Revolution der etwas leiseren Art. Dank der Entdeckungen von Aserinsky, Kleitman und Dement, schrieben sie, seien nun die »objektiven Indikatoren des Traums« bekannt, aber die Erforschung der *Psychologie* des Traums verkehre 66 Jahre nach der *Traumdeutung* noch immer in einem qualitativen Stadium – auch damals schon kein gutes Zeichen.[31] Hall und Van de Castle präsentierten eine quantitative Methode zur Klassifizierung von Träumen und der Analyse ihrer Inhalte. Im Wesentlichen handelte es sich um ein Codiersystem für eine große Zahl von Variablen. Die Ergebnisse konnten auf IBM-Lochkarten übertragen werden, damit endlich, so hofften sie, die Träume von der Couch in den Computer umsiedeln könnten.

Hall und Van de Castle hatten bereits zwischen 1947 und 1950 nicht weniger als tausend Träume von amerikanischen Studenten gesammelt und ihrem System unterzogen. Es umfasste fünfzehn Kategorien, die ihrerseits wieder in eine große Zahl von Elementen aufgeteilt wurden. Spielte sich der Traum im Haus ab oder draußen? War die Umgebung bekannt oder unbekannt? Kamen andere Personen darin vor? Wie viele? Männer oder Frauen? Bekannte oder Unbekannte? Junge oder alte? War der Umgang mit anderen Personen aggressiv, freundlich, sexuell? Ging die Aggression oder die sexuelle Initiative vom Träumenden aus oder von dem anderen? Kamen Berühmtheiten darin vor? Verstorbene Familienmitglieder? Tiere? Wurde im Traum gesprochen? Mit wem? Worüber? War die Stimmung des Traums ängstlich, fröhlich, traurig? Jede Variable bekam ein Kürzel, eine Ziffer oder ein Zeichen. Im Anhang des Buchs befanden sich zehn Träume mit Anleitungen zu ihrer Auswertung. In einem der Beispielträume unterhielt sich der Träumende mit zwei Mädchen.

Das eine Mädchen war unattraktiv, das andere hübsch. Ich schmuste ein wenig mit der Hübschen, aber nicht allzu engagiert. Sie sah in meiner Annäherung mehr, als ich meinte, sie versuchte, mich zu erregen, indem sie ihre Brüste an mich presste. In dem Moment überlegte ich mir, dass ihr das wohl ihre Mutter beigebracht hatte, in der Hoffnung, der Junge würde sie dann heiraten. Aber ich machte mir nicht allzu viele Gedanken darüber, denn ich genoss es durchaus.

46

Dann hörten wir auf, weil noch ein weiteres Mädchen hinzukam, ein sehr hübsches Mädchen. Ich fand sie sofort sehr nett und wusste, sie wäre ein Mädchen, das ich lieben könnte. Ich ging zu ihr, sprach ein wenig mit ihr und schon bald küsste ich sie, während die beiden anderen Mädchen und die Mutter traurig zuschauten. Sie war großartig und ich erinnere mich, dass ich, als ich aufwachte, wünschte, ich hätte noch etwas länger von ihr träumen oder mir mehr von ihr einprägen können.[32]

Jede der vier Personen ist eine Frau, dem Träumer nicht bekannt, erwachsen – Code 1FSA (female, stranger, adult). In der Kategorie Aggression ist D 3>FSA notiert: der Träumer (dreamer) D wies die Person ab (Subkategorie 3), an die er sich zuerst herangemacht hatte. In der Kategorie sexuell stehen zwei Ergebnisse. Code 1FSA 4>D ist das Traumfragment des Mädchens, das sich sexuell aufdrängte, indem sie ihre Brüste an ihn presste. Im Code D 3>1FSA ergreift der Träumer die Initiative, indem er das Mädchen küsst (Subkategorie 3). Sowohl die Codierung als auch die Decodierung verlangt eine gewisse Übung. Aber wenn die sexuellen Avancen, das verschmähte Mädchen, ihre enttäuschte Mutter und der Kuss erst einmal in ein Muster in einer Lochkarte umgesetzt sind, kann eine Frage wie »Träumen Männer häufiger über Sex mit Bekannten oder Unbekannten?« im Handumdrehen beantwortet werden. Letzteres.

Das System für die Inhaltsanalyse war Karte und Kartografie zugleich. Es legte die ersten Koordinaten fest und zeigte, wie man selbst neue Karten erstellen konnte. Zehntausende Träume sind seither nach diesem System analysiert worden und ihre Ergebnisse fanden Eingang in lokale Register. Unterscheiden sich Träume je nach Kultur? Verändern sie sich beim Älterwerden? Sind sie für die psychiatrische Diagnostik verwendbar? Die Inhaltsanalyse war der Schlüssel für diese und noch Hunderte andere Vergleichsstudien.

Wie in Studien über sexuelle Fantasien und erotische Träume üblich, ordneten auch Hall und Van de Castle ihre Ergebnisse nach Geschlecht. Den langen Tabellenreihen ist zu entnehmen, dass sich Träume von Frauen häufiger in einer vertrauten Umgebung abspielen und auch öfter im Haus. In Träumen von Frauen stecken doppelt so oft Hinweise auf Farben. Männer träumen doppelt so oft von Geld. Im Durchschnitt befinden sich in weiblichen Träumen mehr Personen – dass gar keine anderen Personen vorkommen, geschieht bei Männern doppelt so oft wie bei Frauen, bleibt aber unter sieben Prozent (in dieser Hinsicht weichen die Träume von Autisten – mit 41 Prozent – also stark ab). Männer träumen häufiger von Männern als von Frauen, Frauen träumen genauso oft von Männern wie von Frauen. Frauen träumen häufiger von ihrem Vater als Männer von ihrer Mutter. Die größte Subkategorie bei Aggression ist bei Frauen Zurückweisung, bei Männern Aufhetzen und Angreifen. Auffällig war die Stimmung in Träumen: in 80 Prozent aller Fälle negativ, bei Frauen wie bei Männern. Und etwa 40 Prozent aller Träume waren angsterfüllt.

Dank der Daten in diesem ersten Atlas sind auch Veränderungen über einen längeren Zeitraum feststellbar. Erotische Träume wurden 1950 noch drei Mal öfter von Männern berichtet, sie handelten vier Mal öfter von Geschlechtsverkehr und sieben Mal so oft hatten sie im Traum die Initiative ergriffen. Mittlerweile berichten Frauen ebenso häufig von erotischen Träumen wie Männer.

Von diesen Tabellen geht dieselbe Faszination aus wie von alten Landkarten – man schlägt sie auf und es erscheint eine Welt, die es in dieser Form nicht mehr gibt, und man sinnt darüber nach, was verschwunden und was hinzugekommen ist.

Mit dem schnellen Anstieg der experimentellen Erforschung von Träumen in Schlaflabors erhielt die in den Anfängen steckende Inhaltsanalyse auch gleich eine gewisse Relevanz. Waren die Träume, die man im Schlaflabor auswertete, tatsächlich repräsentativ für das normale Traumleben? Bei der Abnahme einer Polysomnografie hängt eine Versuchsperson schnell an zwei Dutzend Kabeln, in einer fremden Umgebung, wird zu den seltsamsten Momenten geweckt und ausgehorcht – wie natürlich können Träume dann noch sein? Aber mit Ausnahme von Albträumen, die dazu neigen, in Schlaflaboren zu verschwinden, ist es mit den Unterschieden offenbar halb so schlimm.[33] Zwar gibt es einen »First Night Effect«, mit einem kürzeren REM-Schlaf als zu Hause, aber wenn die Traumforschung erst in der zweiten Nacht einsetzt, spielen der Ort und die Begleitumstände keine Rolle mehr. Heimträume sind etwas häufiger aggressiv. Sogar bei Kindern sind die Unterschiede zwischen dem Traum zu Hause und dem im Schlaflabor minimal.[34] Unter Laborbedingungen werden Schläfern *mehr* Träume entlockt, aber die Themen und Motive stimmen noch immer mit dem überein, was sie zu Hause geträumt hätten.

Das System von Hall und Van de Castle war – in der Rückschau – noch eine durch und durch psychoanalytische Kartografie des Traums. Es gab Rubriken für Kastrationsangst (CA) und Penisneid (PE), Klassiker in der Freud'schen Traumanalyse. Dazu kam noch ein wenig Deutung, denn die Traumelemente mussten ausgehend von ihrer symbolischen Bedeutung abgeleitet werden. Der Code CA konnte dann einem Jungen zugeordnet werden, der träumte, seine Mandeln müssten entfernt werden, der Code PE einer Frau, die im Traum ein Gewehr gekauft hatte oder auf die Golfklubs ihres Freundes eifersüchtig war. Ein Hinweis darauf, dass die Denkwelt von Hall und Van de Castle noch in der Psychoanalyse verwurzelt war, liegt darin, dass sie hofften, den Traum von der Couch in den Computer umzusiedeln, nicht vom Labor in den Computer.

Es gab nun einen bequemen Zugang zu Träumen, den REM-Schlaf, und es gab ein Instrument, das Träume kartografierbar machte, die Inhaltsanalyse. Die Siebzigerjahre hatten das Zeug, zum Goldenen Jahrhundert in der Traumforschung zu werden.

Methode im Wahnsinn

Träume sind überwiegend Bilder. Aber sind alle Bilder im Schlaf auch Träume? Beim Einschlafen bemerkt man oft mit dem letzten Rest Aufmerksamkeit, dass einem schnelle, chaotische Bilder durch die Gedanken jagen, das beruhigende Zeichen dafür, dass man gleich davonsegelt. Gegen Morgen, fast wach, scheinen die Bilder erneut da zu sein, wieder ohne Zusammenhang, wieder in schneller Folge. Es ist, als würde man beim Einschlafen und Aufwachen durch dieselbe Schicht gleiten, einmal von oben in die Tiefe und beim anderen Mal von unten nach oben. Könnte es sein, dass einem diese Bilder vielleicht *die ganze Nacht* durch den Geist ziehen? Und nur sichtbar sind, wenn man einschläft, wach wird und träumt? Könnte der Traum nicht die Geschichte sein, die man aus diesen Bildern zu machen versucht? Erklärt das nicht, weshalb Träume so oft aus einem chaotischen Wechsel visueller Szenen bestehen? Der französische Sinologe d'Hervey de Saint-Denys war 1867 ein früher Anhänger der Theorie, man träume die ganze Nacht. Tagsüber gebe es schließlich auch immer etwas, das den Geist beanspruche.

Diese Theorie wurde wieder fallen gelassen. Die »hypnagogischen« und »hypnopompen« Bilder zu Anfang und zu Ende des Schlafs haben andere Eigenschaften als Traumbilder. Hypnagogische Bilder können unter direkter Herrschaft sinnlicher Reize stehen, die man in den Stunden vor dem Einschlafen verarbeitet hat. Nach einer langen nächtlichen Autofahrt »sieht« man beim Einschlafen noch die Lichter des Gegenverkehrs. In Träumen kommen manchmal Tagesreste vor, aber sie haben ein viel loseres Verhältnis zu sinnlichen Reizen: Tagesreste können von etwas handeln, das man tagsüber kaum berücksichtigt hat. Hypnagogische Bilder »fühlen« sich auch anders an als die Bilder in einem Traum. Sie rufen keine Gefühle hervor und werden als etwas erfahren, das man ungerührt von außen betrachtet. Man ist ihnen ausgeliefert und hat zu keiner Zeit die Vorstellung, man könne die Bilder steuern. Der Wechsel erfolgt zu schnell, als dass man sie zu Szenen zusammenfügen könnte, erst recht nicht zu einer Geschichte, oft sind sie dafür auch zu verschieden. Die Bilder machen einen zum Zuschauer, man befindet sich nicht mehr »in« seinem Traum, ist nicht mehr Teil von ihm. Hypnagogischen Bildern gegenüber ist man »ganz und gar Auge und kein Ego«, wie es einmal beschrieben wurde.[35]

Auch in den neusten neurophysiologischen Theorien über Entstehung, Funktion und Bedeutung von Träumen sind es noch immer die visuellen Eigenschaften, an denen man die erklärende Leistung dieser Theorien prüft. Die ehrgeizigste unter ihnen ist sicherlich die Theorie von Allan Hobson, Professor der Psychiatrie an der Harvard Medical School. Er hat die Aktivierungs-Synthese-Theorie entworfen, ein heldenhafter Versuch, die überwältigende, aber inzwischen auch immer diffusere Masse neurologischer, psychologischer, introspektiver und biologischer Befunde aus Schlaflaboren in einer *grand theory*[36] zu vereinen. Nach der ersten Veröffentlichung 1977 gab es noch einige Revisionen, aber der Kern ist unverändert.[37]

Der erste Anstoß zum Träumen erfolgt im *Pons* (lateinisch für Brücke), im Hirnstamm gelegen, dem Übergang zwischen Rückenmark und Gehirn. Bei Katzen wurde durch experimentell herbeigeführte Schädigungen gezeigt, dass der REM-Schlaf vom Pons aus koordiniert wird. Die Aktivierungswellen passieren einen Teil des Thalamus und enden in den visuellen Bereichen im Hinterhauptslappen. Die Aktivierung vom Hirnstamm aus ist komplett willkürlich, es sind zufällig feuernde Zellen, die hier und da aufflackernden Lichter, die Sherrington gnädigerweise im schlafenden Gehirn noch hatte brennen lassen. Sie haben keinerlei Bedeutung, sie sind keine Reaktion auf äußere Reize, sie kommen und gehen auf chaotische Weise. Wo genau sie im visuellen Bereich enden und welche Erinnerungen und

Erlebnisse sie dort aktivieren, ist ebenso zufällig und unvorhersehbar.

Aber danach beginnt die Traumsynthese. Der Stirnlappen wird mit einer ungeordneten Reihe visueller Vorstellungen und Erinnerungen konfrontiert. Nachts versucht der Stirnlappen, seiner Aufgabe, die er auch tagsüber erfüllen muss, möglichst gut gerecht zu werden: in allem, was hereinkommt, einen Zusammenhang zu entdecken. In einem wachen Gehirn kommt die Arbeit von außen, in einem schlafenden Gehirn von innen. Während des Schlafs versucht dieser Teil unseres Gehirns, aus einer hoffnungslosen Aufgabe das Beste herauszuholen: Zumindest teilweise noch kohärente Traumbilder aus den verrauschten Signalen zu fabrizieren, die der Hirnstamm nach oben schickt.[38] Meist geht das dann auch schief. Traumgeschichten setzen sich aus Inkonsistenzen und bizarren Entwicklungen zusammen. Es erscheinen Menschen, die gar nicht in die Geschichte passen, nicht in die Umgebung, nicht in die Zeit. Manche haben die Identität des einen und das Aussehen eines anderen. Eine Szene, die in Bussum anfängt, wird ohne Übergang in Wien fortgesetzt. Das Segelboot wandelt sich zum Dampfboot, ein Kaninchen hebt die Pfote und ergreift das Wort. Was an Ordnung und Verständlichkeit im Traum noch zu entdecken ist, verdankt der Träumende der Kreativität seines Stirnlappens.

Die Aktivierungs-Synthese-Theorie steht nach Hobson im diametralen Gegensatz zu Freuds Traumtheorie. Aber sie haben zwei wichtige gemeinsame Ausgangspunkte, die, wie in einem Vexierbild, verschiedene Vorstellungen formen. Träume sind *visuell* – nach Freud, weil der latente Inhalt in anschauliche Bilder umgesetzt werden muss, nach Hobson, weil die Reize aus dem Hirnstamm nun einmal Zellen im visuellen Kortex aktivieren. Und Träume sind *verworren* – nach Freud, weil die Traumarbeit durch Verdichtung und Verschiebung darauf aus ist, das wirkliche Thema zu verhüllen, nach Hobson, weil Zellen im Hirnstamm willkürlich feuern und genauso willkürlich Erinnerungen und Erlebnisse aktivieren. In beiden Theorien findet sich eine Synthese, aber mit entgegengesetztem Status. Nach Freud ist jeder manifeste Traum eine Synthese, die wieder demontiert werden muss, um einen neuen – darunterliegenden – Zusammenhang zu entdecken. Nach Hobson ist die Synthese gerade der zusammenhängende Teil des Traums und die darunterliegende Schicht besteht aus Chaos. Für beide ist der Traum ein Endprodukt. Das rohe, unbearbeitete Material bekommt der Träumer nicht zu sehen, weil es aus einer unzugänglichen Region stammt – dem Unbewussten bei Freud, dem Pons und dem Hinterhauptslappen bei Hobson.

Das Attraktive an Hobsons Theorie ist, dass Träume noch immer Bedeutung haben können – auch wenn der Träumer diese Bedeutung selbst hineinlegt. Letzten Endes sind es immer noch *seine* Erinnerungen und Vorstellungen, die aktiviert werden, und in der Geschichte, die er daraus macht, werden seine Beschäftigungen, Gefühle und Tätigkeiten vom Tag mitschwingen. Auch wenn mehr als ein paar Quäntchen Willkür und Zufall eingemengt wurden, ist es noch immer *seine* Geschichte. Ob Träume eine *Funktion* haben, dessen ist man sich nicht sicher. Traumprozesse könnten ein Epiphänomen sein, eine an sich nutzlose Begleiterscheinung eines neurophysiologischen Mechanismus, der sehr wohl eine Funktion hat. Man könnte es die Perspektive des »Brummens im Kühlschrank« nennen. Jeder Kühlschrank brummt ein wenig, egal wie leise. Dieses Brummen wurde ihm nicht eingebaut, es gehört zum Kühlmechanismus. Die Frage: »Wozu dient dieses Brummen eigentlich?«, ist naiv. Und erst recht falsch ist die Argumentation: »Wäre dieses Brummen nicht für irgendwas gut, hätten die Designer es schon lange beseitigt.« Dennoch ist genau das der Irrtum in der Argumentation, die Evolution hätte Träume längst ausgemustert, wären sie funktionslos. Das Umgekehrte ist der Fall: Solange der REM-Schlaf eine evolutionäre Funktion hatte, konnte der Traum mit von der Partie sein.

Zu Beginn unserer aufgezeichneten Geschichte hatten Träume einen geweihten Status, ihre Deutung war das Werk von Priestern und Orakeln, sie waren Botschaften externer Mächte, von Göttern, Dämonen und Geistern. Dass Träume eine vollkommen bedeutungslose Begleiterscheinung seien, markiert das andere Extrem. Aber sogar wer letztere Auffassung vertritt, wird sich hin und wieder von den Motiven faszinieren lassen, die in seinen Träumen auftauchen, den Mustern, die sie zu bilden scheinen. Im selben Gespräch über Träume, dem das Motto für *Wie wir träumen* entnommen ist, sagte Wittgenstein: »Es scheint etwas in den Traumbildern zu geben, das eine gewisse Ähnlichkeit mit den Zeichen einer Sprache hat. So wie sie eine Folge von Zeichen auf Papier oder im Sand haben könnte. Es mag kein Zeichen dabei sein, das wir als konventionelles Zeichen irgendeines Alphabets erkennen würden, und doch haben wir das starke Gefühl, daß sie irgendeine Art Sprache sein müssen: daß sie etwas bedeuten müssen.«[39] Von diesem Eindruck kann man sich nur schwer distanzieren. Mit der Erinnerung an einen Traum zu erwachen, ist, als habe man in der Nacht eine Nachricht erhalten. Ob diese Nachricht tröstet oder beunruhigt, verwundert oder erregt – sie bringt uns zumindest kurz zum Nachdenken. Sogar, wenn man die Sache schnell als dummes Zeug abtut, erzeugt von zufällig feuernden Zellen tief im Gehirn, ist es noch immer etwas, das man selbst erzeugt hat, und schon deswegen nie ganz bedeutungslos.

2. Der unbewegte Beweger.
Über Fliegen und Schweben in Träumen

In einer Novembernacht des Jahres 1914 träumte die britische Schriftstellerin Mary Arnold-Forster vom Krieg.

Sie war von ihrem Landsitz in den Wiltshire Downs nach London gereist, wo sie beim Kriegsministerium erwartet wurde. Sie hatte angeboten, dem britischen Hauptquartier in Belgien Nachrichten zu überbringen, und zwar auf eine Art und Weise, die ein Abfangen durch die deutschen Truppen nahezu ausschloss: sie würde *fliegen* – ohne jegliches mechanisches Hilfsmittel. In ihren Träumen hatte sie damit schon so viel Erfahrung gesammelt, dass ein Flug über den Kanal kein Problem darstellte.

Es dauerte eine Weile, bis die Nachrichten, die sie übermitteln sollte, verfasst waren. Man hatte sie in einen Warteraum gelassen, dessen Wände bis zur Decke mit Drucken bedeckt waren. Um die Zeit totzuschlagen, beschloss sie, schon mal ein wenig zu fliegen und sich die Drucke aus der Nähe anzuschauen. Kurz darauf kam ein Beamter herein. Schnell schwebte sie wieder zu Boden, um die Einzelheiten ihres Fluges zu besprechen. Sie sagte, sie werde sicherlich eine gute Landkarte von Belgien benötigen. Das sei leider ein Problem, sagte er, sie hätten das ganze Ministerium abgesucht, nirgends sei eine aktuelle Karte zu finden. Das Einzige, was er ihr mitgeben könne, sei eine antiquarische Karte, noch auf Pergament, zum Glück seien die flämischen Städte und Dörfer so alt, dass sie alle schon verzeichnet seien. Arnold-Forster betrachtete die Landkarte mit skeptischem Blick: Zwar waren die Städte in wunderbarer Handschrift darauf verzeichnet, aber sie konnte kaum Straßen und erst recht keine Eisenbahnschienen entdecken. Wie sollte sie damit navigieren?

Es dämmerte schon und es war Zeit für den Abflug. Sie schwebte zu einer Fensterbank, hielt die Karte vor sich und flog davon. Sie hatte sich völlig unnötig Sorgen gemacht. Aus der Luft sah Belgien ganz genauso aus wie auf der Karte. Der Flug verlief ohne Zwischenfälle. Einmal hatte sie ein wenig an Höhe verloren. Da war sie ungesehen in ein Haus gelaufen, die Treppe hinaufgegangen und hatte ihren Flug von einem Fenster im oberen Stockwerk fortgesetzt. Das Hauptquartier befand sich in einem verfallenen Schloss und stand unter Befehl von Winston Churchill. Sie überbrachte ihre geheime Nachricht. Nachdem sie noch ein wenig durch das Schloss gewandert war, warf sie einen Blick auf den Innenhof. Dort sah sie Winston Churchill wieder, der ohne großen Erfolg einer Gruppe belgischer Pfadfinder die Kunst des Fliegens beizubringen versuchte.

Nach einer Weile verursachte ihr der ruinöse Zustand des Schlosses Beklemmungen. Sie kletterte auf eine hochgelegene Stelle auf der bröckeligen Mauer, stieß sich ab und schwebte davon.

Mary Arnold-Forster (1861–1951) war die Tochter eines Professors für Mineralogie an der Universität Oxford und die Urenkelin des *Astronomer Royal* Nevil Maskelyne. Als Frau war ihr der Zugang zu einem wissenschaftlichen Studium verwehrt, aber dank ihrer Familienbande verkehrte sie in den höchsten akademischen Kreisen.

Ihr Vater, ihr Schwager und ihr Onkel waren *Fellows* der *Royal Society*. Sie führte ein Traumjournal und verwendete dieses als Quelle für ihre 1921 erschienene Monografie *Studies in dreams*.[1] Es enthält ein gesondertes Kapitel über »flying dreams«.

Ihre belgische Mission wies alle Merkmale auf, die auch nach späteren Studien zu Flugträumen gehören. So kann man Flugträume in der Regel gut behalten. Sie haben einen geordneteren

Mrs Mary Arnold-
Forster (1861–1951),
Foto aus dem Jahr
1947

Verlauf als die meisten anderen Träume. Bis auf das Fliegen rücken sie der Wirklichkeit näher als andere Träume und es kommen weniger bizarre Einzelheiten oder unverständliche Szenenwechsel darin vor. Die Chronologie wird respektiert. Wo normale Träume plötzlich abbrechen – »… und dann wurde ich wach« –, haben Flugträume meist einen natürlichen Schluss. Es war Arnold-Forster aufgefallen, dass Flugträume selten Inkonsistenzen aufweisen – alles Merkmale, die dabei helfen, den Traum nicht gleich beim Aufwachen schon wieder vergessen zu haben.

In Flugträumen ist der Träumende geistig relativ klar. Bei normalen Träumen fallen Absurditäten in der Regel erst beim Nacherzählen oder Notieren auf. Noch *in* ihrem Traum findet es Arnold-Forster schon sehr merkwürdig, dass das Ministerium über keine aktuellen Karten verfügt, und sie ist sich auch bewusst, dass eine so antike Karte ihr keinen Anhaltspunkt für Eisenbahnschienen bieten kann. Flugträume und luzide Träume – Träume in dem Bewusstsein, dass man träumt – haben eine enge, wenn auch asymmetrische Verbindung: In längst nicht allen luziden Träumen wird geflogen, aber die meisten Flugträume sind luzide. Manchmal ist es die Handlung des Fliegens selbst, die diese Luzidität hervorruft: He, ich kann fliegen, das muss ein Traum sein!

Viele Menschen haben nur ein- oder zweimal in ihrem Leben einen Flugtraum. Aber bei Menschen mit einer Veranlagung für luzide Träume können Flugträume relativ häufig vorkommen. Arnold-Forster hatte als Kind ihre ersten Flugträume und sie erinnerte sich gut, wie sie begonnen hatten. Auf halbem Wege der Treppe zum Kinderzimmer befand sich ein Flur zu einem Wintergarten. Tagsüber schaute sie gern dort hinaus, aber abends wurde er zu einem schwarzen Loch, in dem wer weiß wie viele Gefahren lauerten. In ihrem Traum stand sie oben an der Treppe, zu ängstlich, um an dieser Dunkelheit vorbei nach unten zu laufen. Plötzlich stieg da die Idee in ihr auf, dann doch einfach hinunterzufliegen. Sobald sie sich vom Boden gelöst hatte, war die Angst verschwunden und sie schwebte mühelos die Treppe hinunter. Erst war das Gefühl zu fliegen nur mit dieser Treppe verbunden, später brachte sie sich bei, auch an anderen Stellen zu fliegen. Nach und nach nutzte sie das Fliegen, um Albträumen ein Ende zu bereiten. Sobald der Traum eine beängstigende Wendung nahm, erinnerte sie sich selbst daran, dass sie der Gefahr einfach davonschweben konnte. Ihre Flugträume blieben noch lange mit einem Gefühl des Entkommens verbunden.

Die Flugträume kamen nicht auf Kommando, aber ihr wurde nach und nach bewusst, dass sie mit großer Wahrscheinlichkeit in einer der kommenden Nächte fliegen würde, wenn sie viel daran dachte oder mit jemandem darüber sprach. Sie besaß Einfluss, hatte aber keine Kontrolle. Manchmal musste sie im Traum zu einem hohen Fenster oder Hügel, um in Schwung zu kommen, aber meistens sprang sie einfach ab und schon flog sie. Mit den Armen vollführte sie ruhige, paddelnde Bewegungen, um zu lenken oder an Höhe zu gewinnen. In den ersten Jahren kam sie kaum über einen Meter vom Boden hinaus, aber wenn sie im Traum an den Flug der Vögel dachte – der Saatkrähen um ihr Haus, der rüttelnden Falken und segelnden Schwalben –, gelang es ihr allmählich, immer höher zu steigen. Vielleicht etwas weniger spektakulär – aber noch immer sehr bemerkenswert – waren die Träume, in denen sie senkrecht ungefähr eine Handbreit über dem Boden schwebte. In solchen Träumen trug sie immer ein Kleid, das ihre Schuhe gerade so eben bedeckte. So fiel es nicht einmal im hektischen Betrieb auf der Oxford Street auf, dass sich ihre Füße beim Gehen nicht bewegten.

Im Übergang vom Schlafen zum Aufwachen ging das Fliegen immer mühsamer. Das Bewusstsein der körperlichen Kondition vermischte sich mit der Traumvorstellung und erschwerte das Schweben. Arnold-Forster zitierte diesbezüglich Havelock Ellis, der meinte, das Gefühl der Anstrengung entstünde, weil mit dem Näherkommen des Aufwachens die »motorischen Kanäle« nicht länger vollständig abgeschlossen seien.[2] Nur solange es beim Schläfer keine Bewegung gäbe, gelänge das Fliegen so leicht.

Glück, Gesundheit und ein langes Leben

Flugträume gibt es seit jeher. Sie wurden und werden in Tagebüchern, Briefen und Autobiografien aufgezeichnet, manchmal ist eine beiläufige Bemerkung, die wiederum ein Dritter in seinem Tagebuch notiert hat, die einzige Quelle über die Flugträume einer Person. So wissen wir, dass sich Goethes Flugträume innerhalb des Hauses abspielten. Einem Schriftstellerkollegen, einem gewissen Schütze, vertraute er an, er fliege beim Träumen immer im Kreis durch ein Zimmer oder einen Saal.[3] Schütze dachte bei sich, das passe zu einem Charakter ruhiger epischer Reflexion.

Flugträume variieren je nach Individuum und Traum. Bei den Flughaltungen wird vornüberliegend – »wie Superman« – am häufigsten genannt, danach sitzend und stehend. Hin und wieder lehnt sich ein Träumer – wie Vincent Bijlo (S. 201) – entspannt zurück. Sie unterscheiden sich auch in ihren jeweiligen Anfängen. Bei Kindern beginnen Flugträume oft, wie sie bei Arnold-Forster anfingen, mit dem Gefühl, über die Treppe nach unten zu fliegen. Manche Erwachsene behalten diese Treppe bei, sozusagen zum Starten. Andere rennen einen Hügel hinunter und beginnen dann zu schweben. Wieder anderen reicht ein Sprung, um in die Gänge zu kommen, oder das Fliegen selbst besteht aus langen, federnden Sprüngen. Manche nutzen den Wind: Sich selbst als Segel einsetzend schweben sie durch die Luft. Der Anlass zum Fliegen ist häufig heraufziehende Gefahr. Ein Hund erscheint, man wird verfolgt – egal, um welches Unheil es sich handelt, man wird sich plötzlich der Tatsache bewusst, dass es sich um einen Traum handeln muss, in dem man fliegend entkommen kann. Mit der halb dämmrigen Logik des luziden Traums überlegt man sich zwar triumphierend, dass ein Entkommen möglich ist, nicht aber, dass die Gefahr dann auch nicht real ist.

Interkulturelle Forschung zu Flugträumen wurde leider nur selten betrieben, aber 1924 beschrieb Seligman, der britische Pionier in der Anthropologie, was er dank eines weltumspannenden Netzwerks von Informanten und Briefpartnern erfahren hatte.[4] Flugträume wurden ausnahmslos als günstig interpretiert. Bei den Bakahonden oder Kaonden, einem Stamm im heutigen Zambia, bedeutete der Flugtraum die Aussicht auf ein langes Leben. Bei den Naga (Indien) stand das Fliegen für das glückliche Aufwachsen junger Stammesmitglieder. Aus Weltevreden auf Java (was so viel heißt wie: Wohlbefinden) kam die Information, Flugträume verwiesen auf Glück und das galt ebenso für Flugträume in China. Seligman wusste, dass Psychoanalytiker sie sexuell deuteten – siehe weiter hinten in diesem Buch –, aber die einzige Bestätigung, die er dafür fand, kam aus Tirol, wo man

Flugträume für die Einleitung zur Ejakulation hielt. Sein Informant in diesem Fall war »Dr. Röck vom Wiener Museum, selbst ein Tiroler«.[5] Auch in neueren Vergleichsstudien kamen Flugträume überall vor, wenn auch nicht überall in gleichem Maße. Japaner fliegen in ihren Träumen häufiger als Amerikaner, zumindest war das 1958 noch der Fall.[6]

Flugträume sind selten und ziemlich kreuz und quer über die Träumer verteilt. In einer Studie mit rund 1900 Träumen in Traumjournalen fanden sich nur 22 Flugträume, etwas mehr als ein Prozent.[7] In anderen Studien fiel das Ergebnis noch niedriger aus. Dennoch gibt etwa die Hälfte der Befragten an, einmal einen Traum gehabt zu haben, in dem sie flogen oder schwebten. Offenbar bleibt es häufig bei diesem einen Mal, das dann zwar gut behalten wird, zahlenmäßig aber schnell in der großen Masse anderer Arten von Träumen verschwindet. Die Traumforscher Schredl und Piel kombinierten die Ergebnisse vier großer Studien.[8] Etwa acht Prozent der fast sechstausend Befragten gaben an, in den vergangenen Monaten einen Flugtraum gehabt zu haben. Männer und Frauen hatten gleich häufig Flugträume, jedoch gab es eine allmähliche Abnahme im Alter: Bei Zwanzigjährigen lag der Anteil der Flugträume noch über zehn Prozent, bei Sechzigjährigen und älter waren es weniger als fünf Prozent. Die ursprünglichen Studien stammten aus den Jahren 1956, 1970, 1981 und 2000 und eine faszinierende Beobachtung war, dass der Prozentsatz an Flugträumen kontinuierlich anstieg. Das könnte, so spekulierten die beiden Forscher, eine Folge des zunehmenden Flugverkehrs sein.

1984 begann Schredl ein Traumtagebuch. Er war damals 22 und er sollte es sechzehn Jahre lang führen.[9] Am Ende umfasste die Sammlung 6701 Träume. In 115 Träumen (1,7 Prozent) wurde ohne mechanische Hilfsmittel geflogen. Die Beschreibungen der Flugträume waren im Durchschnitt länger als die anderer Träume. Das hat sich auch in sonstigen Studien herausgestellt: Flugträume lassen sich gut als Geschichte erzählen und der Träumende nimmt sich den Raum dafür. In 21 Träumen hatte Schredl Gesellschaft von einem Mitflieger und in 44 Träumen wurde er dabei von anderen beobachtet. In zwei Träumen hatte er dafür gesorgt, dass ihn niemand sehen konnte. Einmal, damit er illegal über eine Grenze kam, und das zweite Mal, weil er befürchtete, jemand könne sich das Geheimnis des Fliegens bei ihm abgucken. In 31 Träumen hatte er angegeben, welche »Technik« er zum Fliegen nutzte. Meistens war das Konzentration (20 Träume) und die Ausführung von Schwimmbewegungen (10).

1996 nahm Schredl an einem Workshop über luzide Träume teil. Und wie das so ist: Danach stieg die Zahl luzider Träume rapide an. Bis 1996 waren seine Flugträume selten luzide, ihr Prozentsatz schwankte zwischen einem halben und zwei Prozent. In den Jahren nach dem Workshop stieg die Anzahl der Flugträume auf acht Prozent im Jahr 1998. Der Anstieg war ausschließlich den luziden Flugträumen zuzuschreiben, die nicht luziden Flugträume schwankten noch immer zwischen einem halben und zwei Prozent. Die Aufschlüsselung beider Arten von Flugträumen brachte ein paar Unterschiede ans Licht. In luziden Träumen lag Schredl häufiger bäuchlings und entspannte Schwimmbewegungen reichten völlig aus. In nicht luziden Träumen flog er sitzend oder aufrecht stehend und brauchte eine hohe Konzentration. Fliegen war in luziden Träumen häufiger die Folge der Entscheidung zu fliegen, in nicht luziden Träumen wurde das Fliegen durch Rennen, Springen oder eine Verfolgung in Gang gesetzt. Bei luziden Flugträumen flogen selten andere mit. Alles in allem schien die Atmosphäre von Freiheit und Schweben ohne Anstrengung vor allem mit Luzidität verbunden. Es muss nichts mit dem zunehmenden Flugverkehr zu tun haben, dass der Prozentsatz an Flugträumen in Studien stieg. Es könnte auch die Folge eines größeren Interesses für luzide Träume sein sowie für die Techniken, mit denen man sie hervorruft.

In den Siebzigerjahren hat man Versuche gestartet, Flugträume mit Kreativität zu verbinden.[10] Ausgehend von dem Gedanken, Flugträume könnten aus der kreativen rechten Gehirnhälfte stammen, untersuchte man, ob sich unter den Personen, die häufiger von Flugträumen berichteten, mehr Linkshänder befänden, wobei man der Einfachheit halber, aber nicht zu Recht, annahm, Linkshändigkeit verweise auf die Dominanz der rechten Gehirnhälfte. Aber es stellte sich heraus, dass Linkshänder und Rechtshänder gleichermaßen oft Flugträume haben. Ebenso wenig gab es eine Beziehung zwischen Flugträumen und einer Veranlagung für Musik, Malen oder Theater. Allerdings waren Menschen mit Flugträumen etwas häufiger davon überzeugt, dass die Ereignisse in ihrem Leben vor allem von ihrem eigenen Handeln abhängen (»internal locus of control«) und weniger von externen Umständen. 2007 testete Schredl bei 444 Studierenden, ob Flugträume mit Persönlichkeit zusammenhängen.[11] Er legte ihnen einen auf die »Big Five« abzielenden Fragebogen vor, die fünf Eigenschaften, die als Kern der Persönlichkeit gelten: extrovertiert oder introvertiert, offen gegenüber neuen Erfahrungen, emotional stabil oder labil, freundlich oder unfreundlich und gewissenhaft oder nachlässig. Das Ergebnis suggerierte, dass Menschen mit Flugträumen eher introvertiert sind und relativ stabil und entspannt im Leben stehen.

Viel schöner ohne Fluggerät

Freud interessierte sich nicht sehr für Träume, die er nicht aus eigener Erfahrung kannte. Flugträume hatte er nie gehabt. Seiner Ansicht nach waren sie auf Kinderspiele zurückzuführen, bei denen man von einem Erwachsenen durch die Luft geschwungen wird. Jeder Onkel hat mal ein Kind hoch über den Kopf gehoben und dann so getan, als ließe er es fallen. »Die Kinder jauchzen dann und verlangen unermüdlich nach Wiederholung, besonders, wenn etwas Schreck und Schwindel mit dabei ist; dann schaffen sie sich nach Jahren die Wiederholung im Traum, lassen im Traum aber die Hände weg, die sie gehalten haben, so daß sie nun frei schweben und fallen.«[12] Der latente Flugtraum sei zweifelsohne sexueller Art. Wilhelm Stekel, einer seiner treusten Schüler, schloss sich dem 1921 an und fügte noch hinzu, all die »kühnen Aviatiker«, die mittlerweile aufgetaucht seien, versuchten, sich ihre frühkindlichen Wünsche zu erfüllen.[13]

Die erste Generation der Psychoanalytiker hat das Feld der Erklärungen tüchtig erweitert, leider in so viele Richtungen zugleich, dass manche Erklärungen sich gegenseitig ausschlossen. Jung sah die Überwindung der Schwerkraft als Symbol für den Sieg über Lebensprobleme. Adler glaubte, der Träumer wolle sich über andere erheben, Fliegen entstünde aus dem Verlangen zu dominieren, der Ausdruck laute nicht umsonst »jemanden überflügeln«.[14] Diese Erklärungen sind hundert Jahre später noch quicklebendig: Wer ins Internet geht, um sich seine Träume deuten zu lassen, wird sie leicht wiederfinden. Andere Deutungen, denen man dort begegnen kann, besagen, Fliegen stünde für die Flucht vor Problemen, die Angst vor Impotenz, für hemmungslosen Ehrgeiz, das Bedürfnis, bewundert zu werden, die Sehnsucht, sich von den täglichen Pflichten zu befreien – und so weiter. Deutungen von Flugträumen sind oft ein wenig seicht.

Ein Kuriosum inmitten der psychoanalytischen Erklärungen ist die von Paul Federn. Er brachte den Flugtraum 1914 in Zusammenhang mit Erektionen, die ja ebenfalls der Schwerkraft trotzten.[15] Diese Hypothese sah er von einer beiläufigen Bemerkung des norwegischen Psychologen Mourly Vold bestätigt, dem aufgefallen war, dass er immer mit einer Erektion aus einem Flugtraum aufwachte. Als sich die Vermutung dieses Zusammenhangs erst einmal bei Federn festgesetzt hatte, fing er an, ein wenig herumzufragen, und bekam von Kollege Dr. Tausk zu hören, zwei Frauen, die bei diesem zur Analyse waren, hätten ihm anvertraut, beim Erwachen aus einem Flugtraum verspürten sie eine geschwollene Klitoris. Die Beobachtungen an sich werden richtig gewesen sein. REM-Schlaf geht bei Männern mit

einer Erektion einher und bei Frauen mit einer höheren Durchblutung der Vaginawand. Flugträume spielen sich während der
REM-Phase ab.[16] Die Erektionen gehören demnach nicht spezi-
ell zu Flugträumen, sie begleiten *alle* Träume während des REM-
Schlafs. Aber von allen Abschnitten des REM-Schlafs geht die
letzte mit der stärksten Erektion einher: Auf die Dauer musste
es manchen Träumern auffallen, dass sie immer mit gehobenem
Penis flogen. Als Freud von Federns Beobachtungen hörte, lag
für ihn die Erklärung für Flugträume auf der Hand: Diese Erektionen unterstrichen die sexuelle Art des latenten Trauminhalts.
In der nächsten Auflage der *Traumdeutung* ehrte er »P. F.« mit
einem Hinweis auf seinen Fund des Flugtraums als Erektions-
traum.

Ein möglicher Zusammenhang mit luziden Träumen ist allen Psychoanalytikern entgangen. Nicht zufällig ist die reichste
Quelle für Flugträume – und ihre Analyse – das Werk des Mannes, der den luziden Träumen ihren Namen gab, Frederik van
Eeden.

Van Eeden hatte Hunderte von Flugträumen. Seine erste Aufzeichnung über Schweben und Fliegen stammt aus dem März
1876. Zu dieser Zeit ist er fünfzehn Jahre alt und notiert in seinem Tagebuch, wie er über ein breites Gewässer schwebt und sich
in solchen Träumen »unendlich glücklich« fühlt.[17] Die letzte Notiz ist von Oktober 1919. Van Eeden träumt, er habe seinem französischen Schriftstellerkollegen Péguy erzählt, er verfüge über
die Gabe der Levitation.[18] Er wolle sie ihm gern vorführen. Er
bittet Péguy mit einem Stock unter seinen Füßen durchzuschla-
gen, um zu beweisen, dass er wirklich schwebe. Die Traumhefte
sind stark auf Luzidität gerichtet. Van Eeden träumt am liebsten
»klar«. Beim Einschlafen konzentriert er sich darauf, manchmal
betet er darum. Die klaren Träume tauchen meist erst mit der
Morgenröte auf, manchmal nach einer Nacht voller düsterer, ver-
worrener Träume, aber wenn sie kommen, betrachtet Van Eeden
sie als ein Geschenk und notiert sie möglichst ausführlich.

Klarträume und Flugträume treten bei Van Eeden so oft in Kombination auf, dass ihnen fast immer ihre erhabene Stimmung und ihr morgendlicher Charakter gemein ist. Das Fliegen bereitet überhaupt keine Mühe. Bis auf das eine Mal, als er ein Handtuch als Segel benutzt, fliegt Van Eeden ohne Hilfsmittel. Die Bewegungen, die er ausführt, erinnern noch am ehesten an Schwimmen. Im Januar 1902 schwebt er in einem Traum durch das Zimmer:»Ich bewegte mich elastisch und leicht, ich trieb durch die Luft und stieß mich dabei sanft von Wand oder Boden ab.«[19] Ein heutiger Träumer würde vielleicht einen Vergleich mit dem Schweben von Astronauten durch ihre Kabine anstellen, für Van Eeden muss es dem Treiben im Wasser am ähnlichsten gewesen sein. Aber es gibt auch Flugträume, in denen er ganz schön Tempo macht. 1908 sieht er unter sich ein Auto fahren. Er fliegt eine Zeit lang neben ihm her und kommt zu der Einschätzung, er fliege mit ungefähr 25 Stundenkilometern.[20] Er hat den Eindruck, dies durchaus eine gute Stunde durchhalten zu können. 1910 fliegt er einmal »mit hoher Geschwindigkeit an einem Fahrradfahrer vorbei«.[21]

Die Stimmung in Flugträumen ist betörend und erhaben. Van Eeden genießt die Landschaften und Städte unter sich, das Gefühl der Gewichtslosigkeit, die Klarheit, mit der er denken und wahrnehmen kann. Es scheint, als leisteten ihm seine Sinnesorgane bessere Dienste als tagsüber. Er sieht die schönsten Farben. In der Tiefe der Täler nimmt er Einzelheiten wahr – besondere Pflanzen, merkwürdig geformte Kristalle –, die ihm im wachen Zustand entgangen wären. Als er an einem Baum entlangschwebt, sieht er, wie sich die Perspektive der Äste zueinander verändert, und noch *in* seinem Traum wird er sich bewusst, dass sein visuelles Vorstellungsvermögen dies im wachen Zustand überhaupt nicht leisten könne. Die Realität, die die Sinne im Traum wahrnähmen, sei tagsüber gar nicht zu reproduzieren.

Die Flugträume gehen mit dem Gefühl einher, unantastbar zu sein. Nichts kann ihn treffen. Wie Mary Arnold-Forster setzt er das Fliegen manchmal ein, um einer Gefahr zu entgehen. Im Juli 1915 hat er einen intimen Traum über Henriette Ortt, seine große Jugendliebe, die ihre Beziehung 1879 zu seinem großen Kummer (und lebenslangen Groll) beendet hatte.[22] Der Traum ist »schön und fein«, aber im nächsten Moment wird er von einem Mann bedrängt, »der vor Eifersucht tobend drohte, mich zu erstechen«. Er flüchtet in die Dünen, aber gerade noch rechtzeitig fällt ihm ein, dass er fliegen kann: »Ich warf mich in die Luft und entkam spielend.«[23] In einem anderen Traum entkommt er so einem Hund.

Seine Gedanken beim Fliegen sind rein und euphorisch. In diesem halben Jahrhundert mit Flugträumen kommt es nur ein einziges Mal vor, dass der Traum in den Traum übergeht, den Van Eeden zutiefst fürchtete, den »wollüstigen Traum«, der im schlimmsten Fall mit »unwillkürlichem Samenerguss« endete. Im September 1907 ist er in Bern und hat schon seit einigen Nächten abscheuliche Träume. Dann träumt er, dass er beim Schweben einer »derben Frauensperson« begegnet. Es läuft auf eine »hässliche Obszönität« hinaus, die Van Eeden nicht weiter erläutert.[24] Die Kombination aus Schweben und Obszönität, schreibt er in seinem Traumheft, sei noch nie vorgekommen und sollte sich auch nicht wiederholen.

Das Fliegen fühlt sich vollkommen natürlich an. Zugleich ist da – *während* des Traums – das Bewusstsein, dass Fliegen in den Augen anderer eine verblüffende Aktivität sein muss. Eines Nachts schwebt er durch die Gassen Haarlems, wo er seine Jugend verlebt hat, und bringt die Menschen mit seiner Flugkunst zum Staunen. Im Frühjahr 1914 fliegt er über Rotterdam, als ihm plötzlich einfällt, er könne seine Künste ja produktiv in einem Zirkus einsetzen. Er fragt jemanden, ob irgendwo ein Zirkus in der Nähe sei. Die Adresse hat er nicht richtig verstanden, aber schon bei der Suche denkt er sich eine schöne Nummer aus: »Ich könnte zum Beispiel auf einem sehr hoch gespannten Seil wie ein Seiltänzer balancieren, dann danebentreten wie bei einem Unfall und danach schweben.«[25]

Flugträume beschwören bei Van Eeden ein Gefühl von Allmacht und Überlegenheit herauf. Bei Sprungwettkämpfen macht er Riesensprünge. Er schwebt zur gegenüberliegenden Seite einer Gracht, um den Weg abzukürzen. Wenn ihn jemand begleitet, der nicht fliegen kann, muss er endlos warten, bis ihn der andere eingeholt hat. Einmal träumt er, sein Sohn Paul könne einfach so auf seinem Rücken mitfliegen. 1909 schwebt er über Wasser »ganz nackt mit einem entblößten japanischen Schwert«, als wolle er schon einmal den entscheidenden Traum zu der Theorie liefern, die Federn fünf Jahre später veröffentlichen sollte.[26]

Das Paradox in all diesen Flugträumen ist, dass sie sich in einem Universum abspielen, in dem die Schwerkraft nicht gilt, während die übrigen physikalischen Gesetze strikt respektiert werden. Van Eeden kann nicht durch Glas schweben, das Fenster muss erst geöffnet werden. Es gibt Träume, in denen er beim Aufsteigen von Telegrafenleitungen gehindert wird, als sei er wirklich eine Art Fluggerät, das ein offenes Feld braucht, um den Luftraum zu erobern. In der Pionierzeit der Luftfahrt schob sich auch das »echte Fliegen« in seine Träume. Der erste Flug über niederländischem Boden fand im Sommer 1909 statt. Der Brabanter Zuckerfabrikant Heerma van Voss hatte der Feier zum vierzigjährigen Jubiläum seines Unternehmens Glanz verliehen, indem er einen französischen Flugkünstler für einen Flug über die Klappenbergse Heide bei Etten-Leur angeheuert hatte. In den Monaten danach konnte man an vielen Orten in den Niederlanden Flugdemonstrationen bewundern. Van Eeden selbst war nie geflogen, aber er war sicher, dass sich die Erfahrung des Fliegens in einer Maschine nicht mit dem Fliegen in Träumen messen könne. Im Mai 1910 hat er einen luziden Traum: »Erhaben und wohlgesinnt. Ich träumte, mit meiner lieben Frau zu fliegen. Ich trug sie in meinen Armen und dachte oder sagte, es sei doch viel schöner, so ohne Fluggerät zu fliegen.«[27] Dennoch scheinen seine Flugträume ab dem Moment, als der Mensch wirklich mittels Maschine fliegen kann, etwas von ihrem Zauber eingebüßt zu haben. Im November 1911 hat er in einem Flug-traum »das merkwürdige Gefühl, das Vergnügen habe durch die Luftfahrzeuge gelitten. Es sei nun so wenig Verwunderliches da-ran. Dies war wirklich ein Gefühl der Enttäuschung in meinem Traum.«[28]

Mechanisches Fliegen gehörte für Van Eeden zu einer ganz anderen Kategorie als Fliegen im Traum. Aber es fällt auf, dass es in seinen Träumen überhaupt keine Flügel gibt. Alle Jahrhunderte hindurch ist die Sehnsucht nach dem Fliegen mit Flügeln verbunden gewesen. Vom Ikarus-Mythos bis zum Flug von Engeln – immer wurde mit Flügeln geflogen. Auch alle Erfinder vor den Brüdern Wright flogen mit Flügelimitationen. Aber in Flugträumen kommen Flügel fast nicht vor. Von dem eigenwilligen französischen Psychoanalytiker Gaston Bachelard stammt die Beobachtung, der Traum handele nicht vom Fliegen, sondern vom Fallen, sobald in Flugträumen mit Flügeln geschlagen wird.[29] Das Fliegen in Träumen steckt in Händen und Füßen, wie Van Eeden beschrieb, ein leichtes Abstoßen genügt zum Schweben. Flügel, wie sie in Flugträumen vorkommen, fand Bachelard, ähneln eher den symbolischen Flügeln an den Fersen von Mercurius, dem nächtlichen Botschafter.

Bei Van Eeden kündigten sich luzide Träume häufig dadurch an, dass er einige Nächte zuvor Flugträume hatte und die Luzidität selbst wurde auch meist von einem Gefühl des Schwebens begleitet.[30] Wie mittlerweile bekannt, war Van Eeden diesbezüglich keine Ausnahme. 1991 untersuchte Deirdre Barrett von der Harvard Medical School 191 Traumjournale.[31] Die ersten zehn Träume jedes Journals überprüfte man auf Hinweise nach Fliegen oder Bewusstseinsklarheit. In luziden Träumen kommt es hin und wieder vor, dass jemand träumt, er würde wach, oder aber träumt, dass er schlafe. Von zehn Menschen mit luziden Träumen hatten sechs Flugträume. Von den Personen, die träumten, sie würden wach (neun) oder schliefen (sieben) berichteten jeweils vier, sie hätten Flugträume. Von den 182 Personen, die *nicht* von Wachwerden oder Schlafen träumten, hatten nur dreizehn Flugträume, sieben Prozent. Flugträume und luzide Träume fallen also nicht genau zusammen, aber die Überschneidung ist augenfällig.

Lord Kelvin

Manche Träumer fühlten sich beim Fliegen klar genug, um kurz über eine Erklärung nachzudenken. Diese Reflexionen waren selten – oder eigentlich nie – von Erfolg gekrönt. Der französische Rechtsanwalt und Gastronom Jean Brillat-Savarin schrieb 1825, er hätte eines Nachts entdeckt, wie er sich der Gesetze der Schwerkraft entledigen könne.[32] Es sei herrlich: Er könne schweben, steigen, sinken, wie er wolle. Das hätten bestimmt schon andere Menschen geträumt, schrieb er, aber das Besondere dieses Traums sei, dass er für sich selbst auch eine genaue Erklärung habe, *wie* er fliegen könne. Eigentlich sei es ganz einfach, merkwürdig, dass noch niemand darauf gekommen sei! Aber als er wach wurde, erinnerte er sich nur noch an die Schlussfolgerung, die Erklärung selbst war ihm vollständig entfallen. Jetzt hoffte er, das ein oder andere Genie würde dieses Geheimnis doch noch entdecken, und in Erwartung dessen notierte er sicherheitshalber – schließlich war er Anwalt – noch schnell seinen Namen: Brillat-Savarin. Mit dem Geheimnis des Fliegens hat er seinen Namen nicht verbinden können, wohl aber wurde später ein kleiner Käse aus der Normandie nach ihm benannt.

Auch Mary Arnold-Forster war in einem Traum hinter die Lösung des Rätsels gekommen und ihr war es zum Glück durchaus noch gelungen, sich nach dem Aufwachen noch an sie zu erinnern. Sie träumte, sie sei auf einer festlichen Veranstaltung der *Royal Society*. Ihr Schwager unterhielt sich mit Lord Kelvin und einigen anderen *Fellows* über ihre Flugkunst und winkte sie heran, damit sie den Herren erkläre, wie das vonstattenginge. Bescheiden sagte sie, eine Erklärung habe sie selbst nicht, wolle es ihnen aber gern kurz vorführen. Sie schwebte zur Decke, drehte ein paar Runden und machte dann vor, wie sie auch dicht über dem Boden aufrecht stehend vorwärtsschweben konnte. Die Gelehrten besprachen die Vorführung in recht skeptischem Ton, es müsse sich gewiss um den ein oder anderen Trick handeln. Lord Kelvin hatte noch nichts gesagt. Aber als er das Wort ergriff, sagte er, er fände die Fähigkeit des Fliegens eigentlich gar nicht so erstaunlich. Er wandte sich direkt an Arnold-Forster: »Wahrscheinlich ist das Gesetz der Schwerkraft in diesem Fall vorübergehend aufgehoben. Es ist offensichtlich, dass dieses Gesetz während des Fliegens keinen Einfluss auf Sie hat.«[33] Die anderen Herren nickten jetzt zustimmend, tatsächlich, das müsse des Rätsels Lösung sein.

Außerhalb des Traumlebens verlief die Suche nach einer Theorie weniger reibungslos. Die medizinische Forschung hat keine Vorschläge für eine Erklärung ergeben. Es sind keine Gehirnverletzungen bekannt, die Flugträume hervorrufen oder verhindern. Dasselbe gilt für Medikamente. Wo die Nebenwirkung bestimmter Medikamente manchmal Albträume verursacht – was Einblick in die Physiologie dieses Traumtyps vermitteln kann –, scheinen Flugträume bislang immun gegen pharmakologische Einwirkung.

Die zurzeit überzeugendste Erklärung stammt von Allan Hobson und ist Teil seiner Aktivierungs-Synthese-Theorie.[34]

Im Traum geschieht alles Mögliche, während der Körper reglos im Bett liegt. Egal, ob der Träumende Fahrrad fährt, läuft oder schwimmt, es wird kein Muskel bewegt. Der Frontallappen versucht zu verstehen, was los ist, und webt eine Geschichte, die wie eine logische Lösung dieses Rätsels scheint. Wie kann man sich bewegen, ohne ein Glied zu rühren? Indem man schwebt.

Das Auftreten von Flugträumen im Morgengrauen wäre eine logische Konsequenz aus dieser Theorie: Dann ist man dem Bewusstsein im REM-Schlaf schon am nächsten gekommen und die Diskrepanz zwischen den geträumten Handlungen und dem reglosen Körper ist am höchsten. Auch wie sich Flugträume »anfühlen« passt zu diesem seltsamen Verhältnis zwischen dem aktiven Traumleben und der sich noch in tiefer Ruhe befindenden Muskulatur. Goethe flog in aller Ruhe seine Runden durchs Zimmer, mit einer Unbeirrtheit, die zu einem reglosen Körper passt. Van Eeden flog so schnell wie ein Auto und schneller als ein Radfahrer, berichtete aber nicht von wehenden Haaren oder flatternden Hosenbeinen, das Fliegen hatte trotz dieser unglaublichen Geschwindigkeit von 25 Kilometern pro Stunde fast etwas Statisches. Kein Wunder, dass er das Gefühl hatte, durchaus eine Stunde durchhalten zu können. Im Flug über Strände, Dünen und Wälder schienen sich eher die Landschaften zu bewegen, als würden sie unter ihm durchgezogen. Dasselbe Bild vermittelt Mary Arnold-Forsters Schweben. Sie glitt aufrecht zehn Zentimeter über dem Bürgersteig von Oxford Street zwischen den Spaziergängern hindurch, wie eine ausgeschnittene Figur, die würdevoll durch eine Kulisse schwebt. Genau solche Vorstellungen müssen entstehen, wenn ein Körper, der selbst reglos bleibt, sich doch bewegt. Vielleicht hatte Lord Kelvin nicht ganz unrecht mit seiner vorübergehenden Aufhebung der Schwerkraft. Der unbewegte Beweger *kann* nur von Fliegen und Schweben träumen.

Aber wie so oft in Theorien über Träume: Diese Erklärung hat ihren Preis. Schließlich gibt es unzählige Träume, die *ebenfalls* während der Schlafphase entstehen, in der die Muskelaktivität blockiert ist. In den meisten dieser Träume bewegt sich der Träumer sehr wohl. Es muss noch einen anderen Faktor geben, der gerade dieses Gefühl des Schwebens verursacht. Aus aktuellen Forschungen ist zu hören, das Gleichgewichtsorgan sei dabei betroffen. Manche Menschen haben nur Flugträume, wenn ihre Ohren verstopft oder entzündet sind. Hobsons Erklärung kann nicht das letzte Wort zu Flugträumen gewesen sein.

3. Nachtscham! Nachtscham!

Über Nacktträume

Frederik van Eeden war 1914 nicht so berühmt wie Sigmund Freud, aber viel fehlte nicht. Er genoss internationale Bekanntheit als Sozialreformer und Schriftsteller. Vieles aus seinem Werk lag in Übersetzungen vor. Er hatte erfolgreiche Vortragsreisen durch Amerika, Deutschland, Österreich und Skandinavien absolviert. 1912 hatte er von einem gut informierten Kollegen in Schweden gehört, er habe gute Chancen auf den Nobelpreis. Die *Society for Psychical Research* hatte ihn 1913 eingeladen, in London einen Vortrag über Träume zu halten. Darin hatte er dem »luziden Traum« seinen Namen gegeben, dem Traum, in dem man sich des Träumens bewusst ist.

Freud, obwohl damals schon 57, stand noch ganz am Anfang seines Weltruhms. Seine monumentale *Traumdeutung* war im Jahr 1900 erschienen, aber bis die sechshundert Exemplare der ersten Auflage verkauft waren, dauerte es neun Jahre und erst 1913 gab es eine englische Übersetzung. Seine Position als einer der führenden Intellektuellen Europas lag noch in ferner Zukunft. Letzten Endes sollte er der Mann werden, der mit Einstein über den Weltfrieden korrespondierte, aber in den Jahren vor dem ersten Weltkrieg war er – genau wie Van Eeden – ein schreibender Nervenarzt mit Theorien, die noch nicht bis zu einem großen Publikum durchgedrungen waren.

Van Eeden wollte von diesen Theorien anfangs nicht viel

hören – milde ausgedrückt. Es ärgerte ihn, wie Freud versuchte, »das Höhere aus dem Niedrigeren abzuleiten«, wie er im Sommer 1910 in seinem Tagebuch notierte. Während des Schreibens regte er sich immer mehr auf. »Freud kümmert sich überhaupt nicht um feinere oder hehre Gefühle – mit einer rabiaten, plumpen Grobheit führt er an seinen Opfern Vivisektionen durch – scheinbar um sie zu heilen.« Er schloss mit der Feststellung, wir hätten es hier mit »einem zynischen, schurkischen Geist«[1] zu tun.

Aber im Februar 1914, als er auf einer Vortragsreise in Österreich ist und dabei auch nach Wien kommt, wird Van Eeden von diesem Lumpen höchstpersönlich zum Essen bei ihm zu Hause eingeladen. Ab dem Moment ist alles anders. »Eine allerliebste Familie, gebildet und fein, eine lautere, vornehme Atmosphäre.« Freud hatte ihm seine archäologische Kollektion gezeigt. »Man kann Freud nicht einschätzen, wenn man ihn nicht persönlich bei seiner Familie gesehen hat«, fand Van Eeden. »Er ist ein edler Typ, ein guter Mensch.«[2] Wieder zu Hause in Bussum schrieb er für die *Frankfurter Zeitung* einen bewundernden Artikel über die Psychoanalyse.[3]

Freud hat die Traumberichte, die Van Eeden bereits seit 1875 in seinem Tagebuch notierte, nie zur Kenntnis nehmen können, sie blieben unveröffentlicht. Aber als die *Traumdeutung* erschien, muss es Van Eeden so vorgekommen sein, als habe er ein Vierteljahrhundert lang Nacht für Nacht die Träume zu einem Buch geliefert, das erst im Jahr 1900 erscheinen sollte.

Der Verlegenheitstraum der Nacktheit

Mehr als ein Fetzen ist es meist nicht. Man ist in Gesellschaft, fast immer von Fremden, und entdeckt plötzlich, dass man ganz oder teilweise nackt ist. Als Einziger. Man verspürt eine intensive Scham. Aber seltsam genug scheint niemandem etwas aufzufallen. Niemand eilt mit einer Jacke oder einem anderen Kleidungsstück auf einen zu, damit man sich damit bedecken könnte, niemand lotst einen schnell aus dem Zimmer. Und selbst unternimmt man auch nichts, um die Nacktheit zu bedecken. Man steht wie angewurzelt da. Oft ist der Traum dann auch schon wieder vorüber. Übrig bleibt die Erinnerung an die Scham und das Erstaunen über das Desinteresse der anderen.

Von allen Traumarten ist der Nackttraum vielleicht der flüchtigste. Viel Geschichte steckt nicht darin. Niemand kann sich in einem Nackttraum daran erinnern, sich ausgezogen zu haben, geschweige denn, zu wissen, wo seine Kleidung geblieben ist. Die Nacktheit wird innerhalb des Traumes entdeckt, nicht erklärt, sie ist nicht die Folge einer vorhergehenden erotischen Episode, genauso wenig wie ein Nackttraum jemals in einen erotischen Traum übergeht. Der Traum ist an beiden Seiten begrenzt.

Freud zählte den Nackttraum zu den »typischen Träumen«.[4] Seine Analyse des Nackttraums gehört zu den Teilen seiner *Traumdeutung*, die am schlechtesten nachvollziehbar sind. Obwohl der manifeste Traum ein Schamgefühl aufrufe, liege die wahre Bedeutung gerade darin, dass der Träumer seine Nacktheit zeigen möchte. Der latente Nackttraum sei exhibitionistisch. Der Traum erfülle den infantilen Wunsch einer Rückkehr in die Kindheit, als man noch ohne Scham nackt herumlaufen konnte.

Freud präsentierte seine Analyse unter der Überschrift »Der Verlegenheitstraum der Nacktheit«, aber in den Beispielen, die er zur Charakterisierung des Nackttraums angibt, zeigt sich, dass er eben doch vor allem die Scham meint, nicht die Nacktheit. In einem Nackttraum kann eine Frau im Unterrock stehen. Sogar eine nicht ganz untadelige Uniform – »Ich bin ohne Säbel auf der Straße und sehe Offiziere näher kommen« – kann schon ein Nackttraum sein.[5] Umgekehrt sind nicht alle Träume, in denen man nackt ist, Verlegenheitsträume.

Die Träume von Frederik van Eeden illustrierten den Unterschied zu Freud. Er hatte Träume, in denen er nackt war, ohne ein Schamgefühl, aber auch Verlegenheitsträume, in denen er noch teilweise angezogen war. In einem seiner Flugträume schwebte Frederik van Eeden über Wasser »ganz nackt mit einem entblößten japanischen Schwert«.[6] In seinem Bericht keine Spur von Scham, eher von einem martialischen Selbstvertrauen. In einem anderen Traum ist er *nicht* nackt, hat aber dennoch die Gefühle, die zum typischen Nackttraum gehören. In einem Traum aus dem Jahr 1889 entdeckt er während eines Spaziergangs, dass er im Nachthemd unterwegs ist und seine bloßen Beine unter dem Hemd hervorragen. Erst will er unbeirrt weitergehen, schreckt dann aber doch davor zurück, beschließt, schnell ein Fahrzeug kommen zu lassen, das ihn nach Hause bringen soll, trifft noch einen Bekannten, Mr Swartbol, der sein Nachthemd ignoriert, und läuft weiter – »ich noch immer bloßgestellt«.[7]

Einen Monat später kommt der Traum, in dem er sich ein neues Wort für die Scham im Nackttraum »ausdenkt«. Er liest gerade die Zeitung. Auf der Titelseite steht ein Artikel über eine Frau, die bei einem Konzert ohnmächtig geworden sei und von einem anwesenden Arzt eine Injektion bekommen habe, damit sie wieder zu sich käme. Bei der Beschreibung der Injektion war sein Auge auf die Wörter »entblößter Busen« gefallen.

Da sah ich plötzlich auf Seite drei derselben Zeitung mit ungewöhnlicher Deutlichkeit die Wörter **Nachtscham! Nachtscham!** in fetten schwarzen Drucklettern.

Dieses Wort bezeichnete die normale Prüderie, nicht im Nachthemd oder nackt gesehen werden zu wollen. Buchstäblich die Scham vor Dingen, die nachts geschehen und nur nachts sichtbar sind.

Ich dachte über die Bildung des Wortes nach, das mir sehr bekannt war.[8]

Manche Wörter *müsste* es einfach geben!

Falsche Männer

Dem russischen Philosophen Ouspensky zufolge ist die Interpretation von Nacktträumen keine komplizierte Angelegenheit, es sei durchaus deutlich, wodurch sie verursacht würden: der Wahrnehmung, unbekleidet im Bett zu liegen. Der Träumende lasse seinen Körper in der Geschichte in dem Zustand auftreten, in dem er sich in Wirklichkeit befinde. Er selbst hätte häufig Nacktträume gehabt, wenn er fror: »Die Kälte machte mir dann bewusst, dass ich keine Kleidung trug, und diese Empfindung drang in meine Träume ein.«[9] Das ist eine Erklärung, die vieles unerklärt lässt. Warum haben wir dann nicht viel häufiger Nacktträume? Warum hat sie der eine und der andere nicht? Denn Freuds Vermutung, »jeder« hätte hin und wieder einen Nacktraum, stimmt nicht: in keiner einzigen Umfrage ist es mehr als die Hälfte. Der Psychologe Middleton berichtete 1933, einer von drei seiner Studenten habe hin und wieder einen Nacktraum gehabt, auch wenn sie nicht sehr häufig gewesen seien.[10] Er versicherte seinen Lesern, die Träume gingen auch bei diesen jungen Menschen noch immer mit einem Schamgefühl einher, dies zur Beruhigung einiger Kulturpessimisten. Eine Untersuchung unter 748 Psychiatriepatienten kam auf ein noch niedrigeres Ergebnis: Lediglich einer von fünf hatte ab und zu einen Nacktraum.[11] In den Fünfzigerjahren wurde in einer vergleichenden Analyse »typischer Träume« unter Amerikanern und Japanern ein signifikanter Unterschied festgestellt.[12] Bei den amerikanischen Männern hatten fast 50 Prozent Erfahrung mit Nacktträumen. Unter den japanischen Männern hatte noch kein Viertel je einen Nacktraum gehabt. Bei den Frauen lagen die Prozentzahlen ein wenig niedriger, aber mit demselben Unterschied zwischen amerikanischen und japanischen Träumenden. Das scheint keine Frage der Scham zu sein: Von erotischen Träumen oder von Träumen, in denen man einen Mord begeht, berichten Amerikaner und Japaner im gleichen Maße. Die Unterschiede lassen sich auch nur schlecht mit der Vorstellung vereinbaren, der Nackttraum sei die in einem Traum umgesetzte Empfindung, ganz oder teilweise entkleidet im Bett zu liegen.

In Freuds Betrachtung liegt der Grund für die Scham immer wieder darin, dass der Träumende nackt oder nur zum Teil bekleidet ist. In vielen Sprachen verweisen Ausdrücke für Situationen intensiver Scham auf nicht vorhandene oder unangemessene Kleidung. Jenes »ich noch immer bloßgestellt« von Frederik van Eeden ist fast buchstäblich der feste Ausdruck für eine öffentliche Blamage. Für das englische »caught with your pants down« oder das deutsche »die Hosen herunterlassen« gilt das Gleiche und »to expose« hat eine Doppelbedeutung: die Nacktheit eines Menschen zeigen und einen Betrug öffentlich machen. In einer Kultur, in der es zu den peinlichsten Erfahrungen gehört, die man sich vorstellen kann, von Fremden ganz oder teilweise nackt gesehen zu werden, sind Verlegenheitsträume und Nacktträume nahezu austauschbar. Aber so wie Prüfungsträume eine Gesellschaft voraussetzen, in der Examen abgenommen werden, erfordert der Nackttraum eine Kultur mit bedeckender Kleidung. Ein typischer Verlegenheitstraum in Ghana, berichten Anthropologen, ist, dass man von Kühen aufgescheucht wird.[13]

Viele der nach Freud beschriebenen Nacktträume sind noch immer freudianisch, wohl auch deswegen, weil sie vor allem von Psychoanalytikern gesammelt wurden. Sie wurden auf der Couch erzählt und danach von Psychoanalytikern beschrieben. Manchmal verläuft die Analyse noch entlang der Linien, die Freud vor langer Zeit gezogen hatte. Unter den zehn Nacktträumen, die der Psychoanalytiker Saul 1966 beschreibt, sind nur drei, in denen der Träumende wirklich nackt ist.[14] Das »Nackte« im Nackttraum ist eher die unangemessene Kleidung angesichts der Situation: im Schlafanzug am Arbeitsplatz erscheinen oder als Marineoffizier ohne die zur Uniform gehörende Kopfbedeckung an Deck stehen. Aber es sind auch Interpretationen von Nacktträumen erschienen, die ungewollt verdeutlichen, dass die Psychoanalyse *selbst* allmählich einen Einfluss auf Nacktträume nahm. Der Nacktttraum ist dann nicht mehr etwas, das dem Analytiker zur Deutung angeboten wird, er scheint den Traum selbst ins Leben zu rufen.

Der erste Nacktttraum, von dem Saul berichtet, ist nur kurz. Eine junge Frau erzählt:»Ich bin bei einer Tagung und nur teilweise bekleidet. Ich fühle mich ziemlich aufgeschmissen, aber die anderen merken nichts.«[15] Die Sitzung *vor* diesem Traum war sehr emotional gewesen. Zum ersten Mal hatte sie vom größten Kummer ihres Lebens erzählt, nämlich dass ihre Mutter sie nicht wirklich liebte. Sie hatte es sich selbst kaum eingestehen können und erst recht wollte sie nicht, dass andere es erfuhren. Dass sie im Traum nackt und verletzlich sei, erklärt Saul, versetzte ihn in die Rolle der»anderen« in dem Traum, ihm hatte sie schließlich diese schmerzliche und intime Wahrheit enthüllt.

So hat der Analytiker eine Doppelrolle bekommen – oder sich genommen. Er muss einen Traum deuten, in dem er selbst vorkommt. Manche Analytiker gehen noch weiter: Sie sehen sich selbst als eine der wichtigsten Personen in dem Nacktttraum. Myers, Psychoanalytiker und Professor der Psychiatrie an der Cornell University, beschreibt den Fall einer 27-jährigen Studentin, die sich wegen einer Reihe unglücklicher Beziehungen zur Behandlung gemeldet hatte. Immer wieder knüpfte sie Beziehungen zu verheirateten Männern an, die sie schlecht behandelten. An Wochenenden und im Urlaub wurde sie ihrem Schicksal überlassen, keiner von ihnen interessierte sich für ihre emotionalen Bedürfnisse. Sie hatte wiederholt Nacktträume. Immer wieder unter unwesentlich anderen Umständen. In einem Traum nahm sie an einer Vorlesung teil:»Der Professor richtete eine Frage an den Saal und ich stand auf, um zu antworten. Da entdeckte ich zu meiner großen Scham, dass ich von der Taille aufwärts nackt war. Weder der Professor noch der Rest des Saals schienen das zu bemerken, weil gleichzeitig mit mir noch jemand aufgestanden war, um eine Antwort zu geben.«[16]

In keinem der drei Nacktträume, die Myers von ihr beschreibt – der letzte spielte sich im fünften (!) Jahr ihrer Behandlung ab –, nimmt auch nur irgendjemand Notiz von ihrer Nacktheit. Nach Myers liegt gerade in Letzterem die wahre Bedeutung des Nackttraums: Es geht nicht um die Scham, sondern um die Gleichgültigkeit, mit der auf die Nacktheit reagiert wird. Die Patientin erzählt von ihren intimsten Geheimnissen und merkt, dass der Analytiker mit professioneller Distanz darauf reagiert, als habe auch er nicht wirklich ihr Bedürfnis nach Liebe und Aufmerksamkeit wahrgenommen. Eigentlich behandelt er sie genauso gleichgültig wie all die falschen Liebhaber. Die Nacktträume, lässt er noch wissen, traten vor allem auf, »wenn sie während Wochenenden und Urlaubstagen von mir getrennt war«.[17]

Aber Myers fragt weiter. Warum war sie von der Taille aufwärts nackt? Warum ohne Oberteil? Sie schwieg einen Moment.

Dann sagte sie, sie habe sich oft gewünscht, ich würde ihren üppigen Busen bemerken. Während sie das sagte, begann sie zu weinen. Als sie sich ausgeweint hatte, sagte sie, als Jugendliche sei sie oft im BH vor ihrem Vater herumstolziert, um seine Aufmerksamkeit auf sich zu lenken. Aber der habe meist nicht einmal von der Zeitung, oder mit was er sonst gerade beschäftigt war, aufgeschaut. »Er muss der Prototyp des gleichgültigen Mannes in meinem Leben gewesen sein«, sagte sie, »was ich auch tat, so verführerisch ich mich auch vor seinen Augen gab, ich erreichte nie etwas damit. Er war vollkommen blind für meine Existenz.«[18]

Das wahre Trauma, das in jedem Nackttraum aufs Neue angeführt wird, ist die Gleichgültigkeit der anderen. Man hat etwas Intimes von sich selbst offenbart, etwas gebeichtet, man steht in all seiner Verletzlichkeit da und noch immer wird man ignoriert. Wenn man sogar nackt nicht bemerkt wird, wann denn überhaupt?

Professor Myers hielt sich selbst also für den Professor im Traum, dem die Studentin gerne ihren Busen gezeigt hätte. War er so eigentlich nicht auch ein wenig ihr Liebhaber? Innerhalb der psychoanalytischen Verhältnisse ist dies eine häufig vorkommende Wendung im guten Glauben. Freud nannte dies »Übertragung«. Die Patientin projiziert Wünsche, Gefühle und Urteile, die mit wichtigen Personen ihrer Vergangenheit verbunden sind – ihr Vater, ihre Liebhaber –, auf ihren Therapeuten. Myers musste früher oder später in ihren Nackträumen auftauchen. Dass er so schnell verstand, dass *er* der Professor aus ihrem Traum war, beweise gerade seine Kompetenz.

Es sind auch andere Lesarten möglich. Wünsche und Gefühle bewegen sich nicht nur von der Couch zum Therapeuten. Umgekehrt beginnt der Patient aus den Reaktionen des Analytikers allmählich eine Vorstellung abzuleiten, welche Art von Material sich für eine erfolgreiche Analyse eignet. Nicht alles aus dem Strom freier Assoziationen, merkt der Patient, bekommt in der Analyse gleich viel Aufmerksamkeit und durch diese Selektivität übt der Therapeut, so subtil dies auch sein mag, einen steuernden Effekt aus. Mit fortschreitender Analyse sind die freien Assoziationen gar nicht mehr so frei. Die Traumforscherin Ann Faraday unterzog sich selbst einiger psychoanalytischer Behandlungen und schreibt, sie habe damals schon bald entdeckt, dass hinter ihr der Stuhl knarrte, sobald sie nur »sexuelle Erfahrungen erwähnte, weil sich mein Analytiker dann (erwartungsvoll?) aus seinem Nachsinnen riss, um mir zuzuhören. Während ich sprach, wurde ich mit ermutigendem Knurren belohnt und ich bekam ein freundliches Lächeln zum Abschied.«[19]

Im weiteren Sinne kann »ermutigendes Knurren« auch das beeinflussen, worauf die Assoziationen laut Psychoanalyse verweisen: das Unterbewusstsein, die Quelle des Traumlebens. In ihrer manchmal jahrelangen Beziehung entwickeln Analytiker und Patient so etwas wie einen Zyklus, in dem der Therapeut nicht mehr nur Empfänger und Deutender der Träume ist, die der Patient erzählt, sondern sie auch entstehen lässt. In diesem Kreislauf ist der Traum das Produkt der Deutung und gleichzeitig der Beweis für ihre Gültigkeit. Jeder Traum trägt etwas, so gering es auch sein mag, zum Gewicht und der Überzeugungskraft der Psychoanalyse bei. Aber wer es von außen betrachtet, sieht einen Segler, der in sein eigenes Segel bläst.

Waisenkind

Auf der anderen Seite: Ohne die Aufmerksamkeit von Psychoanalytikern wäre der Nackttraum das Waisenkind der Literatur über Träume geblieben. Bei anderen typischen Träumen, wie dem Flugtraum und dem Prüfungstraum, hat man untersucht, ob sie mit Lebensalter, Persönlichkeit, Kreativität oder Schlafphase zusammenhängen. Mit Weckträumen hat man in Schlaflabors experimentiert. Klarträumer hat man in MRT-Scanner geschoben. Bei Albträumen wurde untersucht, ob sie von Medikamenten oder anderen physiologischen Faktoren hervorgerufen werden. Das steht im Kontrast zur dürftigen Erforschung des Nackttraums. Wäre diese Kategorie nicht in Umfragen aufgenommen worden, die hin und wieder zu typischen Träumen durchgeführt werden, wüssten wir nichts über ihre Häufigkeit. Ohne die Psychoanalyse würden auch noch die Fallstudien von Nackträumen fehlen.

Bei Artikeln zu Nackträumen steht oft eine Zeichnung einer jungen Frau, die nackt ein Zimmer betritt, in der die übrigen Anwesenden für ein festliches Abendessen gekleidet sind. Es handelt sich um einen Druck, den der Pariser Sinologe d'Hervey de Saint-Denys 1867 als Frontispiz in *Les rêves et les moyens de les diriger* aufnahm. Zwei Männer und eine Frau sitzen am Tisch,

Les Rêves et les moyens
de les diriger, Paris 1867

das Essen ist serviert. Der Angestellte lässt zwei neue Gäste ein: einen Mann, auch gut gekleidet, mit einer splitternackten Frau am Arm. Man ist versucht, in diesem Druck eine Darstellung des Nackttraums zu sehen: Nur eine Person nackt, sie muss sich betrachtet fühlen. Aber der Mann, der sie ins Zimmer führt, war offensichtlich von ihrer Nacktheit nicht so geschockt, dass er versucht hätte, erst einige Kleidungsstücke für sie zu finden. Auch die anderen wirken nicht allzu entsetzt: Die sitzende Frau schlägt die Hand nicht vor den Mund, der Mann lässt nicht vor Schreck sein Besteck fallen. Die Zeichnung scheint sowohl die Verlegenheit als auch das Desinteresse des typischen Nackttraums einzufangen. Aber im Text zeigt sich, dass dieser Traum Teil einer Reihe von Experimenten über den Einfluss von Duftreizen auf Träume war. D'Hervey wollte wissen, ob das Besprenkeln des Kopfkissens während des Schlafs mit zwei unterschiedlichen Düften, jeder mit unterschiedlichen Assoziationen verknüpft, auch eine Art Mischtraum bewirken würde. Bei einem der Düfte handelte es sich um ein Parfüm, das er mit einem Aufenthalt bei Freunden in der südfranzösischen Provinz Vivarais verband. Der andere Duft kam von einem Extrakt, mit dem er sein Taschentuch oft getränkt hatte, als er im Atelier des Malers D. arbeitete. Sein Traum schiebt beide Assoziationen mühelos ineinander. Er diniert mit seinen Freunden in Vivarais, als sich unerwartet Besuch ankündigt. Es ist der Maler D., in Gesellschaft eines nackten jungen Mädchens. Er erkennt sie sofort als »eines der schönsten Modelle, die wir früher im Atelier hatten«.[20] Der Maler erklärt, sie seien gemeinsam unterwegs, jedoch hätte sich ihr Fahrzeug überschlagen und nun hofften sie auf die Gastfreundlichkeit von d'Hervey.

Der Traum bewies für d'Hervey, dass Traumgeschichten aus Erinnerungen gewoben werden, in diesem Fall von Duftreizen aktiviert. Das erkläre auch, weshalb sich niemand über die Nacktheit des Modells wunderte. Seine Erinnerung an sie stammte schließlich aus dem Atelier, wo es die normalste Sache der Welt ist, dass Modelle nackt sind. Das Mädchen war ein Erinnerungsfetzen, so konnte sie in die Traumgeschichte eingehen, sie brauchte sich nicht erst anzukleiden.

So berühmt dieser Druck ist, so wenig ist bekannt, was die Szene darstellen sollte. Ohne dieses Wissen glaubt jeder auf den ersten Blick zu sehen, was hier gezeichnet wurde: ein Nackttraum. Aber das ist ein klarer Fall von Projektion – der zigste Beweis, dass wir in der Welt nach Freud leben.

4. Durchgefallen. *Über Prüfungsträume*

Jeder hatte schon mal den Angsttraum, dachte Freud 1900, man müsse noch einmal ins Examen. Vielleicht ist es schon zwanzig oder dreißig Jahre her, dass man die Abschlussprüfung abgelegt hat, aber leider muss sie wiederholt werden. Der Besitzer eines akademischen Grades kann träumen, er müsse seinen Hochschulabschluss noch einmal machen, eine aus dem Nichts auftauchende Forderung, gegen die er »vergeblich noch im Schlaf einwendet, daß er ja schon seit Jahren praktiziere, Privatdozent sei oder Kanzleileiter«.[1]

Die Erklärung für solche Träume ist nach Freud nicht besonders kompliziert. Es sind die »unauslöschlichen Erinnerungen an die Strafen, die wir in der Kindheit für verübte Untaten erlitten haben«.[2] Wir gehen schon lange nicht mehr zur Schule, wir sind zu alt, um noch von unseren Eltern bestraft zu werden, und jetzt sind es unsere Träume, die uns bestrafen, wenn wir etwas falsch gemacht haben oder der Druck einer Verantwortung auf uns lastet.

Der Abschnitt über die Prüfungsträume in *Die Traumdeutung* wäre sehr kurz geblieben, wenn Freud in der Ausgabe von 1909 nicht zwei ausführliche Absätze hinzugefügt hätte. Inzwischen hatte er sich »in einem wissenschaftlichen Gespräch« mit seinem Kollegen Wilhelm Stekel ausgetauscht, dem aufgefallen war, dass solche Träume immer von einer Prüfung handeln, die man einst *bestanden* hatte, nicht von Prüfungen, bei denen man durchgefallen war. Und: Man hat solche Träume, wenn irgendein Test bevorsteht, etwas, das ganz und gar schiefgehen kann und worüber man sich Sorgen macht, eine Prüfung – der Traum hieß nicht umsonst Prüfungstraum. Wäre der Traum als Strafe gedacht, wäre es logischer, mit einem Misserfolg in der Vergangenheit konfrontiert zu werden. Nach Stekel verbarg sich im Protest des Träumenden – »aber ich bin doch schon Arzt?« – in Wirklichkeit der Trost des Traumes.

Das könne tatsächlich die Erklärung sein, schlussfolgerte Freud. Was der Traum sagen will, ist gerade: »Fürchte dich doch nicht vor morgen; denke daran, welche Angst du vor der Maturitätsprüfung gehabt hast, und es ist dir doch nichts geschehen. Heute bist du ja schon Doktor.«[3]

In den folgenden Auflagen der *Traumdeutung* nannte Freud diese Interpretation »eine weitere Aufklärung«, obwohl der Traum, der tröstet, eher das Gegenteil des strafenden Traums scheint. Aber Freud hatte großes Vertrauen in die Deutung, die Stekel, schließlich »ein erfahrener Kollege«, dem Prüfungstraum gab und die außerdem so genau zu seinen eigenen Erfahrungen mit Prüfungsträumen passte. Jetzt, da Stekel es sagte – er war seinerzeit durch die Examensprüfung für forensische Medizin gefallen, aber dieses Examen tauchte nie in seinen Träumen auf, während die Geschichtsprüfung am Gymnasium, die er mit Glanz und Gloria bestanden hatte, sehr wohl ab und zu in Angstträumen auftauchte. Einem seiner Patienten erging es genauso, der hatte noch nie von der Offiziersprüfung geträumt, bei der er durchgefallen war, aber durchaus schon von der Abschlussprüfung, die er bestanden hatte.

Freuds Prüfungsträume handelten in Wirklichkeit – so geht aus einem Brief an seine Verlobte 1886 hervor – nicht von seiner Abschlussprüfung am Gymnasium, sondern vom Medizinexamen.[4] Diese Träume hatten ihn jahrelang geplagt, obwohl er das Examen bereits 1881 abgelegt hatte. Sie erinnerten ihn an seine Zeit im Labor, wo er sich vollkommen fehl am Platz fühlte, ein *Parvenü*. Ist in Prüfungsträumen – so überlegte er 1914 bei der nächsten Überarbeitung – Trost wirklich der *einzige* Aspekt? Steckte darin nicht auch etwas von Selbstkritik und Vorwurf? Als würde der Traum sagen: »Du bist jetzt schon so alt, schon so weit im Leben und machst noch immer solche Dummheiten, Kindereien.«[5]

Die letzte Überarbeitung erschien 1925. Stekel war der Ansicht, die Prüfung im Prüfungstraum verweise auf einen Test im sexuellen Sinn, eine Situation, in der man seine männliche Reife beweisen müsse, und trete immer dann auf, »wenn man vom nächsten Tage eine verantwortliche Leistung und die Möglichkeit einer Blamage erwartet«.[6] Der Trost – letztes Mal hat es auch geklappt – sei vor allem eine sexuelle Ermutigung. Erneut konnte Freud Stekel darin nur bestärken: »Meine Erfahrung hat dies oft bestätigen können.«[7]

Kurzum, Freud kam nicht ganz dahinter.

Das ist bemerkenswert, denn bei seiner Analyse anderer »typischer Träume« wie dem Nackttraum oder dem Flugtraum zweifelte er nie lange am Wesen ihrer Bedeutung. Aber bei allem Schwanken zwischen Angst, Erleichterung, Trost, Selbstvorwurf und Ermutigung hat Freud auch die Verschiedenheit der Gefühle berührt, die die meisten Träumenden selbst mit ihren Prüfungsträumen verbinden. Nur die Assoziation mit Strafe, Freuds erster Gedanke, gehört selten dazu und ist auch nicht wahrscheinlich. Prüfungsträume verweisen auf die Zukunft, nicht auf irgendein Fiasko in der Vergangenheit, für das man Strafe verdient. Sie scheinen eher mit der *Drohung* einer Blamage als mit einer tatsächlichen verbunden zu sein. In der Literatur kommen keine Träume vor, die dem Träumenden erzählen: »Das war so eine schreckliche Blamage, sieh zu, dass du dein Abschlussexamen noch einmal machst!«

Der Preis für eine Meritokratie

Der Verlauf von Prüfungsträumen variiert und ist zugleich eintönig. Man muss eine Prüfung von früher erneut ablegen, aber dieses Mal wird man sie nicht bestehen: Man verrennt sich in den stets neuen Hindernissen, die nach und nach auftauchen. Manchmal gelingt es erst gar nicht, den Ort zu erreichen, an dem die Prüfung abgelegt werden soll: zu spät von zu Hause weggegangen, unterwegs aufgehalten worden. Endlich angekommen, findet das Examen anderswo statt. In Träumen, in denen die Personen zwar pünktlich sind, eilen sie auf der Suche nach dem richtigen Saal durch endlose Flure, die Aufgaben sind in einer Sprache gestellt, die sie nicht verstehen, plötzlich können sie nicht mehr lesen, die Spitze des Bleistifts bricht ständig ab, der Füller funktioniert nicht, sie haben zu wenig Zeit, alle Aufgaben zu lösen, oder sie bekommen vor lauter Nervosität keinen Buchstaben aufs Papier. Manchmal beginnt die Prüfung erst wenige Minuten, bevor die Antworten abgegeben werden müssen. Und manchmal reicht ein einziger Blick auf die Aufgabenstellung, um festzustellen, dass man das Verkehrte gelernt hat. Diese Träume nehmen nie eine Wendung zum Guten: Man erwacht mit dem Gefühl, versagt zu haben. Die Erkenntnis, dass es nur ein Traum war, sorgt für Erleichterung, aber oft will das Gefühl des Scheiterns, des Bedauerns und des Selbstvorwurfs nicht ganz weichen.

Prüfungsträume handeln tatsächlich fast immer von wirklich abgelegten Examen, eine Studie aus dem Jahr 1993 kam auf über 97 Prozent.[8] Wie Stekel schon anmerkte, waren es in den meisten Fällen auch Examen, die die Träumenden seinerzeit bestanden hatten: 84 Prozent. Man sollte erwarten, dass Menschen, die einer bevorstehenden Prüfung wegen angespannt sind, auch häufiger Prüfungsträume hätten. Aber so wörtlich können Prüfungsträume anscheinend nicht genommen werden. So haben Studenten in den Tagen vor einem gefürchteten Examen offenbar nicht häufiger Prüfungsträume als in einer prüfungsfreien Zeit.[9]

Prüfungsträume sind logischerweise an Gesellschaften gebunden, in denen Examen abgelegt werden. Der Anthropologe Seligman hatte sich 1924 über die Situation in China informieren lassen. Dort entschieden Leistungen in vergleichenden Prüfungen über die Zulassung zu hohen Verwaltungsämtern, weswegen die gebildete Klasse daher auch mit Prüfungsträumen vertraut war.[10]

In manchen Gesellschaften oder Gruppen innerhalb einer Gesellschaft kommen Examen zwar vor, aber die soziale Position in dieser Gruppe kann von ganz anderen Faktoren als von formalen Ausbildungen und Diplomen abhängen. Der Soziologe Ekeh veröffentlichte 1972 eine Studie über Prüfungsträume in Nigeria.[11] Abschlussexamen waren dort eine ernste Angelegenheit: Nach dem Examen dauerte es drei Monate, bevor die Ergebnisse bekannt gegeben wurden, und diese erschienen in regionalen und überregionalen Zeitungen, inklusive Noten. Ekehs Material setzte sich aus 345 Träumen von Schülern zusammen, die sich entweder im Examensjahr der weiterführenden Schule befanden oder gerade abgegangen waren. Die Träume waren 1962 für eine Studie über soziale Mobilität gesammelt worden.

Die Sammlung repräsentierte drei ethnische Gruppen. Die Hausa lebten zum größten Teil noch traditionell. Für die Position des Individuums im Stamm bedeuteten Ausbildung und Studium wenig. Die Ibo dagegen verfolgten den »westlichen« Weg: Zulassungsexamen, eine möglichst hohe Ausbildung, gute Noten und Diplome. Die Yoruba zeigten ein gemischtes Bild: manche Familien lebten traditionell, manche westlich. Von den 345 Träumen handelten 61 (18 Prozent) von Prüfungen. Ekeh fasste »Prüfungstraum« dabei weitläufiger auf, als Freud dies getan hatte: Es musste sich nicht unbedingt um einen Traum handeln, in dem jemand zu seinem großen Schrecken ein bereits abgelegtes Examen wiederholen musste. Aber auch mit dieser umfassenderen Auffassung kam Ekeh zu interessanten Befunden. Die Hausa hatten mit acht Prozent die wenigsten Prüfungsträume, die Ibo die meisten (28 Prozent). Die Yoruba (zwölf Prozent) lagen dazwischen. Die Zahl der Prüfungsträume stieg mit der Bedeutung des Examens für die persönliche Zukunft des Kandidaten. Es gab auch einen Zusammenhang mit dem erzielten Ergebnis. Die meisten Prüfungsträume kamen weder von Schülern, die mit guten Noten bestanden hatten, noch von den Schülern, die durchgefallen waren, sondern von der Gruppe, die es gerade so geschafft hatte. Die Schüler mit den besten Noten, vermutete Ekeh, brauchten sich nicht mit einem Prüfungstraum zu beruhigen. Gerade bei der mittleren Gruppe durfte man die höchste Spannung und Unsicherheit erwarten, mehr noch als bei den Schülern, die durchgefallen waren. Auch in Nigeria hatten Prüfungsträume in der Mehrzahl der Fälle mit wirklich abgelegten Prüfungen zu tun: Schüler, die schon Erfahrung mit Prüfungen hatten, träumten von diesen Examen, nicht von imaginären. Stekels Regel – man träumt von bestandenen Examen – hat Ekeh leider nicht prüfen können.

Studien wie die Ekehs sind selten – was schade ist, denn eine soziologische oder interkulturelle Perspektive auf etwas, das immer als so intim und persönlich aufgefasst wird wie das Traumleben, könnte auch Aufschluss über die Gesellschaft geben, in der diese Träume geträumt werden. In seiner Geschichte über den Scholastic Aptitude Test (SAT), der im amerikanischen akademischen Unterricht eine ausschlaggebende Rolle bei der Zulassung zu Universitäten wie Harvard oder Yale spielt, schreibt Nicholas Lemann, eine meritokratisch organisierte Gesellschaft bringe nun einmal Prüfungen mit sich.[12] Schon vor dem Abschlussexamen seien die meisten Menschen bereits etliche Male getestet und geprüft worden, und sobald sie eine weiterführende Ausbildung aufgenommen hätten, würden sie noch jahrelang zwischengeprüft und examiniert. Manche Psychiater behaupten, die dadurch hervorgerufenen Spannungen in Gestalt von Prüfungsträumen in ihren Sprechzimmern präsentiert zu bekommen. So gesehen sind Prüfungsträume der Preis für das Leben in einer Meritokratie. Manchmal wird dieser Preis auch von den Psychiatern selbst bezahlt. Daniel Amen, Professor für Psychiatrie in Kalifornien, hat den wiederkehrenden Angsttraum, er erscheine vollkommen unvorbereitet zu seinem Anatomieexamen. Aber von seiner Seite gibt es darüber hinaus kein böses Wort über Prüfungsträume, denn seiner Ansicht nach helfen sie dem Träumenden, das Rennen durchzuhalten: »Unterricht ist absolut entscheidend, um im Leben voranzukommen. Versagen ist eine Bedrohung für das Selbstwertgefühl, für Beziehungen, den Erfolg im Beruf, das Leben. Der Traum hilft, die Spannung zu erhalten, wodurch man nicht aufgibt.«[13] Auch sein Kollege, Psychiatrieprofessor Melvin Lansky, glaubt felsenfest an den erzieherischen Wert von Prüfungsträumen, gerade in einer Gesellschaft wie der amerikanischen, die sich zu ihrem meritokratischen Charakter beglückwünschen darf: »Ich wette, Prinz Charles hat keine solchen Träume. Seine Position hängt nicht von seinem Verdienst ab.«[14]

Über Prinz Charles' Träume ist leider nichts bekannt. Aber es scheint mir eine gewagte Wette. Seine schulischen Leistungen wurden genauestens verfolgt und mit denen seines Vaters verglichen, der dieselbe Schule besucht hatte. Später sollte er seinen Abschluss am Trinity College in Cambridge machen, wobei die Presse wiederum große Aufmerksamkeit für die feineren Abstufungen der »honours« zeigte, die mit dem Diplom verbunden sind. Charles hat eine Menge Examen abgelegt, immer wieder unter dem Druck großen öffentlichen Interesses. Aber Lanskys Bemerkung verkennt vor allem die größere Tragweite der »Prüfung« in Prüfungsträumen. Der Traum verweist auf Situationen, in denen ein Mensch von anderen oder sich selbst vor eine Aufgabe gestellt wird, in der die Möglichkeit eines Fehlschlags steckt. Das Streben und die Ambitionen des Tages rufen nachts die

Zweifel auf, die ihren Ausdruck in einer ängstlichen Geschichte über zuvor erzielte Erfolge finden, die sich nicht als Garantie für die Zukunft erwiesen haben.

Zwei Bleistifte, zwei Brüste

Da Prüfungsträume ein so erkennbares Muster haben, sind sie sehr geeignet, kulturelle oder theoretische Einflüsse aufzuzeigen. Wer Prüfungsträume der letzten anderthalb Jahrhunderte liest, hat den Eindruck, auf ein und derselben Schneiderpuppe hätten die unterschiedlichsten historischen Kostüme gehangen. Unter ihnen waren »psychoanalytische Träume«, um sie kurz einmal so zu nennen, sehr lange überrepräsentiert und das ist vielleicht noch immer der Fall. Auch heutzutage ist eine psychoanalytische Therapie der Bereich, in dem Träume oft erzählt und gedeutet werden, und manche dieser Träume finden dann in Form von Fallstudien wiederum Eingang in die Fachliteratur. Übersichtsartikel zu Prüfungsträumen finden sich ausschließlich in psychoanalytischen Zeitschriften.[15] Die Entwicklung der Psychoanalyse selbst, ja wie schon zu Freuds Lebzeiten eine Vielfalt an Schulen entstand, wie sich die französische Psychoanalyse von der der angelsächsischen zu unterscheiden begann, wie die heutigen Deutungen von denen der ersten Generation von Psychoanalytikern abweichen – diese ganze Geschichte könnte man anhand der Interpretationen von Prüfungsträumen erzählen.

Der Psychoanalytiker Richard Sterba, wie Freud in Wien lebend und einer der ersten Mitglieder in der *Wiener Psychoanalytischen Vereinigung*, berichtete 1928 von einem eindringlichen Prüfungstraum. »Einer meiner Patienten«, begann er seinen Bericht, »hatte regelmäßig alle zwei, drei Monate einen Traum über seine Matura am Gymnasium.«[16] Immer ging es um Latein und Mathematik. Er hatte noch nicht einmal mit der Bearbeitung der Aufgaben begonnen, da sagte der Prüfer schon, die letzten fünf Minuten seien angebrochen. Seine Freunde versuchten ihm die Lösungen zuzuflüstern, schoben heimlich ihre Antworten in seine Richtung, damit er sie abschreiben könnte, aber es gelang ihm einfach nicht, etwas Sinnvolles aufs Papier zu bringen. Die Buchstaben verschwammen vor seinen Augen. Kaum wach, war er höchst erleichtert, dass die Zeit seiner Matura schon weit hinter ihm lag. Sterba schrieb, dies sei der normale Standard-Prüfungstraum, aber in seiner Analyse habe er doch ein paar Dinge erfahren, die ihn zu einem besonderen Traum machten. Der Lateinlehrer am Gymnasium hatte große Ähnlichkeit mit dem Vater des Patienten und war im Traum bestimmt ein »Vaterstellvertreter«. Dass er Latein verabscheute, war eine Folge des angespannten Verhältnisses zu seinem Vater. Dieser Vater war Mathematikprofessor, deswegen war die Abschlussprüfung in Mathematik schiefgegangen. Der Lateinlehrer mochte ihn jedoch und trotz der nicht vorhandenen Fortschritte in diesem Fach hatte er jedes Jahr dafür gesorgt, dass er versetzt wurde. Aber jetzt kam unausweichlich die Matura, jetzt würde sich offenbaren, dass er sein Latein während der ganzen Zeit vernachlässigt hatte, mit Zittern und Zagen sah er der Prüfungszeit entgegen.

Da kam ihm die Historie zu Hilfe. 1916 verkündete die österreichische Regierung eine Kriegsmatura, die beinhaltete, dass der Schulabschluss für alle Jungen der höchsten Klasse als bestanden erklärt wurde, ohne dass sie dafür eine Prüfung ablegen mussten. Anschließend mussten sie ihren Militärdienst antreten. Kurz darauf hatte der Patient seinen ersten Prüfungstraum, der sich schnell zu dem ständig wiederkehrenden Traum entwickelte, der ihn nun schon so lange quälte. Das sei einen Bericht für die Analytikerkollegen wert, fand Sterba, denn bei diesem Traum ginge es um ein Examen, das überhaupt nicht abgelegt worden war, der Patient hatte es also auch nicht bestanden. Außerdem sei es ein schönes Beispiel für die Kombination aus einem Prüfungstraum und einem Straftraum: Wäre der Patient durchgefallen, hätte sein

Vater ihn zweifelsohne für seine jahrelange Nachlässigkeit streng bestraft. Der Traum müsse daher eine Konstruktion der Gewissensfunktion sein, des Über-Ichs.

Jeder Psychiater oder Psychologe weiß, dass eine Geschichte, die mit »ein Patient von mir …« oder »einer meiner Freunde …« beginnt, in Wirklichkeit oft vom Erzähler selbst handelt. So auch hier. Es war Sterba selbst, der eine schwierige Beziehung zu seinem Vater hatte, mit Latein und Mathematik nichts anfangen konnte, während der ganzen Zeit dennoch versetzt wurde und 1916 das Gymnasium verließ, ohne eine Abschlussprüfung ablegen zu müssen. Er wurde Leutnant in der k. u. k. Armee, überlebte den Ersten Weltkrieg, zog vor Beginn des Zweiten nach Amerika und baute dort eine blühende psychoanalytische Praxis auf.

Mit diesem Vaterstellvertreter und den Interventionen des Über-Ichs ist Sterbas Prüfungstraum ein typischer »psychoanalytischer Traum«. Aber auch Menschen, die sich selbst einer Analyse unterziehen, werden von ihrem Therapeuten in der psychoanalytischen Interpretation ihres Geisteslebens geschult. Im Laufe der Behandlung beginnt es dem Analysanten zu dämmern, wie sein freier Assoziationsstrom gedeutet werden wird, und manchmal wird er dem vorgreifen, was er selbst für die tiefere Bedeutung seiner Geschichte hält. Was der Analytiker zu hören bekommt, ist nach einigen Sitzungen nicht mehr die arglose Geschichte, die er anschließend auf einen verborgenen, latenten Inhalt zurückführen soll – durch die Geschichte selbst zieht sich bereits eine Deutung der tieferen Elemente.

Manche Prüfungsträume, die während einer Therapie erzählt wurden, erinnern fast an eine Vorführung der informellen Ausbildung in psychoanalytischem Denken, die jeder Analysant erfährt. Der Psychoanalytiker Ostow präsentierte 1995 drei Prüfungsträume, die er in einem Zeitraum von wenigen Tagen in seiner Praxis zu hören bekommen hatte.[17] Eine Frau mittleren Alters hatte geträumt, sie müsse ein Examen ablegen, auf das sie sich überhaupt nicht vorbereitet hatte. Sie hatte das Buch nicht gelesen und auch keine Vorlesungen besucht. Kurz vor dem Examen versuchte sie, schnell noch etwas zu lesen, aber das half nichts. »Das Examen ging über Munition und wie man eine Waffe zusammenbaut. Es war sehr technisch. Vor mir lagen zwei Bleistifte. Apropos zwei. Ich mache mir Sorgen um meine Brüste. Ich muss eine Untersuchung durchführen lassen, oder eigentlich mehrere – Mammografie, Knochen-Scan, Röntgenfotos, Blutuntersuchung. Sie haben gesagt, alles sei in Ordnung, aber ich mache mir doch Sorgen.«[18] Ostow will mit diesem Traum zeigen, dass seine Patientin über das Wort »examination« – das sowohl Examen als auch medizinische Untersuchung bedeutet –, den manifesten Inhalt des Traums mit dem latenten Gedanken verband. Aber ihr Traumbericht macht auch deutlich, dass sie in der »Zwei« der zwei Bleistifte ein vollkommen für sich sprechendes Symbol für ihre Brüste sah. Eine andere Patientin erzählte zu Beginn der Sitzung, sie käme gerade vom Augenarzt, weil sie in der vergangenen Woche plötzlich alles verschwommen gesehen habe. »Der Augenarzt wollte, dass ich noch einmal wiederkäme, um die Untersuchung abzuschließen. Letzte Nacht träumte ich von einigen Examen, die ich ablegen musste und auf die ich mich gar nicht vorbereitet hatte.«[19] Auch bei ihr geht die Geschichte über eine medizinische Untersuchung wie von selbst in einen Prüfungstraum über, als sei die Symbolik des Traums vollkommen transparent.

Solche Patienten hatte Freud selbst nicht, genauso wenig wie seine Kollegen. Ein Patient, der bei Stekel in Behandlung war, ein junger Schauspieler, der träumte, er habe zu spät damit begonnen, seine Rolle einzustudieren, und der nun mit großer Angst die Premiere auf sich zukommen sah, bekam zu hören, diese Prüfung habe ein sexuelles Motiv.[20] Zu träumen, er habe zu wenig Zeit, verweise auf seine Angst, zu schnell zu kommen, der Traum handele in Wirklichkeit von seiner Rolle bei seiner Frau. Das hätte sich der Schauspieler selbst unmöglich ausdenken können – nicht aus fehlender Selbsterkenntnis oder Vorstellungskraft, nicht wegen eines blinden Flecks für die symbolische Dimension des Traumlebens, sondern schlichtweg wegen der bis dato fehlenden Erziehung im psychoanalytischen Denken.

Durchfallen

Während ich mich mit den Prüfungsträumen befasste, hatte ich selbst einen. Ich sollte gemeinsam mit der Schriftstellerin Annejet van der Zijl einen literarischen Abend gestalten. Wie genau meine Beteiligung aussehen würde, blieb ungewiss, ein Vortrag vielleicht oder ein Interview. Aber ich hatte das Gefühl, als habe Annejet alles vorbereitet und ich nicht. Sie hatte rechtzeitig mit der Vorbereitung begonnen, war pünktlich von zu Hause weggegangen, hatte alles unter Kontrolle. Aber ich bin eine Viertelstunde vor Beginn noch nicht einmal in der Nähe des Saals. Schlimmer noch, ich stehe noch vor der Tür der Menschen, bei denen ich zu Besuch gewesen bin, sie haben mich gerade verabschiedet, die Tür ist schon wieder zu, und als ich auf mein Fahrrad steigen will, bemerke ich, dass ich auf Socken bin. Wieder klingeln, Schuhe nehmen, zum zweiten Mal verabschieden: Fahrrad weg! Ich muss es unbedingt wiederfinden zwischen Hunderten von Rädern auf einem Fahrradparkplatz von der Länge einer Straße. Zum Glück ist am Lenker – auch in Wirklichkeit – ein gelbes Entchen befestigt, zum großen Vergnügen meiner Enkelin. Da sehe ich in der Ferne das gelbe Entchen. Ich laufe hin: anderes Rad!

Und so geht der Traum noch weiter, in dieser Art von Träumen scheinen die Missgeschicke kein Ende zu nehmen. Die Angst, die den Traum heraufbeschwor, war die vor der schweigenden Missbilligung eines Publikums, das sich die Mühe macht, zu einem solchen Abend zu kommen, und dann erlebt, dass Annejet van der Zijl ihre Erwartungen sehr wohl erfüllt und ich nicht. Und beim Aufwachen ist man immer wieder erstaunt, dass man offensichtlich findig genug ist, sich ein Hindernis nach dem anderen auszudenken, aber nicht, einen Moment darüber nachzudenken, dass man schon Hunderte von Vorträgen gehalten hat, bei denen alles gut ging und das einzige Problem einmal darin bestand, viel zu früh von zu Hause weggegangen zu sein und die Bibliothek von Meppel noch geschlossen vorzufinden.

Das ist jedenfalls *auch* ein Element im Prüfungstraum: Er sorgt dafür, dass man eben *nicht* in diese Schwierigkeiten gerät, die so erschreckend überzeugend präsentiert werden. Man passt auf. Dass sich der Traum bei dieser Warnung einer etwas kindlichen Symbolik bedient – denk dran, Schuhe an! –, passt vielleicht zu dem Alter, als man von frühmorgens bis spätabends mit Ermahnungen durchs Leben begleitet wurde. Logischerweise tauchen diese Träume auch in solchen Momenten im Leben auf, in denen man von Verpflichtungen oder Tätigkeiten unter eine Spannung gesetzt wird, die auch im Schlaf nicht ganz weicht. Eine Frau, die seit ihrem fünfzehnten Lebensjahr ein Traumjournal führte, konstatierte, dass ein Prüfungstraum, den sie seit über zwanzig Jahren immer mal wieder hatte, immer die Begleiterscheinung von Anspannung war. Er tauchte in ihrer Studienzeit erstmals auf, verschwand nach dem Studium, kam wieder in den Monaten vor ihrer Hochzeit, hörte danach wieder auf und tauchte wieder auf, als sie ihre Stelle verlor und fieberhaft Bewerbungen schrieb.[21]

Es gibt keine Studien zur Beziehung zwischen Stimmung und Prüfungstraum, obwohl ein Prüfungstraum lange nachwirken kann und es umgekehrt auch denkbar ist, dass Spannungen und Sorgen über die Zukunft den Prüfungstraum hervorrufen. Frederik van Eeden wurde ein Leben lang von dem Traum geplagt, er müsse noch *ein* Examen ablegen, immer mit dem intensiven Bewusstsein, es nicht zu schaffen. Im Januar 1891: »Heute Nacht träumte ich, dass ich noch *ein* Examen ablegen müsse, immer nur eins. Stokvis sagte, meine Entwürfe seien gut, aber er habe eine vage Vorstellung vieler Fächer, von denen ich keine

Ahnung hätte.«[22] Der arme Van Eeden hatte seine letzte Prüfung, sein Arztexamen, schon 1885 abgelegt und im Jahr darauf hatte er promoviert. Aber der Traum wollte nicht weichen. 1906, er ist nun schon 46 Jahre alt, hatte er wieder den Traum von dieser einen Prüfung, intensiver als alle Male zuvor: »Es war so stark, dass ich tagsüber, auch jetzt noch, einen Tag danach, kurz dachte: ›Ist da wirklich nichts dran? Gibt es nicht vielleicht doch eine Prüfung, die ich übersprungen oder übersehen habe?‹ Aber ich kann nicht herausfinden, welchen Anlass es dafür geben sollte.«[23] Manchmal ist es, als würde die Stimmung des Augenblicks Erinnerungen an eine Phase in seinem Leben mit derselben Stimmung mitschwingen lassen, als würde sein Traum mühelos Trübsinn an Trübsinn reihen, egal, wie viele Jahre mittlerweile auch verstrichen sind. 1910, depressiv und desillusioniert vom bisher Erreichten, hatte Van Eeden »einen sehr traurigen Traum«:

Wieder musste ich diese letzte Prüfung ablegen, ich hatte keine Anstellung, ich war einsam und wohnte gewissermaßen halb in Amsterdam, wo ich noch manchen Vorlesungen beiwohnte. Eine Halb-Existenz, während ich wusste, dass ich alt geworden war. Ich weinte. Ich sagte meiner Mutter, ich würde diese Prüfung nicht ablegen, ich sei zu alt dafür.[24]

In einer Gesellschaft wie der unseren messen wir uns fortwährend. Was einst so fröhlich mit einem Seepferdchen im Kindergarten beginnt, setzt sich in Zulassungsexamen und Abschlussexamen, Bewerbungs- und Mitarbeitergesprächen, *Assessments* und *Tenure Tracks* fort. Unter dem Durchschnitt bleiben – Durchfallen, Ablehnung, Misserfolge – steht immer im Raum und das mögliche Risiko wird mit einer Mischung aus Spannung und Angst wahrgenommen. Und das sind nur die offiziellen, öffentlichen Prüfungen. Auch Sehnsüchte und Ambitionen, von denen vielleicht niemand weiß, können auf Enttäuschung und Desillusion hinauslaufen. Freud tat – letzten Endes – gut daran, die Motive, die zu Prüfungsträumen führen können, so großzügig zu fassen, dass mehrere, manchmal auch widersprüchliche Gefühle darin vertreten sind.

5. Ach Mary, sagte Mr Lincoln nachdenklich, es ist nur ein Traum.
Über prophetische Träume

Am 11. April 1865, vier Tage vor seinem Tod, begann Abraham Lincoln in kleinem Kreis von einem Traum zu erzählen, den er einfach nicht aus dem Kopf bekam. Seine Frau Mary war dabei, sein Leibwächter und späterer Biograf Ward Hill Lamon und noch zwei oder drei andere. Der Bericht stammt von Lamon.[1]

Der Präsident war so still, dass seine Frau fragte, ob etwas los sei. Er sagte in feierlichem Ton, in der Bibel sei so viel über Träume und Visionen geschrieben worden. In bestimmt sechzehn Büchern des Alten Testaments und in weiteren vier des Neuen Testaments kamen Träume vor. Bedeutete das nicht, dass Gott sich dem Menschen früher in Träumen kenntlich gemacht habe?

Ob er denn an Träume glaube, wollte seine Frau wissen. Das nun auch wieder nicht, sagte Lincoln, aber er habe kürzlich einen Traum gehabt, der ihn weiterhin beschäftige. Nach diesem Traum habe er die Bibel an einer willkürlichen Stelle aufgeschlagen und sei in Genesis 28 gelandet, der Geschichte von Jakobs Traum. Danach habe er weitergeblättert, aber egal, wo er gelesen habe, es sei immer wieder um Träume und Visionen gegangen, die genau zu Träumen passten, die er auch gehabt habe.

»Er schaute nun so beunruhigt«, schreibt Lamon, »dass Mrs Lincoln ausrief: Du machst mir Angst! Was ist los?«[2] Lincoln bedauerte, davon angefangen zu haben. Er schlug vor, das Thema ruhen zu lassen. Aber seine Frau insistierte. Er könne es ruhig erzählen, sie glaube sowieso nicht an Träume.

Zögernd begann Lincoln mit einer Nacht, die etwa zehn Tage zurücklag. Da war er an Bord der *River Queen* gewesen, die kurz vor City Point vor Anker lag. Er sei länger aufgeblieben als sonst, weil er noch Berichte von der Front erwartete. General Grant stand kurz vor der Eroberung Petersburgs, das noch in der Hand der Südstaatler war. Schließlich sei er, todmüde, doch ins Bett gegangen. Der Traum kam schon bald.

Er liegt im Bett – nicht an Bord, sondern im Weißen Haus. Es ist unwirklich still. Da erklingt irgendwo unterdrücktes Schluchzen. Er steht auf und geht nach unten, um zu schauen, was los ist. Er betritt ein Zimmer nach dem nächsten, überall brennt Licht, in den Zimmern sind die vertrauten Gegenstände, aber es gibt keine Spur von weinenden Menschen. Fest entschlossen herauszufinden, woher das verhaltene Schluchzen kommt, irrt er weiter herum und kommt zum East Room. Dort erwartet ihn ein Übelkeit erregender Schock. Mitten im Saal steht ein Katafalk, darauf liegt ein aufgebahrter Toter im Leichenhemd. Soldaten halten Wache. Jetzt sieht er auch, woher das Schluchzen kommt: Eine trauernde Menge drängt sich, um einen Blick auf den Toten zu erhaschen. Er selbst kann nicht sehen, wer es ist, das Gesicht ist bedeckt.

»Wer ist gestorben im Weißen Haus?«, fragte ich einen der Soldaten.

»Der Präsident«, antwortete er, »er ist von Mörderhand umgekommen.«

Diese Mitteilung entlockte der Menge einen lauten kummervollen Schrei, der mich aus dem Traum erwachen ließ. In dieser Nacht habe ich nicht mehr geschlafen. Und obwohl es nur ein Traum war, habe ich ihn seltsamerweise die ganze Zeit nicht von mir abschütteln können.

»Wie schauderhaft!«, sagte Mrs Lincoln. »Ich wünschte, du hättest ihn nicht erzählt. Ich bin froh, dass ich nicht an Träume glaube, sonst befände ich mich von jetzt an in ständiger Todesangst.«

»Ach Mary«, sagte Mr Lincoln nachdenklich, »es ist nur ein Traum. Lass uns nicht mehr darüber sprechen.«[3]

Frau Lincoln wird sich von dem »Ach, es ist nur ein Traum« nicht haben beruhigen lassen. Lincoln nahm seine Träume sehr ernst, und das wusste sie schon seit einer Weile. Im Lincolnarchiv liegt das Telegramm, das er ihr schickte, als sie im Juni 1863 mit ihrem zehnjährigen Sohn Tad in Philadelphia weilte: »Denke daran, dass du Tads Pistole besser aufbewahrst. Ich hatte einen abscheulichen Traum darüber.«[4]

Am Morgen des 14. April fing Lincoln einigen Ministern gegenüber wieder von Träumen an. Am Rande einer Kabinettssitzung sagte Lincoln, er habe in der Nacht wieder »diesen Traum« gehabt. Der Marineminister und der Außenminister machten sich unabhängig voneinander dazu eine Notiz in ihrem Tagebuch. Er berichtete, am Vorabend entscheidender Schlachten hätte er immer denselben Traum. Er sei dann an Bord eines »merkwürdigen, nicht zu beschreibenden Fahrzeugs, das mit hoher Geschwindigkeit zu einer unbekannten Küste führe«.[5] Er nannte sieben Ereignisse aus dem Krieg, unter anderem Bull Run, Gettysburg und Stones River, denen jeweils dieses Traumschiff vorangegangen war. Lincoln war sicher, dass auch jetzt etwas Wichtiges bevorstünde, irgendeine gute Wendung, vielleicht die Kapitulation von General Johnston, der in North Carolina noch in ein Nachhutgefecht verwickelt war.

Später an diesem Tag hatte Lincoln zum ersten Mal seit Jahren wieder Zeit für Entspannung. Er machte eine Kutschfahrt mit seiner Frau und beschloss, abends ins Theater zu gehen. Im Ford's Theatre wurde eine Präsidentenloge eingerichtet. Der Präsident hatte seinen treuen Leibwächter Lamon auf eine Mission nach

Richmond geschickt; bis zu seinem Tod 1893 sollte dieser bedauern, an jenem Abend nicht an Lincolns Seite gewesen zu sein. Gegen Ende der Vorstellung schlich John Wilkes Booth in die Loge, zog seine Derringer und feuerte eine Kugel ab, die den Präsidenten in den Kopf traf. Lincoln starb früh am nächsten Morgen, ohne das Bewusstsein wiedererlangt zu haben.

Für die Abschiedsfeierlichkeiten wurde ein Katafalk angefertigt, der im East Room aufgestellt wurde. Am 18. April bahrte man Lincoln dort auf, damit sich die Trauernden von ihm verabschieden konnten.

In der Literatur über prophetische Träume wird der »tote Präsident« mittlerweile als Beweis dafür angeführt, dass manche Träume einen paranormalen Ursprung haben. Lincoln müsse eine Vorahnung seines Todes gehabt haben, vielleicht habe er wirklich kurz einen Blick in die Zukunft erhascht, auf jeden Fall enthielte sein Traum so viele Elemente, die sich als genau zutreffend herausstellten, dass es gekünstelt wäre, sie mit »Zufall« zu erklären.

Eine etwas skeptischere Analyse könnte folgendermaßen aussehen. Lamon sagte, er habe sich sofort nach dem Gespräch Notizen gemacht, schrieb aber erst um 1885, zwanzig Jahre später, zum ersten Mal von dem Traum. Sein Bericht landete in einem Manuskript, das unveröffentlicht blieb und erst 1895, zwei Jahre nach seinem Tod, in einer Bearbeitung seiner Tochter publiziert wurde. Für seinen Bericht wurde keine einzige unabhängige Bestätigung gefunden. Wer die zwei oder drei anderen Anwesenden waren, wurde nie geklärt. Mary Lincoln hat den Traum ihres Mannes nirgendwo in ihrer ausführlichen Korrespondenz genannt. Ist es nicht seltsam, dass ein prophetischer Traum, der so dramatisch in Erfüllung ging, in den ersten Tagen oder Wochen von niemandem erwähnt wurde, weder in einem Gespräch noch in einem Tagebuch oder Brief? Ist es nicht noch seltsamer, dass Lamon, der so gerne merken ließ, auf welch vertrautem

Fuß er mit dem Präsidenten stand, dass er oft jegliche Diskretion aus dem Auge verlor, in dieser Zeit niemandem von dem Traum erzählt haben soll? In den Sechzigerjahren des neunzehnten Jahrhunderts waren Okkultismus und Spiritismus auf ihrem Höhepunkt, Geschichten über einen prophetischen Traum des Präsidenten wären nicht lange geheim geblieben.

Eine andere Frage ist, wie man nach Zufall und Bedeutung trennen muss, wenn es um anscheinend so suggestive Einzelheiten des Traums geht. Im Traum den East Room betreten, dort einen Katafalk mit dem Leichnam eines Präsidenten sehen, der, wie sich herausstellt, durch ein Attentat ums Leben gebracht wurde, und vierzehn Tage später dann selbst dort aufgebahrt liegen – wie wahrscheinlich ist es, dass genau diese Verknüpfung von Umständen eintritt? Vielleicht etwas weniger unwahrscheinlich, als es auf den ersten Blick wirkt. Um ein Detail herauszugreifen: Der East Room ist der größte Saal im Weißen Haus. Es ist der Ort für Empfänge, Konzerte, Pressekonferenzen – und Beisetzungsfeierlichkeiten. Präsidenten, die im Amt sterben, werden hier aufgebahrt. Vor Lincoln hatten Harrison und Taylor dort gelegen, nach ihm sollten McKinley (auch nach einem Attentat) und Roosevelt dort aufgebahrt werden. Fast hundert Jahre nach Lincoln lag Kennedy im East Room, auf dem Katafalk, der für Lincoln angefertigt worden war. Auch die Lincolns selbst hatten den East Room schon einmal für eine Beisetzungsfeierlichkeit herrichten lassen: Im Februar 1862 lag dort ihr Söhnchen Willie aufgebahrt, nachdem er einer unbekannten Krankheit erlegen war. *Wenn* ein Präsident von seinem eigenen Tod träumt, muss der East Room fast unweigerlich im Traum vorkommen.

Und auch dass es ein Tod durch ein Attentat sein würde, lag auf der Hand. Während des Bürgerkriegs gab es die permanente Gefahr eines Anschlags vonseiten der Südstaatler, das halbe Land hatte sozusagen ein Motiv, den Präsidenten zu ermorden. Schon gleich nach Lincolns Wahl im Jahr 1861, noch vor der Vereidigung, entdeckte Detektiv Allan Pinkerton, dass in Baltimore, auf seiner Reiseroute nach Washington, ein Anschlag auf Lincoln vorbereitet wurde. Und im August 1864, weniger als neun Monate vor dem Anschlag durch Booth, war aus dem Gebüsch auf Lincoln gefeuert worden, woraufhin sein Zylinder ein Loch durch eine Kugel verzeichnete. Warum »Vorgefühl«, warum »Blick in die Zukunft erhaschen«, um den Traum eines Menschen zu deuten, für den die Möglichkeit eines gewalttätigen Todes alltägliche Realität war?

Prophezeiende Träume

Träume wie die Lincolns heißen schon lange nicht mehr »prophetisch«, die Assoziation mit den biblischen Prophezeiungen ist verschwunden. Sie wurden um 1900 in zwei Kategorien eingeteilt. In einem »telepathischen« Traum, ein Begriff von Frederic Myers, sollte der Träumende mit den Gedanken, Erinnerungen und Gefühlen einer anderen Person in Kontakt kommen. In einem »hellseherischen« Traum nimmt der Träumer auf anderen als den üblichen Kanälen der Sinnesorgane etwas wahr, das sich an einem anderen Ort oder zu einer anderen Zeit abspielt. Von beiden Traumkategorien wurden 1912 Hunderte nach dem Untergang der Titanic berichtet. Wiederum einige Zeit später tauchten »ESP-Träume« auf, von *extrasensory perception,* oder »PSI-Träume« – PSI als die nun gängige Sammelbezeichnung für Phänomene, die einen paranormalen Ursprung haben sollten. Heutzutage führt die psychologische Literatur die prophetischen Träume von damals meistens unter »precognitive dreams«.

Das erweckt vielleicht den Eindruck, prophezeiende Träume seien auf breiter Basis erforscht worden, aber das ist nicht der Fall. Die großen Namen in der ersten Generation der Psychologen – Gustav Fechner, Wilhelm Wundt, William James, Alfred Binet – haben sich noch ausgiebig mit der Erforschung paranormaler Phänomene beschäftigt. Manche mit Sympathie für die Möglichkeit außersinnlicher Wahrnehmung, wie Fechner und James, andere, wie Wundt, im festen Vertrauen darauf, dass passende methodologische Vorsorge sicherlich für die Verflüchtigung dieser Art Phänomene sorgen würden. Aber bei allen Unterschieden bezüglich ihrer Affinität teilten sie die Ansicht, das Paranormale stelle für Psychologen ein legitimes Forschungsfeld dar. Das ist schon sehr lange nicht mehr der Fall. Nach dem ersten Weltkrieg drängte die offizielle, akademische Psychologie diese Forschungen an den Rand. Was damals noch »psychical research« hieß – und heute Parapsychologie – schaffte es nicht mehr in die Fachzeitschriften. Parapsychologen entwickelten notgedrungen Zirkel mit eigenen Kongressen, Zeitschriften und außerordentlichen Lehrstühlen, blieben von konventionellen Geldflüssen abgeschnitten und sahen ihre Arbeit auch nicht in Handbücher aufgenommen. Der Neuling Psychologie versuchte sich als »harte«, empirische, am liebsten experimentelle Wissenschaft zu positionieren, den etablierten Wissenschaften wie Physik oder Astronomie ebenbürtig. In diesem Kampf um Reputation war kein Platz für eine Assoziation mit dem Okkulten.

Auch die Psychoanalyse hielt sich lieber von der Parapsychologie fern, zum Teil aus demselben Grund. Freud schrieb 1904, er habe selbst keine einzige Erfahrung gemacht, die als paranormal aufgefasst werden könne, und als er 1934 noch einmal darüber schrieb, hatte sich daran nichts geändert.[6] Er war durchaus vertraut mit Vorahnungen und in seinem Leben mehr als einmal von Schicksalsschlägen getroffen worden, aber es schien, als wären die beiden nie zusammengetroffen, sodass nichts auf diese Vorahnungen folgte, und das Schicksal hatte ihn immer ohne Vorankündigung ereilt.[7]

1922 erzählte er bei einem Vortrag vor der Wiener Psychoanalytischen Vereinigung, er habe während des Krieges einen Traum gehabt, der »telepathisch« zu sein schien. Er träumte, einer seiner Söhne, der sich an der Front befand, sei gefallen. »Ich sah den jungen Krieger an einem Landungssteg stehen, an der

Grenze von Land und Wasser; er kam mir sehr bleich vor, ich sprach ihn an, aber er antwortete nicht.«[8] Außerdem habe er keine Uniform getragen, sondern den Skianzug, in dem er früher einmal fast verunglückt wäre. Die Symbolik war klar. Aber sein Sohn sei zum Glück unversehrt aus dem Krieg zurückgekehrt. Andererseits sei sein Töchterchen einmal fast verblutet, während er seelenruhig einem seiner Patienten zugehört habe.

Freud verstand sehr gut, dass so viel über telepathische Träume geschrieben wurde. Träume seien geheimnisvolle Erscheinungen und würden dadurch leicht mit anderen mysteriösen Phänomenen in Verbindung gebracht. Aber die Psychoanalyse habe dabei nichts zu gewinnen. Ein »telepathischer« Traum erfordere keine andere Deutung als ein normaler Traum. Obwohl er sowohl Mitglied der britischen als auch der amerikanischen *Society for Psychical Research* war, hatte Freud keinerlei Bedürfnis nach allzu engen Banden mit dem Okkulten. In seiner Lehre ging es schon kontrovers genug zu.

So behielten prophezeiende Träume im letzten Jahrhundert ihre etwas heimatlose Position. Für viele Menschen sind sie Teil ihrer persönlichen Realität – wer hat nicht schon einmal nach einem beklemmenden Traum am nächsten Morgen mit einer faulen Ausrede angerufen, um zu hören, ob alles in Ordnung sei? Aber die meisten Psychologen halten dies nicht für einen interessanten Teil ihrer Empirie. Dass sich manche Schlaflaboratorien in der zweiten Hälfte der Sechzigerjahre doch noch Experimenten mit »telepathischen Träumen« öffneten und Berichte über diese Untersuchungen in psychologische Zeitschriften vordringen konnten, unterstreicht im Rückblick vor allem die Distanz, die die akademische Psychologie walten lassen wollte.

Freud mit seinen
Söhnen Ernst (links)
und Martin, beide
in der Uniform der
österreichischen
Armee. August 1916,
Salzburg

Telepathische Träume: die Experimente

Im Altertum legten sich Priester in Tempel und an heiligen Stätten zur Ruhe, in der Hoffnung, die Götter würden im Traum zu ihnen sprechen. In den Sechzigerjahren kamen andere geweihte Orte hinzu, an denen geträumt werden konnte: die Schlaflaboratorien. Sie ermöglichten es, nicht nur abzuwarten, ob sich Träume mit paranormalem Ursprung einstellen würden, sondern sie zu untersuchen oder hervorzurufen. Kein Labor war darin so aktiv wie das Dream Laboratory des Maimonides Medical Center in Brooklyn, New York.[9] Zwischen 1966 und 1973 wurden dort etwa fünfzehn Experimentreihen durchgeführt, in denen getestet wurde, ob es möglich wäre, Träume auf telepathischem Weg zu beeinflussen.[10] Der Aufbau des Experiments blieb während all dieser Zeit gleich: Ein Mitarbeiter des Labors fungierte als »Sender« und eine träumende Versuchsperson als »Empfänger«.

In einem der Experimente trat Robert Van de Castle, selbst gefeierter Traumforscher, als Versuchsperson auf.[11] Mit Einbruch der Nacht ging Van de Castle zu Bett, am Kopf Sensoren für die Registrierung von EEG und schnellen Augenbewegungen. In einem etwa dreißig Meter entfernten Raum ging auch der Mitarbeiter zu Bett, der als Sender fungierte. Zuvor hatte man eine Sammlung von 72 Kunstdrucken angelegt, unter anderem mit Arbeiten von Dalí, Vermeer und Cézanne. Jeder Druck steckte in einem nummerierten, undurchsichtigen Umschlag und jeweils acht Umschläge wiederum befanden sich zusammen in einem nummerierten undurchsichtigen Umschlag. Die gesamte Sammlung von neun mal acht Drucken gab es in zwei Ausfertigungen. Jeden Abend wurde nach dem Zufallsprinzip ein Umschlag ausgewählt und dem Sender mitgegeben. Erst wenn der in seinem Schlafraum war, bekam er die Nummer des kleineren Umschlags übermittelt, den er öffnen sollte. Zu diesem Zeitpunkt wusste also nur er, welches Bild er in dieser Nacht versuchen sollte zu signalisieren. Sobald bei Van de Castle der REM-Schlaf einsetzte, ertönte im Zimmer des Senders ein Summer, zum Zeichen, dass er sich auf das Bild konzentrieren solle. War der REM-Schlaf vorbei, konnte der Sender wieder schlafen; Van de Castle wurde geweckt und befragt, was er geträumt habe. Am nächsten Morgen folgte ein längeres Gespräch über die Träume und man fragte ihn, was seiner Meinung nach der Sender zu signalisieren versucht habe. Alles, was Van de Castle nachts und im morgendlichen Gespräch sagte, wurde aufgenommen und ins Reine geschrieben.

Danach begann die heikle Aufgabe, die Träume und das Bild miteinander zu verbinden. Man legte Van de Castle das Duplikat der acht Drucke vor, aus denen man am Abend zuvor ausgewählt hatte. Er sollte eine Rangordnung erstellen, in welchem Maße sie mit seinen Träumen übereinstimmten. Platzierte er den verwendeten Druck in der oberen Hälfte, zählte dies als ein Treffer. Erst wenn das geschehen war, durften Versuchsperson und Sender ihre Zimmer wieder verlassen. Außerdem wurden die Transkriptionen der Traumberichte und des Nachgesprächs zusammen mit den acht Drucken per Post zu einem externen Gutachter geschickt. Auch er sollte in einer Rangordnung angeben, welcher Druck am besten zu den Transkriptionen passte.

Dieses Verfahren wurde acht Nächte lang mit der Präzision einer Geheimdienstoperation durchgeführt, wie in parapsychologischer Forschung sehr üblich, um Vorhaltungen im Nachhinein – wer konnte zu welchem Moment etwas wissen – zu vermeiden. Das Ergebnis dieser Versuchsreihe war spektakulär: Alle acht Mal hat Van de Castle den signalisierten Druck in der obersten Hälfte seiner Rangordnung platziert, zweimal sogar an erster Stelle. Bei dem externen Gutachter gab es sechs Treffer. Dieses Ergebnis ist statistisch signifikant und die Autoren schlossen daraus, dass man hier unter strengen experimentellen Bedingungen einen deutlichen Hinweis eines telepathischen Effekts auf Träume gefunden habe. In der Zwischenzeit waren acht ähnliche Experimente durchgeführt worden, von denen fünf ein signifikantes Ergebnis erbracht hatten.

Aber auch die Universität von Wyoming hatte ein Schlaflabor. Die Psychologen Belvedere und Foulkes beschlossen, dass Experiment aus New York zu replizieren.[12] Wenn der Effekt wirklich so stark wäre, müssten sie ihn ebenfalls hervorrufen können. Van de Castle war bereit, auch bei ihnen acht Nächte lang zu träumen. Das Experiment hatte weitestgehend denselben Aufbau, mit zwei kleinen Änderungen. Es wurden *zwei* Gutachter eingeschaltet und auf Bitte Van de Castles hatte man die Kunstreproduktionen durch Abbildungen aus Zeitschriften ersetzt. Das Ergebnis dieser Versuchsreihe war ernüchternd. Van de Castle hatte drei Treffer, fünf lagen daneben, was unterhalb der Wahrscheinlichkeit liegt.

Der erste Gutachter hatte dasselbe Ergebnis, der zweite hatte vier Treffer und vier Fehlschläge, genau, was man der Wahrscheinlichkeit nach erwarten würde. Auch ein Wiederholungsversuch an der Universität Boston misslang.[13]

Was lässt sich hieraus schließen?

Replikationen genießen in der Psychologie geringes Ansehen. Obwohl jeder unterschreibt, Wiederholungen seien *absolut wesentlich*, auch wenn sie nur dazu dienten, Betrug aufzudecken, Zufall auszuschließen oder die Generalisierbarkeit von Ergebnissen zu bestimmen, es ist dennoch so gut wie unmöglich, sie zu veröffentlichen. Es ist auch wenig Staat damit zu machen – nie hört man, der Name eines Wissenschaftlers sei mit einem brillanten Wiederholungsversuch verbunden. In der Parapsychologie verhält es sich anders. Dort sind Replikationen an der Tagesordnung, manchmal folgen auf ein Experiment unzählige Wiederholungen, die eine nach der anderen publiziert werden. In diesem Fach hat man auch sehr häufig über die Logik der Replikation nachgedacht.[14] Das Verhältnis zwischen Experiment und Wiederholung ist komplizierter, als es den Anschein hat. Eine Analogie macht dies deutlich.

Ein bekanntes Experiment an Schulen ist das Replizieren der Pendelversuche von Galilei. Jeder Schüler bekommt ein Pendel, bei dem Länge und Gewicht verstellbar sind, sowie eine Stoppuhr. Die experimentelle Frage lautet, ob die Pendelzeit von Länge, Gewicht oder der Auslenkung abhängt. Ein Schüler, der »entdeckt«, dass die Pendelzeit vom Gewicht oder der Auslenkung abhängt, hat etwas falsch gemacht, denn das Pendelgesetz von Galilei besagt, dass nur die Länge des Pendels relevant ist. Bei diesem Experiment ist also ein Kriterium vorhanden, das angibt, ob die Replikation »richtig« oder »falsch« durchgeführt wurde. Aber genau das ist auch das Atypische eines Schulexperiments: Bei echten Experimenten ist das Ergebnis *nicht* bekannt, das ist genau der Grund, weswegen sie durchgeführt werden. Von einer Wiederholung kann man also ebenso wenig behaupten, sie sei »richtig« oder »falsch«. Nach der »failure to replicate« von Belvedere und Foulkes muss man also zwei Interpretationen in Erwägung ziehen. Entweder betrachtet man ihr Ergebnis als eine Widerlegung der Hypothese, Träume könnten telepathisch beeinflusst werden, mit dem Risiko, einem Schüler zu ähneln, der glaubt, das Pendelgesetz von Galilei widerlegt zu haben, weil die Pendelzeit in seinem Experiment nicht durch die Länge bestimmt wurde. Oder man nimmt ihr Ergebnis als Hinweis darauf, dass sie das ursprüngliche Experiment einfach nicht gut wiederholt haben. Vielleicht waren die kleinen Änderungen doch fatal für den Effekt oder es war noch ein anderer Faktor im Spiel.

Die Versuchsperson in beiden Experimenten, Van de Castle, hatte durchaus eine Idee, woran es liegen könnte. Er berichtete, bei den Experimenten in New York habe man ihm sozusagen den roten Teppich ausgerollt, er fühlte sich geschätzt, im Maimonides brachte man der Telepathie Sympathie entgegen: »Er wusste, dass er sich dort unter Menschen befand, die an die Phänomene glaubten, die sie untersuchten.«[15] In Wyoming war die Stimmung skeptisch und reserviert. Andererseits – wenn es daran läge, wäre es wieder umso rätselhafter, weshalb es auch im Maimonides drei von acht Malen *nicht* gelungen war, ein signifikantes Ergebnis zu erzielen.

Dies würde dafür sprechen, die relevanten Faktoren in einer neuen Reihe von Experimenten und Replikationen zu isolieren. Der Logik nach müssten die ursprünglichen Umstände in einem Wiederholungsversuch weitestgehend beibehalten werden – das Labor, die Versuchsleiter, die Versuchsperson, die Sender, die sympathische Stimmung, die statistische Verarbeitung. Genau das geschah, nachdem das Maimonides einen zweiten spektakulären Befund herausgebracht hatte.[16]

Dieses Mal hatten acht Versuchspersonen – die Empfänger – jeweils eine Nacht in ihrem Schlaflabor verbracht. In einem anderen Labor, zwanzig Kilometer weiter in New York, befand sich ein Sender in einem Zimmer, das für ein »sensorisches Bombardement« eingerichtet war. Der Sender war von einer Leinwand von fast drei auf drei Meter Höhe umgeben, auf der ein Film gezeigt wurde. Aus kräftigen Lautsprechern zu beiden Seiten erklang passende Musik dazu. In dem Moment, in dem der REM-Schlaf der Versuchsperson begann, wurde der Sender in ein »sensorisches Bombardement« getaucht. Das Programm war nach dem Zufallsprinzip aus sechs möglichen Programmen ausgewählt worden. Drei unabhängige Gutachter bekamen wieder die Aufgabe, in einer Rangfolge anzugeben, welches Programm am besten zu den Traumberichten passte. In allen acht Fällen siedelten sie das übermittelte Programm in der oberen Hälfte an, erneut ein Ergebnis, das berechtigterweise nicht dem Zufall zugeschrieben werden konnte.

Auch dieses Experiment wurde von Belvedere und Foulkes wiederholt, diesmal jedoch in Zusammenarbeit mit den Forschern, die das ursprüngliche Experiment durchgeführt hatten. Sie verfassten einen gemeinsamen Bericht dazu.[17] Der Sender war eine Kontaktperson der Maimonides-Forscher, Alan Vaughan, ein bekannter New Yorker Paragnost. Man erwartete, dass das Signal von diesem Sender stark genug sein würde, um zu den Träumen der Empfänger durchzudringen, die ihre Nacht zweitausend Meilen entfernt im Schlaflabor von Wyoming verbrachten. Sie waren aufgrund früherer paranormaler Erfahrungen ausgewählt worden sowie aufgrund ihrer positiven Einstellung gegenüber ESP und ihrem (nach eigenen Angaben) guten Gedächtnis für Träume. Einen Monat vor dem Experiment kam Vaughan nach Wyoming, um aus vierzehn Kandidaten – ausschließlich Frauen – die acht Sender zu wählen, mit denen er am liebsten arbeiten wollte. Kurz bevor Sender und Empfänger zu Bett gingen – Vaughan in New York, eine der Frauen in Wyoming –, telefonierten sie noch kurz, um den »Rapport«, den guten Kontakt, wiederherzustellen. Vaughan schlief in demselben Zimmer mit »sensorischem Bombardement« wie im ursprünglichen Experiment. Trotz der sorgfältig kopierten Umstände blieb das Ergebnis des Wiederholungsversuchs deutlich innerhalb der Grenzen des Zufalls. Die sieben Autoren aus Wyoming und New York kamen zu der Schlussfolgerung, die Experimente im Maimonides könnten leider von anderen Forschern oder in anderen Laboratorien nicht repliziert werden.

In Memoriam Marconi

Die Experimente in New York, Wyoming, Boston und anderen Orten haben keine entscheidende Antwort auf die Frage geliefert, ob es so etwas wie telepathische oder hellseherische Träume gibt. Und vielleicht war das auch nicht zu erwarten.[18] Parapsychologie wurde einmal als eine Sammlung von Fakten auf der Suche nach einer Theorie beschrieben. Manche Parapsychologen glauben, man verwehre ihnen den Zugang zu den offiziellen Zeitschriften für Psychologie, weil ihre Befunde revolutionäre Konsequenzen für bestehende Theorien hätten. Aber so lange es keine überzeugende Erklärung zum Beispiel für telepathische oder hellseherische Träume gibt, braucht niemand die vorhandenen Theorien in Schutz zu nehmen. Viele Psychologen ärgern sich bei parapsychologischen Befunden eher über den fehlenden theoretischen *Nachweis*. Um die Konsequenzen könne man sich dann immer noch kümmern. Kontroversen über Ergebnisse parapsychologischer Forschung spielen sich häufig innerhalb des überholten Weltbilds ab, die theoretische Interpretation werde sich schon finden, wenn man sich erst einmal über die »Fakten« einig sei. Diese Einstellung wurde – William James zur Ehre gereichend – auch als die Suche nach einer »weißen Krähe« bezeichnet.

James hat in einem Vierteljahrhundert engagierter Erforschung spiritistischer Medien gehofft, wenigstens *einen* überzeugenden, gut dokumentierten Fall paranormaler Kommunikation präsentieren zu können. *Ein* Fall wäre auch genug: »Wer das

Gesetz widerlegen will, dass alle Krähen schwarz sind, braucht nicht zu beweisen, dass keine einzige Krähe schwarz ist, es reicht, wenn er *eine* weiße Krähe nachweisen kann.«[19] Mit anderen Worten, man war auf der Suche nach einem »Existenzbeweis«, dieser eine unwiderlegbare Fall, der zeigt, dass es Telepathie oder Hellsehen oder sonst ein paranormales Phänomen wirklich gibt. Aber diese an sich glasklare Logik hat noch keine Kontroverse entscheiden können, im Gegenteil – nach jeder triumphierend präsentierten weißen Krähe entstanden hitzige Debatten über den genauen Status dieses einen Falls. Wenn der telepathische Einfluss auf Träume, den das Maimonides 1970 aufzeigte, eine solche weiße Krähe wäre, warum sei der Vogel dann wieder davongeflogen, als Kollegen in Wyoming und Boston ihn beobachten wollten? Und darf man denn schlussfolgern, dass es telepathische Träume gibt, wenn sie – im selben Labor und unter denselben Bedingungen – manchmal auch *nicht* existieren? Kann etwas fünfmal existieren und dreimal nicht?

Ein zweites Problem mit einem solchen »Existenzbeweis« ist, dass unklar bleibt, welche Hypothese eigentlich damit gestärkt wird. Parapsychologische Theorien über telepathische oder hellseherische Träume treten häufig in zwei Formen auf.

In der einen erscheint ein kompliziertes Bauwerk – oft eine Synthese aus Relativitätstheorie und Quantentheorie –, deren Nachteil darin liegt, dass zwischen den hypothetischen Prozessen, die für die außersinnliche Kommunikation verantwortlich sein sollen, und der Ebene der konkreten Vorhersagen ein sehr großer Abstand herrscht. Physiker fühlen sich selten dazu verleitet, solche Konstruktionen zu testen. Auf der anderen Seite des Spektrums stehen Theorien, die mehr mit Metaphern gemein haben. Bei telepathischen Träumen erinnert die implizite Metapher sehr an radiografische Kommunikation. Es gibt »Sender« und »Empfänger«, das sensorische Bombardement soll das »Signal« verstärken, Sender und Empfänger müssen sich aufeinander abstimmen. Zu Zeiten von James und Freud wurde Telepathie als drahtlose Telegrafie bezeichnet (»im Gedenken an Marconi«) und daran hat sich bis heute nicht viel geändert.

Nachteilig an Metaphern wie diesen ist leider, dass sie neue Rätsel aufgeben: Warum sollte bei all diesen Aktionen ein herzliches soziales Ambiente vonnöten sein? Aber ein viel größeres Problem ist, worin genau ihre erklärende Leistung besteht. Während des Zweiten Weltkriegs hatte der Neurologe Hadfield den Fall eines telepathischen Traums miterlebt, als er in London im Chatham Naval Hospital arbeitete.[20] Einer seiner Patienten verweigerte eines Tages jede Behandlung, weil er in der Morgendämmerung geträumt hatte, sein Bruder sei in Frankreich gefallen. Einige Tage später erhielt der Patient die Nachricht vom Kriegsministerium, sein Bruder sei an diesem Tag und etwa zu diesem Zeitpunkt umgekommen. Hadfield war sich der Tatsache bewusst, dass Soldaten in dieser Zeit zu Tausenden fielen und dass sich sein Patient darüber Sorgen gemacht haben musste. Aber dieser hatte nie zuvor von seinem Bruder geträumt und jener Traum war so lebendig und beängstigend gewesen, dass er sich außerstande sah, zur Behandlung zu erscheinen. In Kombination mit der genauen Uhrzeit suggeriere dies nach Hadfield einen paranormalen Ursprung: »das sendende (›transmitting‹) Gehirn befand sich im Zustand von Todesangst«, und sein Patient musste das im Traum aufgefangen haben. Mit anderen Worten, ein solcher Traum »konnte einfach durch Telepathie erklärt werden«.[21]

Behalten wir dieses »einfach« mal kurz im Gedächtnis, denn im Anschluss kommt Hadfield auf das »Wie« der Übertragung zu sprechen. Welcher physische Mechanismus könnte Signale wie diese vom einen Gehirn zum anderen übertragen? Eine denkbare Möglichkeit könnten Gehirnwellen sein. Schließlich weiß man dank EEG-Messungen, dass das Gehirn elektrische Wellen erzeugt. Auf der anderen Seite: Gehirnwellen reichen nicht so weit, dass sie Nachrichten zum anderen Ende der Welt oder auch nur über den Kanal von Frankreich nach London bringen können.

Hadfield beendet seine Erörterung etwas missmutig: »Zu diesem Zeitpunkt ist die Erklärung noch ein Mysterium.«[22] Anders gesagt, Hadfield glaubt, der Traum seines Patienten könne »einfach« durch ein Mysterium erklärt werden.

Ein weiteres Argument, das häufig dagegen vorgebracht wird, paranormale Träume in Laboratorien zu untersuchen, passt auch nicht so recht in die radiografische Metapher: Das Material, das der Sender zu vermitteln versuchen muss, kann nie dieselbe emotionale Bedeutung haben wie die Ereignisse oder Erfahrungen, die in spontanen telepathischen oder hellseherischen Träumen vorkommen. Kunstreproduktionen oder Abbildungen aus Zeitschriften seien nicht mit dem plötzlichen Tod eines Angehörigen, einer Katastrophe oder einem schlimmen Unfall zu vergleichen. Vielleicht müsse die emotionale Intensität des Signals für die Telepathie oder das Hellsehen eine Art Schwelle überwinden, wenn etwas davon in den Traum vordringen soll. Solche Ereignisse sind zu bizarr und selten, als dass man sie unter den kontrollierten Bedingungen eines Experiments untersuchen könnte. Aber manchmal gibt es Umstände, unter denen die Bedingung positiver Emotionen durchaus erfüllt ist und man doch nicht ganz auf die Überprüfung verzichten muss.

Der Galgenberg

Am 9. September 1987 wurde Ahold-Topmanager Gerrit Jan Heijn aus seinem Haus in Bloemendaal entführt. Drei Tage später erhielt die Familie einen Brief – der Auftakt einer sich lang hinziehenden Verhandlung durch codierte Zeitungsanzeigen. Zum Beweis, dass sie Heijn in ihrer Gewalt hatten – die Polizei ging von einer Bande aus –, schickten sie eine Kassette mit der Aufzeichnung von Heijns Stimme. Weil in den Augen der Entführer nicht genügend Eile an den Tag gelegt wurde, schickten sie Heijns abgeschnittenen kleinen Finger in einem Filmrollenbehälter. Bei der Übergabe eines Teils des Lösegelds, acht Millionen Gulden, gelang es dem oder den Entführer(n), ungesehen abzutauchen. Als man danach nichts mehr von Heijn oder den Entführern hörte, richtete Frau Heijn einen bewegenden Aufruf über das Fernsehen an die Entführer, mit der Bitte, ihren Mann freizulassen.

Erst im Februar des folgenden Jahres gab es einen Durchbruch in der Untersuchung, als in einer Wein- und Spirituosenhandlung mit einem der markierten Scheine aus dem Lösegeld bezahlt wurde. Am 6. April wurde Ferdi Elsas verhaftet, ein arbeitsloser Ingenieur aus Landsmeer. Noch am selben Tag legte er ein Geständnis ab. Elsas hatte offensichtlich die ganze Zeit allein operiert. Aus den Verhören konnte rekonstruiert werden, wie die Entführung vonstattengegangen war.

Elsas war zu Heijn ins Auto gestiegen, als dieser gerade zu Hause wegfahren wollte. Mit vorgehaltener Waffe hatte er ihn gezwungen, zu einem bereitstehenden Fiat Uno zu fahren. Lange war Elsas mit Heijn – an den Beifahrersitz gekettet – durch die Veluwe gekurvt und hatte ihn auf eine Kassette sprechen lassen. Gegen halb zehn abends fuhr Elsas in ein Waldstück bei Doorwerth. Heijn teilte er mit, er werde an jemand anderen übergeben. Kurz darauf schoss Elsas ihm von hinten durch den Kopf. Nachdem er ihm den linken kleinen Finger abgeschnitten hatte, begrub er den Manager an Ort und Stelle. Der kleine Finger kam in eine Thermoskanne mit Eiswürfeln. Zu Hause in Landsmeer legte er sie in das Gefrierfach des Kühlschranks.

Der Entführungsfall löste viele Emotionen aus. Pressekonferenzen wurden direkt ausgestrahlt. Spezialsendungen von *Gesucht wird* widmeten ihm wiederholt Aufmerksamkeit. Die Justiz setzte eine Belohnung von einer Million Gulden aus. In den sieben Monaten, in denen der Fall ungelöst blieb, gingen etwa zwölftausend Hinweise ein. Frau Heijn und ihr ältester Sohn Ronald Jan ersuchten die Polizei, auch die paranormalen Hinweise ernst zu nehmen. Die Polizei weigerte sich. Kommissar Sietsma, der zuvor schon das Ermittlungsteam bei der Heineken-Entführung geleitet und den Fall gelöst hatte, erklärte, paranormale Hinweise hätten damals nichts ergeben und nur wertvolle Ermittlungszeit gekostet. Eine spätere Analyse der Tipps bestätigte dies.[23] Bitter genug unterstrichen auch die Erinnerungen von Frau Heijn an die Entführung, veröffentlicht im Jahre 2006, wie gut die Polizei daran tat, sich zu weigern, aufgrund paranormaler Hinweise zu ermitteln.[24]

Sie schreibt, Ronald Jan habe kurz nach der Vermisstenanzeige einen »Auralogen« hinzugezogen, der im Buch Rink genannt wird.[25] Rink wird schnell zur Vertrauensperson, die auf Ersuchen der Familie auch an den Beratungen mit der Polizei teilnimmt. Energisch macht er sich an die Arbeit. Mit Ronald Jan fährt er zu der Stelle, an dem man Heijns Auto gefunden hatte, und fängt dort das Signal auf, es handele sich um drei Entführer, zwei Männer und eine Frau mit roten Haaren und Kleidergröße 36. Rink befasst sich auch mit einem eingegangenen Brief, stellt fest, dieser müsse von einem »entlaufenen Psychopathen« stammen und könne getrost zur Seite gelegt werden. Es sollte sich herausstellen, dass es sich um Elsas' ersten Brief handelte. Als die Kassette mit Heijns Stimme eintrifft, besteht Ronald Jan darauf – sehr gegen den Willen der Polizei –, Rink auch diese hören zu lassen. Der entnimmt dem Band, es gehe Heijn gut, aber darüber hinaus drängen keine weiteren Hinweise zu seinem Aufenthaltsort durch, dafür müsse er über die Originalbriefe der Entführer verfügen, nicht über die Kopien. Die Polizei weigert sich, diese herauszurücken. Später darf er die Kassette abhören, auf denen Elsas zu hören ist, der telefonischen Kontakt mit demjenigen suchte, der das Lösegeld bringen sollte. Rink charakterisiert ihn als einen Indonesier, »ungefähr 54«, Schnurrbart, grauschwarzes Haar, Akademiker, Kleinkrimineller. Elsas hatte zwar tatsächlich studiert, war aber kein Indonesier, hatte keinen Schnurrbart, war damals 45 Jahre alt und hatte kein Strafregister. Rink erhielt auch das Signal, innerhalb der Bande sei ein Konflikt ausgebrochen und vor allem der niederländische Zweig habe es zu spüren bekommen. Heijn habe noch ein wenig Wundfieber – der abgeschnittene kleine Finger war geschickt worden –, es ginge ihm aber den Umständen entsprechend gut: »Heute Mittag habe er ein Stück Apfel gegessen und etwas Brot.«[26] Frau Heijn ist froh, dass sich ihr Mann so gut hält. Wiederum viele Briefe später erfährt Rink, Heijn werde irgendwo in der Normandie festgehalten, in der Nähe von Dieppe. Die Polizei weigert sich, darauf einzugehen. Ein Bekannter der Familie fährt hin und kommt mit einer ganzen Fotoserie zurück. Rink greift eines der Fotos heraus: eine heruntergekommene Villa, abgeblätterte Fensterläden, ringsum Strauchwerk, ein schwarzer Golf mit getönten Scheiben vor der Tür – dies sei sein Aufenthaltsort. Die Familie schaut ihn voller Hoffnung an. Frau Heijn: »Aber Rink schüttelte langsam den Kopf. ›Sie haben Wind bekommen von dem Besuch‹, sagte er langsam. ›Gerrit Jan ist an einen anderen Ort verbracht worden.‹ Leider habe er noch nicht erfahren, wohin.«[27]

Als der Fall am 6. April zu den Akten gelegt werden kann und die Polizei der Familie erzählt, wie der letzte Tag im Leben des Gerrit Jan Heijn verlaufen ist, will Ronald Jan es nicht begreifen. Er steht auf, will erst Rink sprechen. Später kommt Rink von sich aus noch vorbei. Es täte ihm leid, »er habe die erhaltenen Signale falsch interpretiert, Entführungen gehörten eben auch so gar nicht zu seinem Gebiet«.[28]

Sietsma konnte den Konflikt zwischen der Familie Heijn und der Polizei über paranormale Hinweise taktvoll lösen, indem er ihnen anbot, sie dem Nederlands Instituut voor Toegepaste Parapsychologie (NITP, Niederländisches Institut für Angewandte Parapsychologie) weiterzuleiten. Dort beschäftigte sich eine Arbeitsgruppe mit der Registrierung und der Analyse von Hinweisen, die hellseherischen Träumen, Visionen oder Beiträgen von Paragnosten entnommen worden waren.[29] Die Polizei versprach, »in einer begrenzten Anzahl von Fällen« etwas zu unternehmen, wenn das NITP darum bitte.[30] Insgesamt wurden 1953 Hinweise gesammelt. Vor der Verhaftung von Elsas wurden diese auf An-knüpfungspunkte im Zusammenhang mit Heijns Aufenthaltsort und später mit dem Lösegeld untersucht. Danach konnten sie mit dem tatsächlichen Hergang verglichen werden.

Die Herkunft der Hinweise war sehr unterschiedlich. Rund achthundert verdankte man sogenannten »Eingebungen«. Die größte Kategorie danach war »in einem Traum« (225-mal). Auch Pendeln (100) und Spiritismus (35) wurden genannt. Daneben inventarisierte das NITP Beiträge von dreizehn Paragnosten. Manche hatten sich selbst gemeldet, an andere war das NITP herangetreten. In der Überfülle des Materials suchte man in erster Linie nach »Korrespondenzen«, Übereinstimmungen bei Hinweisen aus unabhängigen Quellen. Solche Korrespondenzen fehlten in den Beiträgen der Paragnosten gänzlich. Obwohl sie großzügig Gebrauch machen konnten von »Induktoren«, Gegen-ständen, die mit der Entführung zu tun hatten, wie Heijns Auto, dem Filmbehälter, in dem der kleine Finger verschickt worden war, und einer Regenjacke von Heijn, gelang es ihnen nicht, brauchbare Hinweise zu liefern. Heijns Aufenthaltsort siedelten sie überwiegend in Nord- oder Südholland an.

Jeder paranormale Hinweis wurde auf eine Anzahl konkre-ter Elemente hin bewertet, etwa, ob Heijn noch am Leben sei, sein Aufenthaltsort und die Zusammensetzung der Bande. Den meistgegebenen Antworten zufolge war Heijn tatsächlich noch am Leben, entführt von mehr als drei Tätern, darunter Aus-länder und mindestens eine Frau. Wenn eine Provinz genannt wurde, handelte es sich am häufigsten um Nordholland, danach Gelderland. Rund sechzig Prozent der Tippgeber nannten eine Gegend oder einen Ortsnamen. Die Bandbreite war überwäl-tigend. Heijn sollte sich in der Bollenstreek aufhalten (einem Landstrich, in dem gewerblich Blumenzwiebeln gezüchtet wer-den), im Hafengebiet von Antwerpen, auf der Insel Ameland, in den Ardennen, im Bergbaurevier, in Amsterdam (101 Nen-nungen), in Bergen aan Zee, Franeker, Yerseke, Purmerend. Er sollte in einem frei stehenden Haus festgehalten werden (201), einem Hausboot (131), einem Wohnwagen oder Sommerhaus (119) oder in einem Bunker, einer Mine, einem Brunnen, einer Kirche oder einer Mühle. Er befand sich in der Nähe eines Kanals, einer Autobahn, eines Industriegebiets, eines Waldes, eines Flughafens, einer Eisenbahnlinie, einer Autoverschrottung, eines Campingplatzes, eines Leuchtturms, eines Kirchturms, eines Wasserturms. Er war in einem Mercedes entführt worden (41), einem Opel (30), einem Volvo (20) oder in einer der anderen 25 Marken, die genannt wurden. Lediglich 0,3 Prozent dachten, Heijn sei in einem Fiat Uno entführt worden.[31] Die Polizei hat auf Ersuchen des NITP dreizehnmal eine Untersuchung vor Ort durchgeführt, keine führte zu Ergebnissen.

Die drei Hauptquellen paranormaler Hinweise waren Eingebungen, Träume und Pendel. Wurden diese Tipps auf vier konkrete Elemente untersucht – Heijn tot, Gelderland, Veluwe, ein Täter –, lieferten paranormale Träume nicht mehr Informationen als Eingebungen. Nur ein einziger Träumer gab an, der Entführer operiere allein. Über die Hälfte von ihnen hatte geträumt, Heijn sei noch am Leben. In zehn von 133 Träumen war die Veluwe als Aufenthaltsort von Heijn erschienen. Bei Eingebungen fanden sich in etwa dieselben Prozentzahlen. Auspendeln schnitt in dieser Hinsicht deutlich schlechter ab.

Die Autoren des Berichts beschäftigten sich intensiv mit einer Korrespondenz, die sie in ihrem Material vorgefunden hatten. Ein mit X bezeichneter Paragnost hatte bei einer Sitzung auf dem Polizeibüro von Haarlem in einem bestimmten Moment »Galgenberg« gesagt und eine Zeichnung mit einem Hügel und einem Galgen angefertigt. Auch in einem der eingesandten Hinweise war auf einer Landkarte ein Pfeil angebracht worden, der auf den Galgenberg wies als die Stelle, an der Heijn begraben sein sollte. Die Polizei hatte daraufhin mit Hunden den in der Nähe des Deelerwoud gelegenen Galgenberg abgesucht, aber nichts gefunden. Später sind Mitglieder des NITP selbst noch mit

Paragnosten dort gewesen. Der Galgenberg liegt zwölf Kilometer von der Stelle entfernt, an der Heijn begraben wurde.

Die fünf Autoren scheinen sich in ihrem Bericht nicht ganz mit sich – oder untereinander? – über die Bedeutung dieses Ergebnisses einig werden zu können. Sie bezeichnen es als »bemerkenswert«, dass zwei Mitglieder der Arbeitsgruppe nur an diesem Ort »stark das Gefühl hatten, sehr nah dran zu sein«.[32] Und es sei auch »eine Tatsache, dass wir einen Kilometer von der Stelle entfernt, an dem er am Tag seiner Entführung mit dem Entführer herumgelaufen ist (dem Deelerwoud), sehr gründlich nach Herrn Heijn gesucht haben«.[33] Andererseits geben sie auch an, es sei damals schon bekannt gewesen, dass das Lösegeld etwa zehn Kilometer entfernt übergeben worden war und dass freigegebene Informationen durchaus des Öfteren in paranormalen Hinweisen auftauchen. Dem ist hinzuzufügen, dass es schwierig ist, den Wert der Aussage »Galgenberg« abzuwägen, wenn es keine Informationen drüber gibt, was Paragnost X sonst noch gesagt hat. Nannte er noch andere Orte? Hat er sonst noch etwas gezeichnet? Und was meinte er genau mit »Galgenberg«? Dass Heijn dort gewesen sei? Dass er in dieser Umgebung festgehalten wurde? Dass er dort begraben lag?

Die Ortsangabe Galgenberg weist auf eine Komplikation, die unter dem Namen *file drawer*-Problem bekannt ist. Auch wenn man die Korrespondenz Galgenberg als eine Art Treffer auffasst, kann man ihren Wert nur bestimmen, wenn man weiß, aus welcher Sammlung von Misserfolgen und Treffern sie stammt. Wenn es eine Schublade voller paranormaler Hinweise gibt – und 1953 Tipps ergeben eine volle Schublade –, ist die Wahrscheinlichkeit, dass einer davon auf die Nähe des tatsächlichen Fundorts verweist, ziemlich hoch. Es ist ein sehr anschauliches Gedankenexperiment: Man stelle sich vor, in eine Wandkarte der Niederlande werde die Spitze eines Zirkels in jeden der hundert Orte gesteckt, die paranormal aufschienen, und schlage jeweils einen Kreis von zwölf Kilometern. Die Chance, das Heijn *außerhalb* eines solchen Radius gefunden werden würde, kann nicht allzu groß sein.

Das *file drawer*-Problem tritt natürlich auch in der »normalen« Psychologie auf, hat aber in der parapsychologischen Forschung ein eindeutiges Merkmal – und das ist schon sehr lange so. Eine historische Parallele zur Sache Heijn ereignete sich im März 1932, als das anderthalb Jahre alte Söhnchen des Luftfahrtpioniers Charles Lindbergh entführt wurde. Auch dieser Fall blieb einige Zeit ungelöst und auch in diesem Fall war das Opfer unmittelbar nach der Entführung ums Leben gebracht worden. Man fand die kleine Leiche zwei Monate später wenige Kilometer vom Haus der Lindberghs in einem flachen Grab in einem Waldstück. Der Täter war ein deutscher Tischler, Bruno Richard Hauptmann, der zum Tod durch den elektrischen Stuhl verurteilt wurde. Einige Tage nach der Entführung hatten zwei Psychologen von Harvard dazu aufgerufen, man möge ihnen hellseherische Träume zuschicken.[34] Die Ergebnisse der anschließenden Analyse ähneln denen in der Sache Heijn sehr. In 95 Prozent der Träume war das Kleinkind noch am Leben. In lediglich vier Träumen war das Kind tot *und* zwischen Bäumen begraben. Die Schublade, aus der diese vier Träume stammten, war mit 1300 Träumen gefüllt.

Schafe und Ziegen

Psychologen haben die Untersuchung paranormaler Träume mit Vergnügen den Parapsychologen überlassen, die in ihren eigenen Zeitschriften über ihre Befunde berichteten. Stattdessen haben sie jedoch mit großem Engagement die Eigenschaften von Menschen untersucht, die an paranormale Phänomene *glauben*. Sie entwickelten unterschiedliche Skalen, um das Maß des Glaubens an PSI zu »messen«. Die Befragten können auf einer Reihe von Sechspunktskalen angeben, inwieweit sie sich nicht oder vollständig mit Behauptungen einverstanden erklären können wie »Ich erinnere mich an ein Ereignis, das ich nur als einen Fall von Telepathie erklären kann«, »Es gibt so etwas wie außersinnliche

Wahrnehmung« oder »In einem meiner Träume bekam ich Informationen über die Zukunft«.[35] Anhand der Ergebnisse auf diesen Skalen kann man im Anschluss untersuchen, ob sich »Gläubige« und »Ungläubige« in ihrer Persönlichkeit, im Lebensalter, Geschlecht, Intelligenz oder ihrer psychischen Stabilität voneinander unterscheiden.

Die Begriffe, die für diese Zweiteilung benutzt werden, haben übrigens einen biblischen Ursprung. In Matthäus 25:31–33 steht geschrieben, wie Jesus nach seiner Wiederkehr die Geretteten von den Verdammten scheiden wird, nämlich wie ein Hirte seine Schafe und Ziegen, im Englischen – die »sheep« und die »goats«. 1942 führte die Parapsychologin Schmeidler den Namen »sheep« für Menschen ein, die an PSI glauben, und »goats« für die Ungläubigen.[36] Das hatte weiter keine tiefere Bedeutung, es war einfach nur eine praktische Methode, ihre Versuchspersonen in zwei Gruppen einzuteilen. Aber zwischen den beiden entdeckte sie einen interessanten Unterschied: In Versuchen mit paranormalen Phänomenen zeigte sich, dass Schafe systematisch besser waren als Ziegen – »besser« im Sinne von Bestätigung außersinnlicher Wahrnehmungen. Der Glaube an PSI hatte einen günstigen Einfluss auf seine Produktion. Dieser »sheep-goat«-Effekt wurde seither in unzähligen Experimenten nachgewiesen.

In der Bibel gehört man besser zu den Schafen. Jesus setzte sie zu seiner Rechten, sie wurden gerettet, die Ziegen links gingen ins ewige Höllenfeuer. In der Psychologie liegen die Verhältnisse anders. Wer zu den Schafen gehört, neigt zur Gutgläubigkeit, ist suggestibel, leicht in Hypnose zu versetzen, erzielt als Student schlechtere Noten und hat Erfahrungen, die auch bei Menschen auftreten, die an Schizophrenie oder einer manisch-depressiven Störung leiden.[37] Schafe zeichnen sich zuallererst und vor allem durch ihre schwach ausgebildete Fähigkeit aus, Wahrscheinlichkeit und Zufall abzuwägen. Wirft man eine Münze zweihundertmal in die Luft und bittet Versuchspersonen zu schätzen, wie lange die längste Serie von ununterbrochen Kopf (oder Zahl) sein wird, vermuten Schafe ein Maximum von fünf, während Ziegen der korrekten Antwort näher kommen: acht Wiederholungen. Wenn Schafe selbst eine Zufallsreihe der imaginären Würfe eines Würfels erstellen, steckt darin viel zu wenig Wiederholung: nach vier Sechsen hintereinander sind sie überzeugt, noch ein weiteres Mal sechs sei sehr unwahrscheinlich. Im »echten« Zufall steckt jedoch viel mehr Regelmäßigkeit, als ihre Intuition dem Zufall zugesteht. Dadurch beginnen Schafe Bedeutung in etwas zu sehen, das noch immer zu Wahrscheinlichkeit oder Zufall zählt.

Genauso, argumentierte Susan Blackmore, die als Parapsychologin angefangen hatte, aber zur »normalen« Psychologie desertierte, entsteht Glaube an vorhersagende Träume.[38] Schafe verstehen einfach nicht, was der Zufall vermag. Sie haben Träume, die »wahr« werden, während nichts weiter passiert ist, als dass sich manchmal Dinge ereignen, die zufällig mit dem übereinstimmen, was man geträumt hat. Der Irrtum, den Schafe begehen, ist, dass sie sich die Frage stellen: »Wie groß ist die Wahrscheinlichkeit, dass *ich* etwas träume, das später wirklich passiert?«, während die richtige Frage lautet »Wie groß ist die Wahrscheinlichkeit, dass *jemand* etwas träumt, das später wirklich passiert?«.[39] Olivastro berechnete 1991, wenn man die Wahrscheinlichkeit aus der ersten Frage auf das sprichwörtliche »one in a million« setze und annehme, jeder Amerikaner habe pro Nacht *einen* Traum, dann hätten alle Amerikaner zusammen jede Nacht 250 prophezeiende Träume, mehr als neunzigtausend pro Jahr.

Auch wenn man bei dem vorhersagenden oder nicht vorhersagenden Charakter eines eigenen Traums nicht gleich die amerikanische Gesamtbevölkerung hinzuziehen will, muss man noch immer diesen einen Traum im Licht der vielleicht Hunderte von Träumen beurteilen, die man in seinem Leben hat. Vor einigen Jahren hat man knapp vierhundert Personen zu prophezeienden Träumen interviewt.[40] Etwas weniger als die Hälfte kannte solche Träume aus eigener Erfahrung. Ein Viertel dieser vierhundert glaubte an einen paranormalen Ursprung vorhersagender

Träume. Ungefähr die Hälfte blieb bei einer natürlichen Erklärung. Je mehr Erfahrung jemand mit prophezeienden Träumen hatte, desto größer war die Chance, dass er an eine paranormale Erklärung glaubte. Auch in einer anderen Studie – einer groß angelegten Umfrage von Susan Blackmore unter Lesern des britischen *Daily Telegraph* – gaben sechzig Prozent an, an paranormale Phänomene zu glauben, meist auf Grundlage persönlicher Erfahrung mit prophezeienden Träumen.[41] Glaube und persönliche Erfahrung kommen sich hier auf halbem Weg entgegen. Wer glaubt, dass manche Träume einen paranormalen Ursprung haben, wird auch schneller dazu neigen, einen eigenen Traum als vorhersagend zu deuten.

In der Umfrage von Blackmore gaben zehn Prozent der 6238 Befragten an, sie hätten in der vorigen Nacht von jemandem geträumt, den sie seit Jahren nicht gesehen hatten.[42] Sogar wenn man in Betracht zieht, dass sich an einer solchen Umfrage häufiger Personen beteiligen, die glauben, sie hätten etwas Bemerkenswertes über ihr Traumleben zu berichten, sind rund sechshundert dieser Träume pro Nacht eine hohe Anzahl. Angenommen, es waren, um auf der konservativen Seite zu bleiben, in Wirklichkeit nur sechzig. Dann ist die Chance, dass der Traum ein »vorhersagender« wird, noch immer nicht gering, denn es gibt viele Möglichkeiten, wie ein solcher Traum wahr werden kann. Beim Frühstück schlägt man die Zeitung auf und sieht die Todesanzeige desjenigen, von dem man geträumt hat. Oder er ist nicht gestorben, sondern ruft gerade an. Oder man begegnet ihm in der Stadt. Noch einmal: Übertragen auf die Möglichkeit, dass einem so etwas passiert, ist es vielleicht noch immer ein unglaubliches Zusammentreffen, aber alle Träumer zusammen sorgen dafür, dass das Unglaubliche an der Tagesordnung ist.

Die Vogelscheuche

Psychoanalytiker entwickelten so ihren eigenen Umgang mit prophetischen Träumen. Der Schweizer Hans Zulliger bekam 1951 Besuch von einem Mann, der ihm einen »prophetischen« Traum vorlegen wollte. Die Anführungszeichen stammen von Zulliger. Bei seinem Besucher handelte es sich um einen Mann um die sechzig, ein ehemaliger Händler, der jetzt zurückgezogen lebte. Angeln war seine große Leidenschaft und er fuhr regelmäßig auf den bei seinem Haus gelegenen See hinaus. Er hatte folgenden Traum gehabt: »Ich fuhr über den See. An einer ganz bestimmten Stelle, nicht weit vom Ufer weg, sah ich auf einmal eine Gestalt mit weit ausgebreiteten Armen im Wasser liegen, halb vom Sand zugedeckt. Bevor ich richtig erschrak, entdeckte ich, dass es nur eine Vogelscheuche war, die jemand ins Wasser geworfen haben musste.«[43]

Er erzählte ihn morgens seiner Frau, die mit einem überheblichen »Träume sind Schäume« reagierte. Dennoch hatte ihn der Traum beeindruckt. Einige Tage lang mied er diesen Teil des Sees. Eine Woche später – den Traum hatte er schon wieder vergessen – ruderte er wieder dort entlang und sah zu seinem Schrecken genau an dieser Stelle den Körper eines Ertrunkenen. Der Mann lag ungefähr anderthalb Meter tief, halb im Sand begraben, die Arme ragten empor. Sofort dachte er wieder an seinen Traum. Er holte Hilfe und mit viel Mühe versuchten sie, den Ertrunkenen zu bergen. Plötzlich kam der mit Gasen gefüllte Leichnam an die Oberfläche geschossen. Es handelte sich um einen Mann, von dem ein Abschiedsbrief am Ufer gefunden worden war.

Der Mann hatte Zulliger auf einer Feier davon sprechen hören, dieser glaube nicht an prophetische Träume, deswegen sei er persönlich gekommen, um ihm seinen Traum zu erzählen.

Zulliger war nicht überzeugt. Als sie noch ein Weilchen weiterredeten, erzählte der Mann, er habe schon einmal beim Bergen einer Leiche geholfen. Auch diese Leiche habe sich in einem weit fortgeschrittenen Verwesungszustand befunden, und als er sie an einem Arm hatte hochziehen wollen, hätte er den Arm fast abgerissen. Es habe eine ganze Zeit gedauert, bis er den Schock überwunden hatte. Während der Mann seine Geschichte erzählte, beschloss Zulliger, heimlich einen kleinen Test durchzuführen. Beiläufig zog er seine Taschenuhr hervor, löste sie von der Kette und steckte sie wieder weg. Er achtete darauf, ob der Besucher mitbekommen hatte, was er tat. Am Ende ihres Gesprächs fragte Zulliger, ob der Besucher gesehen habe, was er während ihrer Konversation getan hatte. Sie haben mir eine Zigarre und Feuer angeboten, sagte dieser. Weiter habe er nichts gesehen. Er hätte, schrieb Zulliger, zwar hingeschaut, aber nichts gesehen. Darin liege der Schlüssel für diesen »prophetischen« Traum. Der Mann musste am Tag vor seinem Traum an der Stelle vorbeigerudert sein, an dem die Leiche lag, aber sein Blick sei damals daran entlanggeglitten, ohne etwas aufzunehmen. Aber etwas davon habe er unbewusst doch registriert und in seinem Traum sei ihm der traumatische Anblick von einst erneut vorgeführt worden, so wie es auch in Albträumen von Soldaten geschehe, die während des Krieges einen »shell shock« erlitten haben. Dafür seien Träume auch gedacht: das traumatische Ereignis zu wiederholen, damit die Angst allmählich schwinden könne. Aber warum dann die Vogelscheuche? Der Traum sei auch der Hüter des Schlafs, deswegen werde die Geschichte angepasst – es sei nichts, vor dem man Angst haben müsse, nicht wirklich eine Leiche, nur eine Strohpuppe, man könne ruhig weiterschlafen.

Bei diesem Traum seien psychische Kräfte am Werk, die das Handeln und Erleben dieses Mannes in einem empfindlichen Gleichgewicht hielten. Schon gleich nach dem ersten Mal, als er an dieser Stelle vorbeiruderte, sei das Bild in seinem Gedächtnis gespeichert worden, wenn auch vielleicht in einem unbewussten Teil davon. Das sei die Folge von Verdrängung: Durch die frühere traumatische Erfahrung mit einer Leiche wäre das Wissen, erneut mit einer Leiche konfrontiert zu werden, zu belastend für das bewusste Denken. Es sei auch das Unbewusste, das ihn in Schutz nähme, indem es ihn einige Tage lang diese Stelle meiden ließe. Aber nach ein paar Tagen habe sich sein Gewissen gerührt, sein Über-Ich habe ihm deutlich gemacht, dass die Leiche geborgen werden müsse – schon im Unterbewusstsein. Erst nach einer Woche habe er genügend Mut gesammelt, um sich dem zu stellen, was er tatsächlich registriert hatte, und er sei erneut an der Leiche vorbeigerudert, die er diesmal sehr wohl bemerkte. Der Traum sei keine Vorhersage, sondern eine Erinnerung.

Zulliger bezweifelte, dass er seinen Besucher hatte überzeugen können, keinen prophetischen Traum gehabt zu haben. Die Chance scheint wirklich gering. Tatsächlich wurde der unglückliche Träumer dazu aufgefordert, das Mysterium des vorhersagenden Traums gegen eine ganze Reihe neuer Mysterien einzutauschen: unbewusste Wahrnehmungen, gleichzeitiges Sehen und Nichtsehen, eine getarnte Leiche, unbewusste Impulse, die ihn erst eine Zeit lang von der Stelle weghalten und später regelrecht hinschicken. Selbst wenn er mit psychoanalytischen Prinzipien vertraut gewesen wäre, hätte es ihn vermutlich große Anstrengung gekostet, die detaillierte Korrespondenz zwischen seinem beklemmenden Traum und der Realität einer Woche mit Berufung auf ein kompliziertes Zusammenspiel unbewusster Prozesse zu rationalisieren. Schließlich unterscheidet sich das, was Zulliger seinen Besucher fragte, nicht so sehr von dem, was Psychologen mit ihren quantitativen Analysen präkognitiver Träume beweisen wollen. Ein Mensch, der völlig perplex ist, weil ein Traum am nächsten Tag bis in alle Einzelheiten in Erfüllung ging, wird von Psychologen dazu aufgefordert, seinen Traum in Relation zu tausend, zehntausend und hunderttausend Träumen zu setzen – erst dann habe er die richtige Perspektive darauf, was ihm geschehen sei. Die Statistik der großen Zahlen nimmt hier den Raum ein, den die Psychoanalyse dem Unbewussten einräumt, nämlich den einer theoretischen Erwägung, einer abstrakteren Perspektive, gegen die man die Überzeugungskraft einer persönlichen Erfahrung eintauschen soll. Erhebungen zu paranormalen Träumen beweisen, dass höchstens die Hälfte der Träumer dazu bereit ist. Die andere Hälfte bleibt bei der Überzeugung, in Träumen geschehe manchmal etwas, das die Wissenschaft eben nicht erklären könne.

6. Wissen, dass man träumt.
Über luzide Träume

Im Leben von Frederik van Eeden war 1913 das *annus horribilis*. Bei seinem Sohn Paul hatte sich im März 1911 eine Diagnose bestätigt, die Van Eeden schon länger befürchtete: Tuberkulose.[1] Paul war immer das Sorgenkind in der Familie Van Eeden gewesen. Der älteste Sohn, Hans, wurde Ingenieur und sollte 93 Jahre alt werden. Aber Paul, damals 22, war nervös, überempfindlich und hatte sich im Leben eigentlich nie richtig zurechtgefunden. Van Eeden hatte 1886 über künstliche Ernährung bei TBC-Patienten promoviert, er hatte verschiedene Patienten bis zu ihrem Ende begleitet, er wusste, worauf Pauls Krankenbett hinauslaufen würde.

Nach der Diagnose begann eine Tour durch Sanatorien, erst an der Nordseeküste, dann in Dresden. Während Paul kurte, machte sich Van Eeden bittere Vorwürfe. Es war schon seit 1882 bekannt, dass die Krankheit durch Ansteckung mit dem Tuberkulosebakterium entsteht, aber damaligen Erkenntnissen zufolge spielten auch psychische Faktoren beim Krankheitsverlauf eine Rolle. Sorgen und Spannungen konnten die Widerstandskraft senken und Van Eeden nahm es sich übel, dass mit seiner Scheidung von Martha van Vloten 1907 viel Kummer in Pauls Leben gekommen war. Der Aufenthalt in den Sanatorien brachte keine Erleichterung. Der beste Ort für eine Kur wäre Davos gewesen, aber dafür fehlten Van Eeden die Mittel. Als er dank Schenkungen von

Freunden doch das Geld zusammenbekam, war Paul schon so geschwächt, dass die Reise nicht mehr zu verantworten war. Im Juni 1912 nahm Van Eeden Paul in seinem Haus auf, wo er am 21. Februar 1913 starb.

Während der ganzen Zeit führte Van Eeden diszipliniert sein Traumjournal. Im Januar 1912 träumte er von einem ehemaligen Mit-Burschenschaftler, Jan Schokking, der an Schwindsucht gestorben war. Aber 26 Jahre später »hatte er im Traum rosige Wangen, war dick geworden und vollkommen genesen und ich dachte an Paul und wie es doch möglich sei, dass man vollständig von dieser Krankheit genesen könne. Dann wurde ich wach und erinnerte mich, dass Jan Schokking der Krankheit erlegen war, noch in meiner Studentenzeit. Es lag etwas durchtrieben Böses in jenem Traum, ein bitterer Scherz. Beim Frühstück fand ich einen Brief von Pauls Doktor, Paul habe ein Hämoptoe [Bluthusten] gehabt.«[2] Nachdem Paul gestorben war, erschien er schon nach wenigen Tagen in Van Eedens Träumen, manchmal als friedliche, beruhigende »Anwesenheit«, manchmal als warnende Stimme in einem Traum, der in eine ehebrecherische Richtung abzurutschen drohte.

Einige Wochen vor Pauls Tod hatte Van Eeden einen Vortrag über Träume vollendet. Er war von der *Society for Psychical Research* eingeladen worden, seine Traumtheorien in London vorzustellen. Diesen Vortrag hielt er am 22. April 1913.[3] Zu jener Zeit genoss die Gesellschaft einen ausgezeichneten Ruf. Die SPR war 1882 gegründet worden, um die Erforschung paranormaler Phänomene auszubauen. Spezialisierte Gremien widmeten sich der Überprüfung von Telepathie, Hypnose, außersinnlicher Wahrnehmung, Geistererscheinungen und der Kommunikation mit Verstorbenen. Von Anfang war es der Gesellschaft gelungen, große Namen an sich zu binden. Zu den ersten Mitgliedern gehörten Physiker wie Crookes, Erfinder eines Vorläufers der Kathodenstrahlröhre, und Thomson, Entdecker des Elektrons, der Biologe Alfred Russel Wallace, der Logiker Dodgson (Lewis Car-

Frederik van Eeden, ca. 1910

roll) und Persönlichkeiten des öffentlichen Lebens wie der ehemalige Premier Gladstone und der zukünftige Premier Balfour. Im Jahre 1913 war Henri Bergson Vorsitzender der SPR.[4] Einer ihrer Gründer, der Altphilologe Frederic Myers, hatte 1892 den Kontakt zu Van Eeden aufgenommen und die beiden Männer waren Freunde geworden.[5] Sie besuchten sich gegenseitig in Cambridge und Bussum und führten einen Briefwechsel über paranormale Erscheinungen, die Van Eeden in seiner Praxis begegneten und Myers bei seinen Experimenten mit Medien. Als Van Eeden 1913 nach London kam, war Myers schon seit zwölf Jahren tot, auch wenn das für Van Eeden noch nicht das Ende seiner Beziehung zu ihm bedeutete.

Die Tatsache, dass sein Name in der internationalen Literatur über Träume noch ab und an fällt, hat Van Eeden einer Kleinigkeit zu verdanken, die in seinem Vortrag vor der SPR tatsächlich nicht mehr als ein terminologisches Detail war. Er präsentierte eine Klassifikation von Träumen mit neun Kategorien, Klasse A bis I. Auch diese Klassifikation ist vergessen, bis auf eine Kategorie, nämlich die Träume der Klasse E – Träume, in denen sich der Träumende bewusst ist, dass er träumt. Van Eeden nannte solche Träume *lucid*, klar, und wurde so zum Namensgeber des luziden Traums.

Die Träume der E-Klasse

Gleich zu Beginn seines Vortrags erklärte Van Eeden den luziden Traum zur wichtigsten Traumkategorie. Er erzählte, er habe 1898 begonnen, seine luziden Träume aufzuschreiben, und habe nun 352 gesammelt. In seiner Klassifikation von Träumen – darunter unter anderem der normale Traum, sehr lebendige Träume, symbolische Träume, Dämonenträume und pathologische Träume – charakterisierte er jede Kategorie anhand von sieben Merkmalen. Bei den Träumen der Klasse E waren dies:

Allgemeiner Charakter: sehr angenehm, meist schwebend oder fliegend. *Zeitpunkt:* immer zwischen fünf und acht Uhr am Morgen. *Körperlicher Zustand:* ausgezeichnet. *Wissen um Tagesgeschehen im Traum:* fast vollständig. *Erinnerung beim Aufwachen:* klar. *Auftreten:* recht häufig. *Nachwirkung:* Sehr angenehm. Manchmal warnend.[6]

Obwohl Van Eeden diesem einen Traumtyp fast ein Drittel seines Vortrags widmete, konnte er nur einen kleinen Teil dessen mitteilen, was er in und mit seinen luziden Träumen erlebt hatte. Er begann nicht erst 1898 klar zu träumen und hörte 1913 auch nicht damit auf. Den letzten luziden Traum – er selbst nannte sie »klare Träume« – notierte er im September 1923. Seine Traumhefte und Tagebücher sind nicht übersetzt worden und in der internationalen Literatur scheinen Van Eedens Beiträge zur Theoriebildung über luzide Träume daher spärlicher, als er es verdient.

Im Kern ist das Bewusstsein beim Träumen während der Luzidität so klar, dass sich der Träumende an die Begebenheiten des Tages erinnern, seine Aufmerksamkeit darauf richten und im Traum lenkend darauf einwirken kann. Die Klarheit führt eine Verdoppelung ein, als wären jetzt zwei Bewusstseinsschichten entstanden, die Traumgeschichte und die Fähigkeit, über diese Geschichte nachzudenken. Eines Nachts schläft Van Eeden mit einem Stäubchen im Auge ein, das er nicht hatte herausspülen können. Im Traum meldet er sich bei einem Arzt nach dem nächsten mit der Bitte, das Augenlid umzudrehen und das Staubkorn zu entfernen. Zu seinem großen Ärger weigern sie sich alle, ihm zu helfen. Später im Traum wird ihm bewusst, dass sie sich auch hatten weigern *müssen,* sonst würde der Traum ja nicht mehr zur Realität passen, in der er dieses Staubkorn schließlich noch im Auge hatte. In manchen luziden Träumen beginnt er über die Herkunft wiederkehrender Traumelemente nachzudenken – sind es Tagesreste, Ängste, verborgene Sehnsüchte? Auffällig in seinem Traumleben sind die vielen gekrönten Häupter und andere hohe Würdenträger, die darin vorkommen und mit denen er auf vertrautem Fuße steht. König Wilhelm III. konsultiert ihn, aber er trifft auch den Kaiser von Deutschland und die Königin von England, sucht König Ludwig von Belgien auf, der ihn fragt, weshalb er nicht früher gekommen sei, trifft auf einer Schifffahrt Präsident Poincaré, hat ein intimes Gespräch mit Ford, und als der britische Premierminister Lloyd George einmal bei ihm zu Besuch ist, streichelt er ihm beruhigend über den Kopf, »woraufhin er darum bat, dies zu wiederholen und an meiner Brust einschlief«.[7] Als er wieder einen solchen Traum hat, jetzt mit Bismarck, »mit dem ich sehr vertraut umging«, fragt er sich *noch in seinem Traum,* ob dieses ständige Träumen von berühmten oder hochgestellten Personen aus einer verborgenen Sehnsucht nach Weltruhm stammen könne«.[8]

Der kritische Verstand ist während der Luzidität vielleicht nicht ganz intakt, aber doch schärfer als in normalen Träumen, in denen Absurditäten meist erst hinterher auffallen. 1906 träumt er, er schlendere mit Hans in einem Saal voller hoher Spiegel herum. Gemeinsam stellen sie sich davor und sehen dann eine verschwommene Gestalt, die ihnen gar nicht ähnlich sieht.

Da begann ich zu begreifen, dass ich schlief und träumte. Und ich sagte zu Hans: »Ich träume, ich war wohl sehr müde, ich bin irgendwo eingeschlafen.« Und da ich mich nicht erinnern konnte, wo ich eingeschlafen war, machte ich mir Sorgen. »Wer weiß, wo ich schlafend liege, vielleicht irgendwo auf der Straße oder auf einer Treppe, angezogen.«

Und wegen dieser Unruhe hielt ich es für unbedingt notwendig, wach zu werden, um zu sehen, wo ich schlief. Mit einiger Anstrengung schaffte ich es, aufzuwachen, und bemerkte sofort, dass ich gemütlich und sicher im Bett lag.[9]

Dieses »mit einiger Anstrengung« steht da nicht einfach so, denn Van Eeden hatte gemerkt, dass der Wunsch, aufzuwachen, in luziden Träumen häufig auf ein »Scheinerwachen« hinauslief: Träumen, dass man wach wird. In einem Traum reicht ihm jemand einen Zweig. Er wird wach und sieht zu seiner Freude, dass er tatsächlich einen Zweig in der Hand hält. Danach wird er richtig wach – ohne Zweig. Oder er träumt sofort, dass er wach ist, und stellt beim Aufwachen erstaunt fest: »Habe ich *doch* wieder geträumt.«[10] Der luzide Traum ist manchmal so hartnäckig, dass er bis zu drei Mal hintereinander träumt, wach zu werden, immer wieder erstaunt, dass das Mal zuvor noch zum Traum gehörte.

Während des luziden Träumens vergisst Van Eeden nicht, dass er an einer Studie arbeitet. Eines Nachts träumt er, dass er bäuchlings im Garten liegt. Aber er ist sich auch vollkommen bewusst, dass er träumt und in Wirklichkeit ruhig in seinem Bett liegt, auf dem Rücken. Er beschließt, möglichst langsam wach zu werden, um beobachten zu können, wie das Gefühl, auf dem Bauch zu liegen, in das Gefühl übergeht, auf dem Rücken zu liegen. Kurz bevor er ganz wach ist, erfolgt »die allerseltsamste Wahrnehmung des Umdrehens, ohne sich zu bewegen.«[11] Ganz kurz gibt es ein doppeltes Spüren beider Körper. In einem anderen Traum zieht er mit Speichel ein Kreuz auf seine linke Handfläche, träumt dann, dass er wach wird, presst seine Hand gegen seine Wange, spürt das Kreuz, wird danach wirklich wach und stellt fest, dass seine Hand ruhig auf seiner Brust liegt. Bei all diesen Experimenten ist Van Eeden beim Wachwerden erstaunt, dass sie keine reale Auswirkung haben. Im Traum rennt er davon, aber wieder wach, verspürt er keinen beschleunigten Herzschlag. Er singt und schreit, so laut er kann, und bekommt von seiner Frau zu hören, er habe ganz still geschlafen. Er weint, aber seine Wangen bleiben trocken.

Die Möglichkeit, den Traum zu lenken – oder das Gefühl, dies tun zu können –, weckt bei Van Eeden häufig das Verlangen, der Außenwelt während des Traums ein Signal zu geben, ein Signal oder einen Code, mit deren Hilfe der Traum später verifiziert werden könnte. In einem seiner Träume erinnert er sich an sein Vorhaben, jemanden anzusprechen: »Ich ging sofort eilends über einen Platz auf jemanden zu, eine Frau, die dort saß, und sprach sie an. Was ich fragte, weiß ich nicht mehr, auf jeden Fall führte es nicht zum gewünschten Ergebnis, denn es wurde ein wollüstiger Traum mit Samenerguss, wenn auch schöner, weniger grob als sonst.«[12] Mehr Erfolg scheint er bei einem Traum zu haben, in dem ihm ein Mann mit rötlichem Haar, Brille, blass, mit krummer Nase begegnet. Van Eeden spricht ihn an, erklärt, er schlafe im Augenblick »bei Bussum«, und bittet ihn: »Schreiben Sie mir, Dr. Frederik van Eeden, jetzt einen Brief, dass ich im Traum zu Ihnen gesprochen habe. Dann ist das für mich eine Gewissheit.«[13] Kurz darauf träumt er, er sähe diesen Mann kommen, bestimmt, um den Brief persönlich abzugeben, er denkt schon froh, »schau, da ist er schon!«, muss aber schließlich feststellen, dass auch dies zum Traum gehörte.

Van Eeden hatte einen Hang zum Paranormalen, der sich im Alter verstärkte. Er experimentierte mit Medien und verfolgte die spiritistischen Experimente, die Myers im Auftrag der SPR durchführte, aus nächster Nähe. Als Van Eeden von Myers Tod hörte, nahm er sich vor, ihn im nächstbesten luziden Traum zu rufen. Sobald er klar wurde, rief er »Myers! Myers!«: »Er kam sofort. Er sprach Holländisch. Machte den Eindruck, enttäuscht zu sein, sagte, er habe ›zwei Zimmer‹. Ich war in diesen Zimmern, es war beklemmend dort und beengt oder langweilig. Aber er ließ sich nichts anmerken und meinte, doch alles wunderbar zu finden.«[14] Im Vortrag vor der SPR berichtete Van Eeden, Myers sei 1908 noch einmal aufgetaucht und habe damals versucht, ihm ein Erkennungswort zu geben. Leider sei dies nicht gelungen.[15] Überzeugend war das alles nicht, fand Van Eeden. Er konnte auch mit sich selbst nicht über die Frage eins werden, ob luzide Träume einen prophetischen Charakter haben könnten. Im Mai 1903 träumt er, sein verstorbener Schwager Gerlof van Vloten warne ihn vor einer finanziellen Katastrophe: Er werde zehntausend Gulden verlieren. Van Eeden schenkt dem keine Beachtung: Er *hat* überhaupt keine zehntausend Gulden. Einige Jahre später geht es ihm finanziell besser, aber leider verliert er fast sein gesamtes Kapital, als die sozialistische Kolonie Walden 1907 Konkurs geht. Diesem – im Nachhinein – prophetischen Traum steht ein Traum aus dem März 1912 gegenüber, in dem er zu hören bekommt, Theodore Roosevelt sei tot. In Wirklichkeit sollte Roosevelt erst 1919 sterben.

Luzidität tritt meist in der Morgendämmerung auf, im ersten Morgenrot. Auf dem Umschlag seines Traumheftes zitiert Van Eeden Novalis: »Wir sind dem Aufwachen nahe, wenn wir träumen, dass wir träumen.«[16] In seinem Vortrag präsentierte Van Eeden Klarheit als eine Eigenschaft des Traums, die, wenn sie auftrete, mit dem Bewusstsein zu träumen einherginge, aber im Tagebuch und im Traumjournal sei die Klarheit oft eine Frage der Abstufung. Sie könne in einem Traum zunehmen und abflauen. Oft sei die Klarheit nicht nur Bewusstsein, Wissen, auch *visuelle* Klarheit. Viele luzide Träume, vor allem, wenn darin geflogen wird, spielen sich draußen ab, bei strahlendem Wetter. Auch die Metaphern, in denen Van Eeden über Luzidität schreibt, sind visuell. In einem seiner Träume hörte die Klarheit auf »wie ein optisches Bild, wenn man die Gläser nicht richtig einstellt. Es ist, als könne man sie durch Übung finden.«[17] Der deutsche Begriff Klartraum ruft dieselben Assoziationen auf: Klarheit steht für Schärfe, Unterscheidungsvermögen, Einsicht, die Sprache, die Augen und Intellekt teilen.

Auf Van Eeden hatte die heitere Stimmung von Klarträumen einen heilenden, beruhigenden Effekt. Wenn die Belastungen – die Scheidung, der Bankrott, Pauls Tod – ihn zu zerbrechen drohten, waren es die luziden Träume, die ihm halfen, sein Gleichgewicht zu wahren. So war es auch im »Blutjahr« 1913 gewesen: »Wer weiß, was ich habe durchmachen müssen, hat sich mehr als einmal über die Tatsache gewundert, dass ich kein Fall für den Nervenarzt geworden bin. Ich selbst schreibe den Erhalt meiner Kraft nach schwerer Arbeit und großen Schwierigkeiten zum großen Teil der entspannenden und erfrischenden Wirkung dieser klaren Träume zu.«[18] Viel früher, 1896, weit vor seinen persönlichen Schwierigkeiten, war er eines Morgens sehr glücklich aus einem luziden Traum erwacht. Seine Grübeleien über das Verhältnis zwischen Wachen und Träumen liefen auf eine Frage hinaus, die sich jeder Träumende schon einmal gestellt hat.

Ich sagte in jenem Traum, »jetzt weiß ich sicher, dass ich nicht träume. Denn so etwas Klares und Genaues kann man nicht träumen«, und dann dieses seltsame Gefühl, *doch* wieder wach zu werden und *doch* geträumt zu haben. Könnten wir wohl auch so aus diesem Leben erwachen, das uns jetzt so entschieden kein Traum scheint?[19]

Nach Pauls Tod konnte man das Fragezeichen in Van Eedens Fall getrost weglassen. Kurz nach der Beerdigung hatte er eine Gedenkschrift für seinen Sohn angefangen. Sie sollte als »Pauls Erwachen« erscheinen.[20] Denn so kam Van Eeden nun der Tod vor, wie das Erwachen aus einem Traum.

Ich schwebe, also träume ich

Im Laufe der Jahrhunderte sind unzählige Beschreibungen erschienen, was man denn als luzide Träume oder Klarträume bezeichnen würde, aber als Gattung traten sie erst während der Romantik mit einer gewissen Häufigkeit auf. Der österreichische Dramatiker Franz Grillparzer beschrieb 1821 einen luziden Traum in seinem Tagebuch. Im Traum sieht er eine Szene vor sich, die einen glänzenden Prolog für die Tragödie *Medea* abgeben könnte, an der er in dieser Zeit arbeitete. Er ist so aufgeregt, dass er aufwacht – träumt er – und sich sofort mit einem Theatermenschen an die Inszenierung begibt. Dies gestaltet sich durchaus schwierig, denn die Erinnerung an das, was ihm soeben noch so klar vor Augen stand, beginnt bereits zu verblassen. Aber schließlich gelingt es ihm und er ist außer sich vor Freude über seinen hinreißenden poetischen Prolog. Als er tatsächlich wach wird, ist die Enttäuschung groß, der Tag fühlt sich grau an, nebelig und träge im Vergleich zur Helligkeit und dem rauschhaften Traum.[21]

Van Eeden verwies selbst schon auf das Werk des französischen Marquis d'Hervey de Saint-Denys, der ab seinem dreizehnten Lebensjahr seine Träume notiert hatte und 1867 ein Buch darüber veröffentlichte.[22] D'Hervey überkam beim Eintreten der Luzidität dieselbe Experimentierfreude wie Van Eeden. Um zu verifizieren, ob Träume aus Erinnerungsfetzen aufgebaut sind oder wirklich neue Erfahrungen beinhalten können, beschloss er, im nächsten Klartraum eine Situation aufzurufen, an die er keine Erinnerungen haben *konnte*, nämlich Selbstmord zu verüben. Einen Monat später ist es so weit. Er steht am offenen Fenster im obersten Stockwerk eines hohen Hauses, schaut in die Tiefe auf den Bürgersteig, bewundert noch kurz die »Perfektion dieser Schlafillusion« und stürzt sich kopfüber nach vorn. Im nächsten

Augenblick steht er auf dem Platz vor einer Kathedrale und unterhält sich mit einigen Personen. Zwischen ihnen liegt die Leiche eines ihm unbekannten Mannes. Er erfährt, dass dieser sich soeben vom Turm gestürzt hat. »So hatten sich mein Gedächtnis und meine Fantasie aus der Falle retten können, die ich gestellt hatte.«[23]

Nachdem Van Eedens Artikel in den *Proceedings* der SPR erschienen war, passierte wenig bis nichts. Mrs Arnold-Forster schrieb in ihren *Studies in Dreams* aus dem Jahr 1921 viel über »Träume mit eigenem Bewusstsein«, nannte aber Van Eeden nicht. Erst 1936 erscheint ein etwas längerer Artikel über »Dreams in which the dreamer knows he is asleep«, in dem der Begriff »luzider Traum« übernommen wird.[24] Der Autor, Alward Brown, ein Philosoph, der in Harvard studiert hatte, verwendete seine eigenen Träume als Studienmaterial. Um zu testen, ob er wach sei oder träume, sprang er aus dem Stand in die Höhe, und wenn er dann ruhig nach unten schwebte, war es ein Traum. Er hatte dieselben Erfahrungen mit dem scheinbaren Erwachen wie Van Eeden. In einem Traum wollte er eine Taxifahrt bezahlen, suchte ein wenig Kleingeld zusammen, wurde wach, sah die Münzen auf dem Bettzeug liegen, nahm sie und erwachte dann erst tatsächlich – das Geld war futsch. Die Möglichkeit, in einem luziden Traum zu experimentieren, ohne wirklich Schaden anzurichten, drückte sich bei Brown ziemlich unheilvoll aus: Er wollte einmal wissen, wie es ist, jemanden zu ermorden. Über sein Motiv ließ er den Leser im Ungewissen, außer dass dieses Ergebnis »sowohl interessant als auch informativ sein könne«. Eines Nachts ergibt sich die Gelegenheit. Er träumt, dass er in einer Scheune steht, in deren Mitte sich eine gut sieben Fuß tiefe Grube befindet. Dort trifft er einen jungen Landstreicher und sagt diesem, er solle gehängt werden. Über der Grube baumelt bereits ein Strick mit einem Flaschenzug. Brown misst die richtige Länge ab. »You are about to enter the next world«, sagt er zu dem jungen Mann. Er empfindet zwar eine Aversion gegen das Experiment, würde es eigentlich lieber nicht durchführen, überlegt sich dann aber, dass es doch nur ein Traum ist. Offensichtlich ist man in einem Traum zur Introspektion in der Lage, schlussfolgert Brown noch im Traum. Der Traum geht weiter.

Der junge Mann hat sich gehorsam zu mir gestellt, um sich aufhängen zu lassen. Er springt hinunter, auf einen Stuhl, der auf dem Boden der Grube steht. »Er glaubt wohl, dass ich ihn hochziehe«, überlege ich, »er versteht offensichtlich nichts vom Aufhängen.« Ich sage ihm, er solle wieder hinaufkommen. Ich lege ihm den Strick um den Hals und – nachdem ich mich selbst mit dem Gedanken beruhigt habe, dies alles spiele sich ja doch nur in einer Traumwelt ab – hebe den jungen Mann hoch und werfe ihn in die Grube. Ich erwarte so halb und halb, dass sein Kopf durch den Schlag vom Rumpf getrennt werden wird, aber er ist nicht einmal tot. Er sitzt aufrecht auf dem Boden der Grube und fasst sich mit den Händen an den Hals. Offensichtlich hat er große Schmerzen. Während ich auf ihn hinunterschaue, werde ich wach. Ich habe auf meiner linken Seite gelegen. Es ist Viertel vor sieben. Ich brauche eine Stunde, um den Traum aufzuschreiben.[25]

Erst ein halbes Jahrhundert nach Van Eedens Vortrag wurde »luzider Traum« in den Sechzigerjahren zum festen Begriff für Träume, in denen einem bewusst ist, dass man träumt. Die britische Philosophin Celia Green sammelte 1968 eine große Zahl klarer Träume in ihrer Monografie *Lucid Dreams*.[26] In ihrem Buch gab es ein Vorwort von Henry Price, einem Veteranen aus der *psychical research* und ehemaliger Präsident der SPR. Auf der Thermik all dessen, was bewusstseinserweiternd und außersinnlich war, schwebten luzide Träume langsam, aber sicher in die Sphäre paranormaler Deutung. Green brachte Luzidität in den Zusammenhang mit Hellsehen, Telepathie und Seelenaustritt, übrigens ohne zu überzeugenderen Schlussfolgerungen zu gelangen als Van Eeden schon 1913. Aber die von so vielen Seiten angebotenen Träume – aus Umfragen, Traumtagebüchern und spontan zugeschickten Träumen – haben durchaus dazu beigetragen, so etwas wie eine Phänomenologie des luziden Traums zu skizzieren.

Das Bewusstsein zu träumen wird oft von einer Ungereimtheit hervorgerufen. Manchmal ist diese Ungereimtheit physischer Natur. Jemand träumte, er habe gesehen, wie ein Schlachtschiff von Männern *in* diesem Schiff durch die Straße geschoben wurde, das musste ein Traum sein.[27] Auch Fliegen und Schweben können Auslöser für Bewusstseinsklarheit sein: Ich schwebe, also träume ich. Umgekehrt probieren manche Träumer kurz aus, ob sie schweben können, um zu überprüfen, ob sie träumen. Frederic Myers stellte in einem seiner seltenen luziden Träume fest, dass sein Mobiliar verschwommen aussah, und wurde sich so bewusst, dass er träumte.[28] Ein anderes physisches Merkmal kann sein, dass man ein Echo hört, einen Hall, der den Ereignissen einen so unrealistischen Charakter verleiht, dass es sich um einen Traum handeln muss. Aber Luzidität kann auch durch psychologische Ungereimtheiten entstehen. Samuel Pepys schrieb im August 1665 in sein Tagebuch, er habe in der Nacht zuvor Lady Castlemaine in seinen Armen gehalten und sie habe ihm so viele Freiheiten zugestanden, dass ihm allmählich klar wurde, er müsse träumen. Dass Pepys einfach weiterträumte und nicht hellwach hochschreckte, ist auch verwunderlich, denn Lady Castlemaine war die Maitresse von Karl II.

Seltsamerweise kann die Luzidität durch eine physische oder psychische Ungereimtheit hervorgerufen werden, während sich der Träumende durch ein Universum bewegt, das gerade viel realistischer ist als in den meisten Träumen – keine sprechenden Kaninchen in luziden Träumen, keine Zwerge, beim Schweben gibt es keinen kreuzenden Flugverkehr von Feen oder Hexen, niemand verwandelt sich plötzlich in ein Eichhörnchen oder einen Baum. Physische Unmöglichkeiten, wie das Schlachtschiff, das von der Besatzung selbst durch die Straße geschoben wird, fallen gerade deswegen auf, weil der restliche Traum so plausibel ist. Der schwebende Träumer selbst ist oft das einzige pseudo-physische Element in einer ansonsten normalen physischen Welt. Was die Personen in Klarträumen sagen, passt zu dem, was sie im Wachzustand hätten sagen können, und sie sagen es mit ihrer eigenen Stimme. Manchmal scheint der Traum Zugang zu Erinnerungen zu verschaffen, die im Alltag nur schwer aufzurufen sind, beispielsweise, wenn der Träumende Familienmitgliedern oder Freunden begegnet, die noch so aussehen wie früher. Manche Traumjournalschreiber haben notiert, die Umgebung des Traums käme ihnen bekannt vor, als hätten sie früher schon einmal davon geträumt, während sie das Bild, sobald sie wach waren, mit keiner einzigen Erinnerung in Zusammenhang bringen konnten. Solche Erfahrungen sind unmöglich zu überprüfen, aber genau wie Erinnerungen an ein früheres Äußeres tragen sie zur Überzeugung bei, in luziden Träumen werde eine Welt gezeigt, die tagsüber unzugängliche Elemente enthält und sich dadurch *noch* realistischer anfühlt als die alltägliche Wirklichkeit.

Diese Überzeugungskraft hält den Klarträumer unbemerkt auch gefangen, wenn er träumt, er sei wach geworden. Dann scheint es überhaupt nichts mehr zu geben, das ihn darauf aufmerksam machen kann, dass er träumt. Schließlich hat er den Zweig noch in der Hand, die Münzen liegen auf dem Bett, sie sind mitgekommen aus dem »vorigen« Traum, alles stimmt. Manchmal trifft er jemanden, dem er erzählt, was er gerade geträumt hat. Erst wenn er wirklich aufwacht, entsteht das Bewusstsein, dass dies alles noch zum Traum gehörte. Sogar die »Experimente«, die ein Träumender in dieser Phase des Traums durchführt, um zu überprüfen, ob er auch tatsächlich wach ist, lassen ihn nicht entkommen. Jemand hatte sich vorgenommen, nach einem vermuteten Scheinerwachen zu versuchen, sich die Pläne für den folgenden Tag vor Augen zu führen. Das klappte ganz gut. Erst als er anschließend richtig erwachte, wurde ihm klar, dass diese geträumten Pläne nicht mit den spezifischen Plänen für den nächsten Tag übereinstimmten, aber durchaus zu dem passten, wie er in der Regel seine Tage verbrachte. Sie waren gerade überzeugend genug, um ihn in aller Arglosigkeit träumen zu lassen, er sei wach.[29]

Klarträume hinterlassen häufig schärfere Erinnerungen als normale Träume. Sie enthalten mehr Einzelheiten, die Traumgeschichte ist lückenloser, sie haben einen Verlauf, der sich nacherzählen lässt. In vielen Traumjournalen steht, sie fühlten sich eher wie eine Erinnerung an etwas wirklich Geschehenes an als an einen Traum. Die Ordnung in der Geschichte erhöht natürlich die Chance, dass gerade luzide Träume weitererzählt oder aufgeschrieben werden, wodurch sie auch wieder besser behalten werden, aber das kann nicht die ganze Erklärung sein. Normale Träume steigen manchmal erst im Laufe des Tages wieder auf, dank irgendeiner Assoziation, die ein Fragment aus dem Traum aktiviert. An Klarträume erinnert man sich sofort nach dem Aufwachen. Notieren oder Erzählen scheint nur eine Fährte zu vertiefen, die sowieso schon sichtbar war.

Fallen absurde Ereignisse in normalen Träumen meist erst hinterher auf, ist in luziden Träumen die Fähigkeit, über das Geschehen nachzudenken, teilweise intakt – teilweise, denn auch die Argumente in Klarträumen enthalten wunderliche Inkonsistenzen. Der Träumer scheint manchmal nicht mit sich einig, ob der Traum wirklich ein Traum ist. Einerseits führt die Überzeugung zu träumen zu Handlungen, auf die der Träumer im Alltag nicht käme: er stürzt sich in die Tiefe oder er versucht, einen Landstreicher aufzuhängen; andererseits sind da auch immer wieder Zweifel: wenn es doch kein Traum ist, dann werde ich am Boden zerschmettert oder ich habe einen Mord auf dem Gewissen. Der Realitätsgehalt des Traums ist manchmal so hoch, dass es *kein* Traum mehr zu sein scheint. Das zeigt sich auch in Erwägungen im Traum, die verraten, dass der Träumer seine Erlebnisse nicht als wirklich vom Wachleben unabhängig sehen kann. Frederic Myers erinnerte sich in einem luziden Traum, dass seine Frau nicht zu Hause war – was stimmte –, und machte sich dann auf die Suche nach einer Angestellten, um zu erzählen, dass er träumte. Das Bewusstsein zu träumen führte offenbar nicht zu der Erkenntnis, seine Frau könne *im Traum* durchaus zu Hause sein.[30]

Die Klarträume aus Celia Greens Sammlung bestätigten Van Eedens Schlussfolgerungen. Das Urteilsvermögen, das teilweise, aber nie in aller Schärfe funktioniert, der Wunsch zu experimentieren, ein Zeichen zu geben, die Überzeugungskraft des Scheinerwachens, die in groben Zügen ordentliche Traumgeschichte, der realistische Charakter des luziden Traums – das waren offensichtlich keine individuellen Eigenarten des Traumlebens von Van Eeden, sondern des Traumes selbst. Aber genauso wenig wie Van Eeden hatte auch Green nicht die geringste Idee, welche Faktoren für den luziden Traum verantwortlich waren. Waren es vielleicht physiologische oder neurologische Prozesse, die dem einen Traum einen luziden Charakter gaben und einem anderen nicht? Kommt es zu Variationen im luziden Traum durch Faktoren wie Schlafphase, Alter, Geschlecht oder Persönlichkeit? Erst als man Klarträumer ins Schlaflabor einlud, kam Bewegung in die Sache.

Morsezeichen

1980 erschien in einer psychologischen Fachzeitschrift eine Fallstudie über luzide Träume.[31] Der Autor, Stephen LaBerge, damals 33, wurde etwas früher im selben Jahr an der Stanford University in Psychophysiologie promoviert. Auch die Versuchsperson in der Fallstudie hieß Stephen LaBerge: Drei Jahre lang hatte er seine eigenen luziden Träume registriert, um herauszufinden, welche Faktoren ihre Frequenz beeinflussten. Spontane Klarträume sind ein recht seltenes Phänomen, weswegen sie sich für eine Untersuchung im Schlaflabor kaum eignen. Aber wenn ihre Häufigkeit erhöht werden kann, gelangen sie in den Bereich von Experiment und Messung, und genau das schwebte LaBerge vor. Den Arbeiten Van Eedens, Myers' und Greens war schon zu entnehmen, dass Motivation, das intensive Verlangen, klar zu träumen, leider keine ausreichende Bedingung war. Bei Van Eeden schien schon das Hoffen auf einen Klartraum – manchmal betete er regelrecht darum – zur Luzidität zu führen, aber Myers, der genauso gern luzide träumen wollte, hatte nur drei in zehn Jahren. LaBerge hatte als Fünfjähriger luzide Träume gehabt, Träume, die er in der nächsten Nacht sozusagen erneut träumen konnte, um die Geschichte fortzusetzen. Danach waren sie zwanzig Jahre lang ausgeblieben. In den Jahren vor dem Experiment hatte er höchstens einmal im Monat einen Klartraum. Als er mit der Registrierung begann, verwendete er während der ersten sechzehn Monate eine Art »Autosuggestionsmethode«, was hieß, dass er mit dem festen Vorhaben einschlief, in dieser Nacht zu träumen und sich in diesem Traum über sein Träumen bewusst zu werden. Das führte zu durchschnittlich etwa fünf Träumen pro Monat. Aber in dieser Phase gab es auch zwei Monate mit zwei- beziehungsweise dreimal so vielen luziden Träumen. Während der ersten schrieb LaBerge an einem Forschungsvorschlag für seine Dissertation über luzide Träume, während der zweiten war er Versuchsperson im Schlaflabor von Stanford und versuchte dort klar zu träumen.

In den nächsten vierzehn Monaten benutzte LaBerge eine Methode, die er selbst erfunden hatte: die Mnemonic Induction of Lucid Dreams (MILD). Wenn er morgens von selbst aus einem Traum erwachte, konzentrierte er sich darauf, sich die Traumgeschichte so gut wie möglich einzuprägen. Danach machte er eine Viertelstunde lang etwas, bei dem man wach bleiben musste, etwas lesen oder kurz aus dem Bett aufstehen, und versuchte dann wieder einzuschlafen mit dem Gedanken: »wenn ich gleich wieder träume, will ich mich erinnern, dass ich träume.«[32] Er visua-

lisierte sich selbst schlafend im Bett, mit den schnellen Augenbewegungen, die zum Träumen gehören, und setzte den vorherigen
Traum fort. So machte er seinem Gedächtnis klar, was es zu tun
hatte, sobald das Träumen begann. Das Ergebnis war spektakulär: die Frequenz stieg auf über zwanzig Klarträume im Monat, manchmal bis zu vier in einer Nacht. Sobald er mit MILD
aufhörte, ließ die Häufigkeit nach, wenn er erneut damit anfing,
wurde das Niveau von zwanzig Träumen wieder erreicht.

Die Experimente innerhalb und außerhalb des Labors bestätigten Van Eedens Beobachtung, luzide Träume stellten sich fast
ausschließlich gegen Morgen ein. Das könnte ein Teil der Erklärung dafür sein, weshalb man sie so gut behält: Sie sind nicht
von späteren Träumen »überschrieben«. Van Eeden hatte auch
behauptet, luzide Träume gehörten zum »tiefsten Schlaf«, wahrscheinlich weil sie für ihn einen so erquickenden Effekt hatten
und er wegen des häufigen Scheinerwachens manchmal so große
Mühe hatte, wirklich wach zu werden. Es muss sich für ihn ange-
fühlt haben, als kämpfe er sich beim Erwachen aus einer ganz tie-
fen Schicht empor. Aber physiologisch gesehen sind Klarträume
vor allem mit dem letzten Abschnitt des REM-Schlafs verbunden, wenn der Träumende einen relativ leichten Schlaf hat. Der
Traum fühlt sich vielleicht tief an, in Wirklichkeit ist die Klarheit
des luziden Traums aber ein Hinweis darauf, dass der Schläfer
fast wach ist. Während des REM-Schlafs ist die Motorik in viel
stärkerem Maße blockiert als während des Tiefschlafs, deswegen
konnte Van Eeden in seinen luziden Träumen singen, rufen und
gestikulieren, so viel er wollte, aber nichts davon drang bis in die
Außenwelt.

Was für Van Eedens erste und zweite Frau unmöglich an ihrem träumenden Ehegatten zu beobachten war, konnte in Schlaflaboratorien sehr wohl mit Geräten für die Registrierung subtiler
motorischer Reaktionen erfasst werden. In einer neuen Versuchsreihe entwickelte LaBerge eine Methode, mit der Klarträumer der
Außenwelt ein Zeichen geben konnten, dass sie gerade träum-

ten.[33] Fünf Versuchspersonen – geübte Klarträumer – klebte man für die Nacht Sensoren zur Registrierung von Gehirnaktivität, Augenbewegungen und Muskelaktivität an beide Handgelenke. Gemäß Vereinbarung sollten sie nach dem Eintritt der Bewusstseinsklarheit versuchen, ein Signal zu geben: Sie sollten träumen, dass sie ihre Augen so weit wie möglich nach oben drehten, und danach sollten sie abwechselnd rechts und links eine Faust bilden. Von insgesamt fünfunddreißig luziden Träumen – fast alle während der REM-Phase – gab es dreißig, bei denen sich der jeweilige Träumer nach dem Wecken erinnern konnte, ein Signal gegeben zu haben. Die Registrierungen wurden einem unabhängigen Gutachter weitergereicht, der in 24 Fällen die halbe Minute (aus rund acht Stunden Schlafregistrierung) aufzeigen konnte, in der die Versuchsperson träumte, dass sie ein Signal gab. Der Gutachter fand kein Signal, wenn sich die Versuchsperson nicht erinnerte, ein Signal gegeben zu haben, es gab also keine »false positives«. Mit einer der Versuchspersonen, einem gewissen S. L., war vereinbart worden, er solle nach der abweichenden Augenbewegung seine Initialen mit der rechten oder linken Faust morsen. Die Sensoren an seinen Handgelenken nahmen erst viermal links, dann einmal rechts und zum Schluss wieder zweimal links eine Aktivität auf. Die Fäuste wurden nur im Traum geballt, mit dem bloßen Auge war nichts zu erkennen. Etwa zwanzig Sekunden später wurde er wach. Die Frage, ob S. L. dann nicht schon beim Morsen ein klein wenig wach gewesen sei, parierten LaBerge und seine Kollegen mit der Feststellung, er habe – genau wie die anderen Versuchspersonen – alle physiologischen Standardkriterien für Schlafen erfüllt. Mit Augenbewegungen links-rechts-links-rechts als Signal – »normale« schnelle Augenbewegungen des REM-Schlafs sind kurz und zuckend – wurden LaBerges Ergebnisse in den Achtzigerjahren in verschiedenen Schlaflaboratorien bestätigt.[34]

Mit Befunden dieser Art lancierte sich LaBerge in eine Laufbahn, die ihn zum informellen Leiter der Erforschung luzider

Träume machen sollte. Die Experimente waren im angesehenen Sleep Research Center von Stanford durchgeführt worden. Seine Veröffentlichungen erschienen in führenden Zeitschriften. Einer seiner Koautoren war William Dement, Leiter des Labors und schon damals ein Veteran in der Schlafforschung.

Viele Experimente in Laboratorien, bei Workshops oder zu Hause im Bett mit einem Traumtagebuch auf dem Nachttisch zielten darauf ab, die Chance auf Luzidität zu erhöhen, normale Träume in Klarträume zu verwandeln und möglichst lange nach dem Einsetzen der Bewusstseinsklarheit weiterzuträumen. Das MILD-Verfahren aus dem Jahr 1980 gehört noch immer zu den Standardverfahren. Aber gleich danach kommt als einfachstes Hilfsmittel der Wecker. Die beste Empfehlung ist, den Wecker auf eine Stunde vor der üblichen Weckzeit zu stellen, eine halbe bis eine Stunde das Bett zu verlassen und dann zu versuchen, wieder einzuschlafen. Die Wahrscheinlichkeit eines luziden Traums sollte sich so um das Zwanzigfache erhöhen.[35]

Damit man im Traum zum Bewusstsein gelangt zu träumen, ist es wichtig, auf »Traumzeichen« zu achten, Situationen, die für das Träumen typisch sind, aber in Wirklichkeit selten oder nie vorkommen. Wenn Sie Königin Máxima (oder Angela Merkel) begegnen, ein angeregtes Gespräch mit ihr führen und sie Ihnen anvertraut, sie habe sich schon lange mit niemandem mehr so angenehm unterhalten – könnte es sein, dass Sie träumen. Auch beim Schweben, der Begegnung mit Verstorbenen oder wenn er plötzlich fließend Russisch spricht, sollte sich der Träumende sagen, dass er träumt. Es gibt verschiedene kleine Tests, mit deren Hilfe er feststellen kann, ob er träumt. Schaut er in den Spiegel und sieht sich nicht: Traum. Sieht er zweimal nacheinander auf die Uhr und sie zeigt beim zweiten Mal eine andere Zeit an: Traum. Liest er einen Text und beim zweiten Mal steht da etwas ganz anderes: Traum. Ist man sich erst einmal der Tatsache bewusst zu träumen, muss man zunächst dafür sorgen, nicht sofort vor Aufregung wach zu werden. Wer sich in der Traumgeschichte von Emotionen gleich welcher Art mitreißen lässt – Aggressionen, Angst, sexueller Begierde –, wird spüren, wie sich der Traum verflüchtigt, und im nächsten Moment mit einem Gefühl des Bedauerns erwachen. Wer spürt, dass der luzide Traum aufzuhören droht, bekommt von LaBerge den Rat zu träumen, man drehe sich schnell um die eigene Achse: Das werde im Gehirn ein Schwindelgefühl erzeugen, wonach der Traum wieder weitergehen könne.

Zu LaBerges Methoden und Techniken haben sich noch andere gesellt, wie posthypnotische Suggestion, Meditation oder externe Reize während des REM-Schlafs (Musik, Summer, eine Stimme, die sagt »Dies ist ein Traum«, oder ein kleiner elektrischer Schock auf das Handgelenk). Über ihre Effektivität ist nicht viel zu sagen. Ein neuerer groß angelegter Vergleich von 35 Studien, in denen zwölf verschiedene Methoden verwendet worden waren, um Luzidität herbeizuführen, hat das Bild nur noch diffuser werden lassen.[36] Der kleine Elektroschock erwies sich in einem Labor als sehr effektiv, aber in einem anderen wurde die Versuchsperson davon wach oder träumte schon vorher, sie hätte bereits einen kleinen Schock bekommen. Auch mit Summern, Lichtblitzen und posthypnotischer Suggestion wurden wechselnde Ergebnisse erzielt. Keine einzige Methode zeigte beständig Wirkung.

Versuche, luzide Träume mit Persönlichkeit, Geschlecht oder Kreativität in Zusammenhang zu bringen, gestalteten sich nicht wesentlich besser.[37] In Umfragen geben etwa 50 Prozent der Befragten an, hin und wieder einen Klartraum gehabt zu haben. Einer von vier hat sie mit einer Häufigkeit von einmal im Monat oder öfter. Studien in Schlaflaboratorien oder mit Traumtagebüchern kommen zur selben Frequenz. Weil das Niveau der Gehirnaktivität während luzider Träume ein wenig höher ist als bei normalen Träumen und eine höhere Aktivität auch mit Introvertiertheit zusammenhängt, hat man unterstellt, introvertierte Menschen neigten mehr zu luziden Träumen. Das war nicht der Fall. In vielen früheren Studien war zu finden, Frauen träumten häufiger klar als Männer und die Frequenz luzider Träume nehme mit dem Älterwerden ab. Aber die Häufigkeit von Klarträumen hängt stark damit zusammen, wie oft Menschen sich ganz allgemein an Träume erinnern, und diese Frequenz liegt bei Frauen höher und bei Älteren niedriger. Nach dieser Korrektur haben Männer und Frauen, jung oder alt, ungefähr gleich häufig Klarträume.[38]

Bei Versuchen mit Luzidität im Schlaflabor ist die motorische Aktivität während des »Morsens«, indem abwechselnd links und rechts eine Faust geballt wird, nicht sichtbar, aber messbar. In EEG-Untersuchungen entsprachen geträumte Bewegungen einer Aktivität in der sensorisch-motorischen Rinde, dem Teil des Gehirns, das echte Bewegungen steuert. Das suggeriert, dass Träume zu einem Teil dieselbe neuronale Maschinerie nutzen, die im wachenden Zustand aktiv ist. Eine Forschungsgruppe des Max-Planck-Instituts für Psychiatrie in München hat kürzlich versucht, die neurologischen Koordinaten des luziden Traums zu bestimmen.[39] Sie luden vier geübte Klarträumer ein, in einem MRT-Scanner zu schlafen. Obwohl ein solches Gerät einen Höllenlärm veranstaltet, gelang es allen vieren, einzuschlafen. Der Scanner war die ganze Nacht an, aber Aufnahmen wurden erst ab fünf Uhr morgens gemacht. Nur einer der Versuchspersonen war es gelungen, in zwei Nächten das vereinbarte Signal zu geben: horizontale Augenbewegungen, links eine Faust machen, wieder Augenbewegungen, rechts eine Faust machen. Das ergab zwei luzide Intervalle von ungefähr fünfzig Sekunden, die mit den etwa gleich langen Intervallen des nicht luziden REM-Schlafs verglichen werden konnten. Während der REM-Phase ist die Aktivität in Hirnstamm und Amygdala erhöht, während der präfrontale Kortex in dieser Phase weniger aktiv ist. Während der Bewusstseinsklarheit zeigten nicht weniger als zehn Gehirnbereiche eine erhöhte Aktivität. Dazu gehörten Teile des präfrontalen Kortex, beteiligt an der Koordination und Ausführung von Handlungen, aber auch an der Unterdrückung von Impulsen, und Teile des visuellen Bereichs im Hinterhauptslappen. Letzteres brachten die Forscher in Zusammenhang mit der größeren optischen Klarheit, die luzide Träumer häufig erfahren. Auch der Gehirnbereich, der für die Unterstützung des Arbeitsgedächtnisses zuständig ist, war aktiv, möglicherweise, weil sich die Versuchspersonen an das Morsen erinnern mussten. Der größte Unterschied in der Aktivierung zwischen luzidem und nicht luzidem REM-Schlaf zeigte sich in einem Gebiet, bei dem Studien ausgewiesen hatten, dass es für die Beurteilung eigener Gedanken und Gefühle wichtig ist, dem Schaltkreis also, der die Fähigkeit zur Introspektion unterstützt.

Obwohl die Daten nur von einer einzigen Versuchsperson stammen und nur die schon bekannten Merkmale von Luzidität so bemerkenswert vollständig und exakt in den Scans wiedergefunden wurden, scheint es doch so zu sein, dass während der Luzidität ein größerer Teil des Gehirns »eingeschaltet« ist und dem Träumenden dabei hilft, das Gefühl zu bekommen, er könne den Traum steuern. Diese Position, die Überzeugung, selbst Regisseur, Autor, Gestalter des Traums zu sein, trägt zu dem Gefühl von Glück und Selbstvertrauen bei, das häufig mit luziden Träumen verbunden ist. Zusammen mit den Flugträumen, die selbst wiederum häufig luzide sind, stehen Klarträume auf der angenehmen, wohltuenden Seite des Traumspektrums. Die Ironie will, dass die Methoden, die entwickelt wurden, um Luzidität hervorzurufen, sich auch in Träumen sehr willkommen zeigten, die sich auf der anderen Seite des Traumspektrums befinden.

Dämonen

Marquis d'Hervey wurde schon seit Wochen von einem wiederkehrenden Albtraum geplagt. Er befindet sich in einem großen Haus und wird von einer Meute widerwärtiger Monster verfolgt. Auf seiner Flucht durch ein Zimmer ins nächste hat er größte

Mühe, die Zwischentüren zu öffnen, und wenn er sie hinter sich schließt, hört er sie schon bald wieder aufgehen. Die Monster sind ihm dicht auf den Fersen. Sie stoßen abscheuliche Schreie aus. Als sie ihn fast greifen können, schreckt er auf, keuchend, in Schweiß gebadet. Der Traum wiederholt sich noch dreimal. Aber als er zum vierten Mal von den Monstern träumt, wird ihm plötzlich bewusst, dass er träumt, und er beschließt, nicht länger zu fliehen, sondern sich umzudrehen und den Monstern ins Gesicht zu sehen.

Ich starrte meinen Hauptbelagerer an. Er ähnelte diesen haarigen und grimassierenden Dämonen, die über den Eingängen der Kathedralen aus Stein gehauen sind. Akademische Neugier besiegte schon bald meine sonstigen Gefühle. Ich sah, wie das irre Monster ein paar Schritte vor mir anhielt, zischend und hüpfend. Nachdem ich einmal meine Angst überwunden hatte, wirkte es nur drollig, was es tat. Ich sah die Klauen an einer seiner Hände – Pfoten sollte ich wohl besser sagen. Es waren sieben Stück, jeweils sehr scharf umrissen. Die Züge des Monsters waren sehr genau und realistisch: Haare und Augenbrauen, eine Art Wunde auf seiner Schulter und noch viel mehr Einzelheiten. Ich könnte es bestimmt als eines der klarsten Bilder bezeichnen, das ich je in einem Traum gesehen habe. Vielleicht stammte dieses Bild aus einer Erinnerung an irgendein gotisches Flachrelief. Indem ich mich auf diese eine Gestalt konzentrierte, waren all ihre Trabanten wie durch Zauberhand verschwunden. Bald bewegte sich auch der Anführer langsamer, wurde diffuser und nahm ein flauschiges Äußeres an. Schließlich veränderte er sich in eine Art schwebendes Fell, wie die verschossenen Kostüme, die Bekleidungsgeschäfte während des Karnevals als Aushängeschilder verwenden.[40]

Van Eeden, der so viele Dämonenträume hatte, dass er ihnen eine spezielle Kategorie einräumte – »Träume der Klasse F« –, hatte dieselbe Erfahrung gemacht: Dank der Bewusstseinsklarheit konnte er im Traum den Mut aufbringen, die Konfrontation mit seinen Gegnern anzugehen und sie zu verjagen. In einem Albtraum war es die Kunst, so schnell wie möglich Luzidität zu erreichen, um dann der Geschichte eine andere Wendung zu geben. Weiter hinten in seinem Traumbuch notierte Van Eeden noch unzählige Träume mit Dämonen, aber immer mit der Anmerkung, er wisse, dass er nicht wirklich Angst vor ihnen zu haben brauchte.

Ein Jahrhundert später weiß man aus Umfragen, dass Menschen, die oft luzide träumen, auch verhältnismäßig häufig Albträume haben, sogar wenn man ihr gutes Gedächtnis für Träume berücksichtigt. Albträume werden im Übrigen wie Klarträume besser behalten als Träume anderer Kategorien. Dadurch laufen gerade Albträume Gefahr, sich zu wiederholen. Schon allein die Angst, noch einmal in eine so beklemmende Situation zu geraten, sorgt dafür, dass man sich auf das konzentriert, was man ganz sicher *nicht* träumen will. Ungewollt prägt man sich den Traum gerade deswegen besonders gut ein. Sobald in einem nächsten Traum auch nur eine Kleinigkeit vorkommt, die dem Geschehen im Albtraum ähnelt, wird gerade dieser Traum erneut aktiviert. Wiederholt sich dieser Prozess einige Male, ist entstanden, was man gerade vermeiden wollte: der wiederkehrende Albtraum. Marquis d'Hervey schrieb, schon das Träumen von einem Zimmer reichte aus, um die Angst hervorzurufen, die Monster könnten eindringen. Und im nächsten Moment war es schon so weit.

Der Gefahr zu entkommen geschieht über dieselbe unschlüssige Logik, die andere Erfahrungen in luziden Träumen kennzeichnet. In seiner Bewusstseinsklarheit überlegt sich der Träumende zum Beispiel, dass er seinen Verfolgern entkommen kann, wenn er sich selbst an einen anderen Ort träumt. Dabei bedenkt er *nicht,* dass die Gefahr gar nicht besteht und er deswegen auch nicht fliehen muss. Die Gefahr, obwohl sie geträumt ist, fühlt sich noch immer realistisch genug an, um sich einen

Verlauf auszudenken, in der sie nicht mehr schaden kann. Umgekehrt kann Gefahr einen Träumenden so ängstigen, dass dies gerade zum Auslöser für die Bewusstseinsklarheit wird: Was mir jetzt passiert, ist so beängstigend, das kann nicht echt sein, das muss ein Traum sein. Viele Studien der letzten zehn Jahre sind darauf gerichtet, was in diesen Träumen der nächste Schritt sein kann: die Traumgeschichte von der Gefahr wegführen oder beschließen, aufzuwachen und so den Traum zu beenden. Bewusstseinsklarheit wurde als therapeutisches Element in der Behandlung von Menschen entdeckt, die von anhaltenden Albträumen geplagt werden.

Albträume, häufig repetierender Art, gehören zu den Symptomen einer posttraumatischen Belastungsstörung (PTBS oder PTSD, Post Traumatic Stress Disorder). Die Träume handeln meist von dem Ereignis, das dieses Trauma verursacht hat – ein schlimmer Unfall, ein Brand, eine Vergewaltigung –, und werden durch ein ängstliches Erwachen kurz vor dem entscheidenden Moment beendet. Für das Training in Bewusstseinsklarheit ist die Wiederholung im Albtraum ein Glück im Unglück: Es vereinfacht die Identifizierung dessen, was LaBerge »Traumzeichen« nannte. Indem man sich den Verlauf des Albtraums auch tagsüber ab und zu vorstellt, wird der Träumer nachts schneller zu dem Bewusstsein gelangen, dass er träumt. Nach diesem ersten Schritt muss er Punkte im Traum identifizieren, an denen er dem Verlauf eine positive Wendung geben könnte. Eine entlang dieser Linien orientierte Studie mit 23 Menschen, die unter Albträumen litten, wies aus, dass die Zahl der Albträume durch dieses Training abnahm.[41]

California Dreaming

Eine der ältesten Beschreibungen eines Klartraums findet sich in einem Brief von Augustinus aus dem Jahr 415. Der Träumer war ein gewisser Gennadius, ein Arzt, der in Karthago arbeitete, sich zur Zeit des Traums jedoch noch zur Ausbildung in Rom aufhielt. Er zweifelte an der Möglichkeit eines Lebens nach diesem Leben. Wie konnte die Seele weiterbestehen, wenn der Körper gestorben war? In seinem Traum erscheint ein junger Mann, der ihn befragt. Wo befindet sich dein Körper jetzt? In meinem Bett, antwortet Gennadius. Weißt du, dass die Augen in diesem deinen Körper jetzt geschlossen sind und dass du mit diesen Augen nichts siehst? Das muss er bestätigen. Aber mit welchen Augen siehst du *mich* denn jetzt? Gennadius muss die Antwort schuldig bleiben. Er schweigt. Und dann erklärt ihm die Erscheinung, dass es so auch nach dem Sterben sein wird: Die körperlichen Augen sind für immer geschlossen, aber es wird noch immer Augen geben, mit denen du wahrnehmen kannst. Der luzide Traum war für Augustinus die perfekte Analogie für ein Weiterleben der Seele nach dem Tod des Körpers. Fünfzehn Jahrhunderte später war dies für den trauernden Van Eeden noch immer der Fall.

Für LaBerge liegt die Bedeutung seines Werks darin, wie der luzide Traum *dieses* Leben bereichern kann. Die Experimente im kalifornischen Schlaflabor von Stanford hätten uns die Erkenntnis gebracht, mit der wir in gewissem Sinne unser Leben verlängern können. Das Leben sei schon nur so kurz und dann verschliefen wir auch noch über ein Viertel davon! Was für eine Verschwendung: »Man verpasst Abenteuer und Erfahrungen, die den Rest des Lebens hätten bereichern können. Indem man in Träumen zu Bewusstsein gelangt, erweitert man seine Lebenserfahrung, und wenn man diese zusätzlichen Stunden an Bewusstseinsklarheit zum Training seines Geistes nutzt, kann man auch den Genuss der wachen Stunden vergrößern.«[42] LaBerge ist inzwischen so alt, dass er emeritiert ist, und leitet nun ein wahres Traumimperium. 1987 gründete er das Lucidity Institute, das eigene Publikationsorgane hat, den *Lucidity Letter* und *NightLight*. Man kann sich für neuntägige Workshops auf Hawaii anmelden oder Hilfsmittel bestellen, um luzide Träume hervorzurufen. Die NovaDreamer ist eine bequem sitzende Maske, die mit Sensoren ausgestattet ist, die schnelle Augenbewegungen aufspüren. In dem Moment sendet die Maske rote Lichtblitze aus, für den Träumer das Signal, klar zu werden. Meist, versichert LaBerge, werden diese Blitze auf natürliche Weise im Traum verarbeitet, der sich dann um Feuerfliegen, Verkehrsampeln oder Gewitter dreht. Von lucidity.com aus kann man alles Mögliche in den Einkaufskorb legen, das luzide Träume fördern und das Leben bereichern kann.

Einhundert Jahre nach Frederik van Eedens Vortrag gibt es noch immer die fast nicht zu entflechtende Verbindung mit dem Paranormalen, die jetzt ihren Ausdruck in Seelenaustritten, tibetanischem Traumyoga, Hypnose, Trance, New Age und Bewusstseinserweiterung findet. Auch die Angebote an Apps für luzide Träume vermitteln diese Stimmung. Wo Van Eeden beim Erwachen aus einem luziden Traum eine Analogie zum Sterben als Erwachen in einer höheren Wirklichkeit sah, ist der Klartraum heute ein Mittel geworden, das eigene innere Universum zu erforschen, die Kreativität zu befreien, die persönlichen Probleme anzugehen und das Selbstvertrauen zu stärken. Das sind noch immer euphorische Ideale, aber ihrem Charakter nach etwas amerikanischer als das, was Augustinus in Karthago oder Van Eeden in Bussum vorschwebte.

7. Die wunderschönen blauen Augen von Professor Brücke.

Über die Farbe von Träumen

Es scheint die simpelste Frage, die man sich selbst stellen kann: Träume ich in Schwarz-Weiß oder in Farbe? Wenn Träume überwiegend aus Bildern bestehen, einer ganzen Serie von Filmbildern, wie oft beschrieben, kann es doch nicht so schwierig sein, sich daran zu erinnern, ob man in dieser nächtlichen Vorführung einen Film in Schwarz-Weiß oder in Farbe gesehen hat? Das ist eine Frage, die bestimmt schon seit einem Jahrhundert immer wieder in Umfragen über Träume gestellt wird, und es gibt eine im Umfang wechselnde, aber nie ganz verschwindende Kategorie von Menschen, die darauf mit einem »das weiß ich nicht« antworten muss. Damit ist nicht gesagt, dass der Rest es genau weiß, denn oft bleibt in den Antworten eine Hintertür offen, wie »meistens in Schwarz-Weiß, glaube ich« oder »ich glaube, dass ich ab und zu von etwas Buntem geträumt habe«. Manchmal verursacht allein schon die Frage so viel Verwirrung, dass die Befragten mehrfach die Position wechseln. Zwei amerikanische Psychotherapeuten hatten in ihrer Umgebung einige Personen danach gefragt. Ein »K. R.« sagte, er sei sich anfänglich gar nicht bewusst gewesen, dass in seinen Träumen Farben vorkommen könnten, aber nachdem die Möglichkeit einmal im Raum stand, habe er tatsächlich die entsprechenden Farben bemerkt. Und jetzt könne er sich gar nicht mehr vorstellen, wie ein Traum in Schwarz-Weiß aussehen könne, wenn er jetzt in Schwarz-Weiß träumte, wäre das so verrückt und unnatürlich, dass es ihm sofort auffiele: »Wenn wir träumen, scheint alles vollkommen real und unsere Vorstellung von Wirklichkeit umfasst auch die natürliche Farbe von Dingen, wie wir sie tagsüber sehen.«[1] Er fand schließlich eine Antwort, aber am Ende seiner introspektiven und deduktiven Übung war der Farbtraum genauso logisch und selbstverständlich wie kurz zuvor noch der Traum in Schwarz-Weiß.

Ehrlich gesagt kann ich mich K. R.s Verwirrung nur anschließen. In meinem »Prüfungstraum« (S. 96) kam ein gelbes Spielzeug-Entchen vor – auf den ersten Blick ein deutliches Beispiel für ein Farbelement in meinem Traum. Aber als ich mir den Traum wieder vor Augen zu führen versuchte, war ich mir nicht mehr so sicher, ob ich die Ente wirklich in Gelb *gesehen* hatte oder ob es eher das *Wissen* war, dass diese Ente nun mal gelb ist, in etwa so, wie man eine Banane in einem Schwarz-Weiß-Film als gelb sehen wird, obwohl es sich bei dem optischen Reiz um einen Grauwert handelt. Man kann problemlos ins Zweifeln darüber geraten, was man denn im Traum nun eigentlich »gesehen« hat.

Für überzeugte Schwarz-Weiß-Träumer ist diese Erfahrung so evident, dass sie mit Erstaunen die Farben in den Träumen anderer zur Kenntnis nehmen. Die Farbträumer ihrerseits wundern sich über Träume in Schwarz-Weiß. In den Traumberichten von Frederik van Eeden gibt es Hunderte von Hinweisen auf Farben. In einem Traum über eine Unterrichtsstunde in Anatomie sieht er auf dem Seziertisch ein enthäutetes gelbes Bein liegen. Unter dem Tisch steht eine grüne Waage. In einem anderen Traum sieht er sich selbst in einem seltsamen Badeanzug aus grünem Plüsch, in Rot eingefasst. Er träumt von den braunen Augen seines Hundes, den gelben Krallen einer Eule. Oder er träumt, dass Kollege Van Renterghem mit einer Zauberlaterne hantiert und ihm eine hellgrüne Projektion zeigt.[2] Nirgends in diesem Bericht über ein halbes Jahrhundert des Träumens und Philosophierens über Träume ist auch nur eine Bemerkung zu finden, die suggeriert, er könne Farben für eine besondere Eigenschaft seiner Träume gehalten haben. Sie müssen ihm vollkommen selbstverständlich gewesen sein. Aber für andere ist es genauso offensichtlich, dass sich Träume aus Grauwerten zusammensetzen, dass sie »den Stummfilmen von früher ähneln, ohne Ton oder Technicolor«.[3] Cineasten wiederum scheinen diesen Vergleich manchmal wieder verfilmen zu wollen: Eine Konvention zur Markierung eines Traumbeginns im Film ist der Wechsel zu Schwarz-Weiß.

Ob das zur Mehrheit der Träumer passt, ist noch fraglich. Umfragen über Träume in Schwarz-Weiß oder Farbe haben nie etwas anderes als große Variationen der Ergebnisse erbracht. Oft sind sie schon aufgrund der Formulierung der Frage nicht vergleichbar. Die Frage »Träumen Sie in Farbe?« wird jemand vielleicht nur dann mit Ja beantworten, wenn der *ganze* Traum in Farbe war oder wenn der oder die Befragte *immer* in Farbe träumt. Die Frage: »Sehen Sie manchmal Farben in Ihrem Traum?«, ist bescheidener und wird häufiger bestätigt. In einer Umfrage zählt man die Träumer, die Farben sehen, in einer anderen die Träume selbst. Manchmal werden Traumjournale auf Farbhinweise durchforstet, ein anderes Mal werden Träumer geweckt und nach eventuellen Farben in ihrem Traum befragt. Letzterer Studientyp hat inzwischen verdeutlicht, dass Farben, wenn sie denn in Träumen vorkommen, in der REM-Phase auftreten. 1962 berichteten die Pioniere der experimentellen Träume in Schlaflaboratorien, dass nicht weniger als 83 Prozent der Träume Farben enthielten, wenn sie ihre Versuchspersonen zeitnah zu einem Traum weckten.[4] Das Verstreichen der Zeit ist nicht gut für die Farben im Traum: Befragte man Versuchspersonen erst morgens nach dem Aufwachen zu ihren Träumen, sank die Zahl der Farbhinweise auf unter 25 Prozent. Spätere Studien kamen auf vergleichbare Prozentsätze.[5] Es scheint also, als würden Träume in der Erinnerung an Farbe verlieren, obwohl, wie sich zeigen wird, auch andere Interpretationen dieser Ergebnisse möglich sind.

Die Erforschung von Farbe oder Nichtfarbe in Träumen berührt auch das Thema Technologie der visuellen Medien. Schon seit Langem werden Träume in Begriffen beschrieben, die der Zauberlaterne, der Fotografie, dem Film oder Fernsehen entliehen sind. Umgekehrt könnten Eigenschaften dieser Medien Traumberichte oder sogar die Träume selbst beeinflussen. Manche Forscher behaupten, die Antwort auf die Frage, ob man in Schwarz-Weiß oder Farbe träume, variiere historisch je nach den Eigenschaften der visuellen Medien, mit denen man aufgewachsen sei. Diese Frage bewegt sich irgendwo zwischen Philosophie und Psychologie. Denn was ist das eigentlich für ein »Bild«, das wir im Traum vor uns sehen, wenn wir nur mit so großer Mühe sagen können, ob es bunt ist oder schwarz-weiß? Kann man es dann überhaupt als Bild bezeichnen? Und die tiefer greifende Frage ist vielleicht sogar, wie Menschen ihre Träume beschrieben, bevor Fotografie, Film und Fernsehen die visuelle Welt in Schwarz-Weiß und Farbe trennten. Wie alt ist diese Zweiteilung *selbst* eigentlich?

Technicolour Dreams?

1915 gab der Psychologe Madison Bentley fünf Studenten eines Priesterseminars eine Kerze, Streichhölzer, Papier, Bleistift, einen versiegelten Briefumschlag und einen Wecker mit für die Nacht.[6] In dem Umschlag fanden sie einen Plan, dem sie entnehmen konnten, auf wie viel Uhr sie ihren Wecker während der nächsten vierzehn Tage stellen sollten. Das war einer der frühesten Versuche, der Traumforschung eine experimentelle Wendung zu geben. Wenn der Wecker klingelte, sollten sie die »introspektive Haltung« annehmen: nicht bewegen, Augen geschlossen, ruhig warten, bis der Traum sich wiederholte. Tat er es nicht, brauchte die Versuchsperson nur den Zeitpunkt zu notieren und konnte weiterschlafen. Aber wenn sich einer der Studenten an einen

Traum erinnerte, musste er einen Fragebogen ausfüllen, der ihn noch eine Weile vom Schlafen abhalten sollte: Inhalt, begleitende Emotionen, Kontinuität, Personen im Traum, ihre Aktivitäten, Tagesreste, körperliche Reaktionen, der Anteil von Bildern oder Geräuschen, Klarheit, Farben, Zusammenhang mit Wünschen oder Ängsten, Geschwindigkeit und noch eine ganze Reihe anderer Merkmale des Traums. Zwei Wochen später verfügte Bentley über 54 Träume. In elf Träumen kamen Farben vor, die übrigen hatten sich in Grautönen abgespielt. Der farblose Traum war die Regel.

1942 hatte sich dieses Verhältnis noch wenig verändert. Warren Middleton legte 277 Studenten einen Fragebogen zu ihrem Traumleben vor.[7] Auf die Frage »Sehen Sie Farben in Ihren Träumen?« antworteten rund 70 Prozent mit »selten« oder »nie«. Frauen gaben häufiger als Männer an, in Farben zu träumen, ein Ergebnis, das von späteren Studien bestätigt wurde. Auffallend häufig – aber vielleicht war das auch etwas, das Middleton von Frauen erwartete – standen die Farben im Zusammenhang mit Kleidung. In den Beispielen, die er zur Illustration seiner Tabellen wählte, träumten Frauen von ihrer eigenen Kleidung oder der ihrer Freundinnen in Farbe. Auch die Tagesreste handelten von Kleidungsfarben: »Meine Traumfarben haben immer etwas mit Kleidung zu tun, meistens Abendkleider in Pastelltönen. Nachdem ich den Film ›Sweethearts‹ gesehen hatte, träumte ich oft von all diesen schönen Kleidungsstücken, vor allem dem roten Hut, den Jeanette MacDonald trug.«[8] »Sweethearts« war ein unglaublich beliebter Musicalfilm von 1938, einer der ersten Filme in »Technicolour«.

Etwa sechzig Jahre später beschloss der Philosoph Eric Schwitzgebel, Middletons Studie noch einmal durchzuführen.[9] Sein Wiederholungsversuch war von der Neugier auf die subtilen Zusammenhänge zwischen Träumen, Traumberichten und den visuellen Technologien getrieben, mit denen Träume häufig verglichen werden. Könnte es sein, dass Menschen, die mit

Film und Fernsehen in Schwarz-Weiß aufgewachsen sind, andere Traumerfahrungen haben – oder anders darüber berichten – als Menschen, die Film und Fernsehen immer in Farbe gesehen haben? Schwitzgebel legte 124 Studenten im Jahr 2001 genau dieselbe Frage vor wie Middleton 1942: »Sehen Sie Farben in Ihren Träumen?«

Das waren die Ergebnisse:

	2001	1942
	%	%
sehr oft	27	3
oft	26	7
manchmal	23	19
selten	13	31
nie	4[10]	40

1942 kam es fast nie vor, dass jemand »sehr oft« Farben in seinem Traum sah, 2001 war dies die häufigste Antwort. Die Tabelle war genau umgeklappt. Schwitzgebel schlussfolgerte nicht, dass die Träume selbst von Schwarz-Weiß zu Farbe verschoben seien, sondern hält die Möglichkeit offen, das Aufkommen von Farbe in visuellen Technologien wie Film und Fernsehen habe die *Wahrnehmung* des eigenen Traums beeinflusst. In einer späteren Studie hat er die Umfragen aus 1942 und 2001 mit den Umfragen unter drei Gruppen chinesischer Studenten verglichen.[11] Diese Gruppen stammten aus Städten oder vom Land und hatten sehr unterschiedliche Erfahrungen mit Medien wie Film oder Fernsehen. Das Ergebnis war fast zu schön, um wahr zu sein: Je länger Studenten mit Farbmedien zu tun gehabt hatten, desto häufiger berichteten sie von Farben in ihren Träumen.

Inzwischen kursiert alle paar Jahre die Geschichte, Ältere würden viel seltener in Farbe träumen als Jüngere, weil sie noch in einer Welt von Schwarz-Weiß-Medien aufgewachsen seien.[12] In einem Vergleich zweier großer Umfragen aus den Jahren 1993 und 2009 zeigte sich, dass 80 Prozent der Personen unter dreißig Jahren angaben, manchmal in Farbe zu träumen. Bei den über Sechzigjährigen war dies auf etwa 20 Prozent gesunken.[13] Leider weiß man bei diesem Ansatz nie, ob es sich hierbei um einen Generationen- oder einen Alterseffekt handelt: Haben die über Sechzigjährigen früher viel Zeit vor ihrem Schwarz-Weiß-Gerät verbracht oder träumt man beim Älterwerden weniger in Farbe? Die Versuchspersonen, die diese Frage beantworten könnten, müssen erst noch alt genug werden.

Eine Schwierigkeit bei aller Forschung dieser Art ist, dass der Verlauf zwischen der Erfindung einer visuellen Technologie und ihrer Verbreitung in der Öffentlichkeit äußerst diffus ist. Die Farbfotografie wurde 1861 erfunden, aber es sollte noch dreißig Jahre dauern, bevor Farbfotos produziert werden konnten, und weitere zwanzig, bevor Farbfotos so verbreitet waren, dass fast jeder sie mal gesehen hatte. Bis die Leute selbst die ersten Farbfotos schossen, war die Technik bereits einhundert Jahre alt. Der Film war im ersten halben Jahrhundert seiner Existenz schwarz-weiß; das erste Farbfilmsystem stammte zwar aus dem Jahr 1915 (»Technicolour«), aber 1950 wurde nur einer von acht Filmen in Farbe gedreht. Erst gegen Ende der Fünfzigerjahre wurde der Farbfilm Standard im Kino. Das Fernsehen, das in derselben Zeit seinen Einzug in die Wohnzimmer erlebte, war schwarz-weiß. Die ersten Farbfernseher tauchten vermehrt erst in den Siebzigern auf und danach kamen Kommentatoren bei Fußballübertragungen den Zuschauern mit Schwarz-Weiß-Geräten noch gut zehn Jahre lang entgegen mit »in den hellen Hosen ...« Weil sich die Einführung dieser verschiedenen Bildtechnologien auch noch überlappte, war es fast unmöglich, über die visuelle Erfahrung einer Person während einer bestimmten Epoche etwas Ausschlaggebendes zu sagen. Wer um 1963 ein Traumtagebuch führte, wird im Kino Farbfilme angesehen haben und zu Hause ein Schwarz-Weiß-Gerät besessen haben. Das macht es schwierig, die Farbe seines Traumlebens überzeugend mit den visuellen Medien seiner Zeit in Verbindung zu bringen.

Bieten dann vielleicht die Statistiken Aufschluss? Die Website dreambank.net ist eine sehr umfassende Traum-Datenbank für Träume, die vor allem von Träumern aus Amerika, Europa und Südamerika bestückt wird. Die ältesten Träume stammen aus dem Jahr 1912, täglich kommen neue hinzu. Die Traumsammlung kann bequem nach Stichworten durchsucht werden. Robert Hoss kombinierte 25 222 Träume von dreambank.net mit weiteren 12 841 Träumen von acht Personen, die schon seit sehr langer Zeit ein Traumjournal führten. Die insgesamt 38 063 Träume enthielten 12 227 Hinweise auf Farbe.[14] Er konzentrierte sich auf eine mögliche Beziehung zwischen Eigenschaften visueller Medien und Träumen und stellte zunächst fest, dass in 500 Träumen von Studentinnen, die zwischen 1945 und 1950 gesammelt worden waren, nicht signifikant weniger Hinweise auf Farben vorkamen als in 3900 Träumen von Frauen, die nach 1980 gesammelt worden waren. In beiden Gruppen wurde in etwas mehr als einem Viertel aller Träume von Farben berichtet. Anschließend verglich er 2458 Träume von Personen, die vor 1940 geboren waren, mit 1584 Träumen von Personen, die nach 1960 geboren waren. Er fand nur einen kleinen Unterschied, und der ging auch noch in die andere Richtung: Jüngere Träumende hatten etwas häufiger Verweise auf Schwarz-Weiß, weniger auf Farbe. Die Schlussfolgerung, schrieb Hoss, müsse somit lauten, dass sich das Traumleben bezüglich Farbe oder Schwarz-Weiß im vergangenen Jahrhundert nicht wesentlich verändert habe.

Zu all diesem umfänglichen Zahlenwerk passt eine kleine, aber leider auch ziemlich zersetzende Randbemerkung: Gerade bei Farben könnten die Diskrepanzen zwischen dem Traum und dem Traumbericht durchaus größer sein als bei anderen Traumelementen. Der Grund ist einfach: In Traumberichten fehlt, was für sich selbst spricht. Der Psychoanalytiker Stuart Miller ärgerte sich schon 1964 über die Schlussfolgerungen seiner Kollegen in

Bezug auf die Farben, die in Traumberichten genannt wurden, während man zugleich keine Ahnung hatte, welche Farben die Träumer wegließen.[15] Er nennt das Beispiel eines Mannes, der geträumt hatte, er habe den Schlüssel genommen, die Garagentür geöffnet und sei in sein Auto gestiegen. Darin gibt es keinen Hinweis auf Farbe. Aber auf Nachfragen würde der Mann vielleicht erzählen, dass der Schlüssel silberfarben und die Garagentür grün gewesen sei, ebenso wie das Auto. Für die Geschichte an sich seien diese Einzelheiten jedoch unwichtig. Kahn und seine Kollegen hatten 1962 in ihrem Schlaflabor entdeckt, dass spontane Traumberichte zu etwa 25 Prozent Farbhinweise enthielten; dieser Prozentsatz stieg auf 83, wenn man die Versuchspersonen zu ihren Träumen befragte und sich dabei auch nach den Farben erkundigte. Das erstaunte Miller gar nicht. Aber der Grund liegt nicht darin, dass Farben im Traum in der Erinnerung verblassen, wie Kahn dachte. In spontanen Traumberichten werden die Farben einfach häufiger weggelassen. Auch die 12 227 Farbhinweise in den 38 063 Traumberichten von Hoss werden keine ganz präzise Widerspiegelung dessen sein, was wirklich geträumt wurde.

Die Farbpalette der Traumsammlung

Das Befreiende von Statistiken ist, dass sie manchmal Muster freilegen, die in Studien geringeren Umfangs nicht auffallen. Dank Hoss und seiner ozeanischen Datenbank ist auch bekannt, in *welchen* Farben Menschen träumen – oder zumindest: Welche Farben im Traumbericht auftreten. In einer Versuchsstudie kamen Farbbezeichnungen wie Scharlach, Ocker oder Safran so selten vor (deutlich unter einem Prozent), dass sie weggelassen werden konnten. Schwarz und Weiß wurden wie Farben behandelt. In nachfolgender Auflistung ist die Häufigkeit der Farben, die als Stichwörter dienten, in Prozent angegeben.

	%
Weiß	20
Schwarz	20
Rot	15
Blau	10
Gelb	10
Grün	10
Braun	6
Grau	4
Orange	3
Violett	2

Dieses Farbmuster – Schwarz und Weiß, die deutlich herausragen, danach Rot, gefolgt von drei Farben, die dicht beieinanderliegen, Blau, Gelb und Grün – war auffällig konsistent. Egal, welche Träume man miteinander verglich, die Unterschiede in der Reihenfolge der Farben und ihrer Prozentsätze blieben minimal. Frauen träumten nicht in anderen Farben als Männer, Journalschreiber nicht anders als die Träumer von dreambank.net, ältere Träumende nicht anders als junge. Aber warum gerade *dieses* Muster? Spiegeln die Farben in den Träumen vielleicht die Lieblingsfarben der Träumer wider? Diese Erklärung konnte Hoss ausschließen. Natürlich waren die Lieblingsfarben der Lieferanten für 38 063 Träume nicht feststellbar. Aber aus Marketingstudien ist bekannt, dass sowohl Männer als auch Frauen am häufigsten Blau als Lieblingsfarbe nennen, der Prozentsatz liegt bei Männern etwas höher als bei Frauen, aber er bewegt sich auch bei Frauen um die 40 Prozent. In Träumen liegen die Hinweise auf Blau bei gerade mal zehn Prozent. Violett steht in so gut wie jeder Top vier der Lieblingsfarben, während diese Farbe in Träumen knapp zwei Prozent erzielt. Rot dagegen hat in der Liste der beliebtesten Farben nicht die prominente Position, die sie in Träumen hat.

Eine andere Erklärung, der Hoss nachging, ist ein möglicher Zusammenhang mit der Neurologie der Farbrezeption. Das Gehirn verarbeitet die Information aus dem Auge in drei unabhängigen Systemen, nämlich für Rot-Grün, Blau-Gelb und Schwarz-Weiß. Diese sechs Farben sind die elementaren Bestandteile, aus denen das Gehirn die übrigen Farben mischt. Das sind auch genau die sechs meistgenannten Farben in Träumen. Dass Rot, Blau, Grün und Gelb zusammen auch die »psychologischen Primärfarben« genannt werden, passt zur neurologischen Einrichtung der Farbwahrnehmung.[16] Die beiden Formen von Farbenblindheit, die am häufigsten vorkommen, sind Rot-Grün und Blau-Gelb. Menschen, die von Geburt an farbenblind sind oder es in früher Jugend wurden, fehlen diese Farben auch in ihren Träumen.

In einem vollkommen anderen Forschungszusammenhang als dem von Träumen hat man eine Hierarchie entdeckt, die auf suggestive Weise mit dem von Hoss gefundenen Muster der Traumfarben übereinstimmt. In der linguistischen Anthropologie hat man schon in den 1970er-Jahren festgestellt, dass sich die Zahl der Grundfarben, die in Sprachen unterschieden werden, von zwei bis elf bewegen kann.[17] Sprachen, die nur über zwei Farbbegriffe verfügen, wie die Sprache der Dani auf Neuguinea, unterscheiden nur Schwarz und Weiß. Bei Sprachen, in denen drei Farben unterschieden werden, kommt immer Rot dazu. Bei vier Farben entweder Grün oder Gelb, bei fünf Farben Grün und Gelb. Danach erscheint Blau, dann Braun. Zwischen den sonstigen vier Farben – Violett, Rosa, Orange und Grau – gibt es keine feste Reihenfolge. Das bedeutet, dass die Reihenfolge der sieben meistgenannten Farben in Traumberichten exakt mit der Reihenfolge übereinstimmt, in der verschiedene Sprachen der zunehmenden Verfeinerung der Farbunterscheidung Ausdruck verleihen.

Das Trügerische an Statistiken ist, dass persönliche Eigenheiten individueller Träumer darin untergehen. Das Traumjournal, das Van Eeden zwischen 1889 und 1923 führte, enthielt rund tausend Träume.[18] 312-mal nannte er eine Farbe. Die Farben in seinen Träumen weichen von dem Muster ab, das Hoss fand. Die häufigste von ihm genannte Farbe ist Blau – 84-mal, das entspricht 27 Prozent aller Farbangaben. Und dies ist seine Liste:

	%
	%
Blau	27
Grün	21
Weiß	11
Braun	10
Rot	8
Schwarz	7
Gelb	5

Die restlichen elf Prozent verteilen sich auf Farben, die Van Eeden nur ein- oder zweimal nannte, wie Orange, Purpur, Bronze und Gold. Das ist eine ganz andere Palette als das vorherrschende Muster, das Hoss in seiner Sammlung aus 38 063 Träumen identifiziert hatte, und es stimmt schon gar nicht damit überein, wie auch in Van Eedens Kopf die neurologische Verdrahtung der Farbwahrnehmung gewesen sein wird. Bei ihm sind es nicht Schwarz und Weiß, die alles überragen, sondern Blau und Grün. Die Vorherrschaft von Rot fehlt bei ihm. Violett entspricht im dominanten Muster zwei Prozent, bei Van Eeden fehlt diese Farbe. Woher kommen diese Abweichungen?

Van Eeden hatte ein sehr ausgeprägtes Interesse für die Luzidität seiner Träume. Oft war es das Erste, was er notierte, ob der Traum »klar« gewesen sei oder nicht. Über seine luziden Träume schrieb er die längsten Berichte. Viele seiner luziden Träume waren zugleich auch Flugträume. Anders als Goethe, der beim Fliegen in aller Ruhe drinnen blieb, war Van Eeden ein Draußenmensch, fast all seine Flugträume spielten sich im Freien und bei sonnigem Wetter ab, fast das ganze Jahr hindurch. Die 84 Hinweise auf Blau sind fast alle mit dem blauen Himmel verbunden, in dem er schwebt. Auch die 65-mal Grün verweisen auf das Leben im Freien: das Grün der Felder, der Weiden, der Wälder. Van Eedens Farbpalette war die eines Naturfreundes.

Krankhaft blau

Nicht nur in Van Eedens Träumen ist das Gras grün und der Himmel blau. In fast allen Träumen stimmen die Farben mit natürlichen Farben überein. Sie richten sich nach Geschichte und Dekor, so scheint es, ohne selbst Bedeutung zu haben. Letzteres war auch Freuds Auffassung. In vielen seiner Träume kamen Farben vor, aber wie Van Eeden fand er das nicht der Rede wert. Eines Nachts träumt er, er sei zum Labor von Professor Brücke gegangen, seinem verehrten Dozenten für Physiologie.[19] In einem zweiten Traum sieht er seinen Freund Fließ im Gespräch mit einem anderen Freund, einem gewissen P. Dieser P. war in Wirklichkeit bereits verstorben und am Ende des Traums, schreibt Freud »sehe ich P. durchdringend an, unter meinem Blicke wird er bleich, verschwommen, seine Augen werden krankhaft blau – und endlich löst er sich auf«.[20] Das Blau dieser Augen konnte Freud durchaus einordnen:

Diese Szene ist die unverkennbare Nachbildung einer wirklich erlebten. Ich war Demonstrator am physiologischen Institut, hatte den Dienst in den Frühstunden, und Brücke hatte erfahren, daß ich einige Male zu spät ins Schülerlaboratorium gekommen war. Da kam er einmal pünktlich zur Eröffnung und fing mich ab. Was er mir sagte, war karg und bestimmt; es kam aber gar nicht auf die Worte an. Das Überwältigende waren die fürchterlichen blauen Augen, mit denen er mich ansah, und vor denen ich verging – wie P. im Traum, der zu meiner Erleichterung die Rollen verwechselt hat. Wer sich an die bis ins hohe Greisenalter wunderschönen Augen des großen Meisters erinnern kann und ihn je im Zorne gesehen hat, wird sich in die

Affekte des jugendlichen Sünders von damals leicht versetzen können.[21]

Auch von einem anderen Traum, bekannt als »Das Frühstücksschiff«, konnte er alle Farben auf etwas zurückführen, das er wirklich gesehen hatte, das Dunkelrot stimmte mit den großen Spielsteinen im Ankersteinbaukasten überein, mit der seine Kinder am Tag zuvor gespielt hatten, das Blau und Braun mit den kleinen Steinen, dazu gesellten sich die Farbeindrücke der letzten italienischen Reisen. »Die Farbenschönheit des Traums«, schloss er, »war nur eine Wiederholung der in der Erinnerung gesehenen.«[22] Für die Analyse des Traums hatten die Farben keine besondere Bewandtnis. Aus Freuds Sicht durften sie bei der Deutung ruhig außen vor bleiben.

Damit haben sich andere Generationen von Psychoanalytikern nicht begnügt. 1954 erschienen etliche Artikel über Farben in Träumen, die sich aber weniger um die Deutung spezifischer Farben drehten. Psychoanalytiker beschäftigte mehr die Bedeutung des Auftretens und Verschwindens von Farben für die Interpretation des latenten Traumgedankens. Victor Calef glaubte, es läge an der Intervention des »Zensors«, dass Träume so vage seien und man so schnell vergessen würde, dass Stücke daraus fehlten, und in diesen Zusammenhang passe auch das Fehlen von Farbe. Farbe differenziere, helfe, Traumelemente besser unterscheiden zu können, die Entfernung von Farbe lasse sie wieder unsichtbar werden: »Die Schwarz-Weiß-Bilder der meisten Träume sind ein Hinweis darauf, dass der Zensor eingegriffen hat, indem er die Gedanken und Wünsche des latenten Traums verschleiert.«[23] Mit anderen Worten, Zensur kann nach Belieben die Farben aus dem Traum »herausdrehen«. Umgekehrt könne das Auftreten von Farbe bedeuten, dass verdrängtes Material doch am Zensor vorbeigeschlüpft sei. Ein anderer Psychoanalytiker besprach den Traum eines jungen Patienten. Der steht gemeinsam mit seinem Vater an einem See und betrachtet mit Respekt die ihn umgebenden Berge. »In diesem Moment bekam die ganze Szene Farbe, bis dahin war alles Schwarz-Weiß gewesen. Der See war wunderbar blau, die Felsen und Berge gräulich, schwarz und braun, der Himmel war bewölkt.«[24] Es unterlag dem fachlichen Können des Analytikers, herauszufinden, wie diese Szene mit dem latenten Traumgedanken verbunden war.

Farben, die für Schwarz-Weiß ihren Platz räumen, Schwarz-Weiß, das Farbe Platz macht, woran erinnert das?

Auf jeden Fall auch an die Konventionen von Cineasten, eine Traumsequenz durch den Wechsel auf Schwarz-Weiß zu verdeutlichen, eine Konvention, die ja erst durch das Aufkommen des Farbfilms in den Fünfzigerjahren ermöglicht wurde. Passten sie sich hiermit den schon vorhandenen Traumerfahrungen an, als verfügten sie erst jetzt über die Möglichkeiten, diese Erfahrung überzeugend zu verfilmen? Oder tauchten solche Wechsel wie Tagesreste in den Träumen der Menschen auf, die sich an den ersten Filmen in Technicolor erfreuten, in denen Personen zu träumen begannen?

Das erste Schwarz-Weiß-Foto

In einem seiner Artikel über die Frage, ob wir in Schwarz-Weiß oder in Farbe träumen, unterstellt Schwitzgebel, *vor* dem Zeitalter der Schwarz-Weiß-Medien – grob gesagt in der ersten Hälfte des zwanzigsten Jahrhunderts – habe man für gewöhnlich angenommen, in Träumen gäbe es Farben.[25] Autoren, die über Träume schrieben – Philosophen, Ärzte, Psychologen –, hätten Träume bislang als eine Erfahrung betrachtet, die sich aus Erinnerungen an Sinneseindrücke zusammensetzt, wie wir sie tagsüber sammeln. Aristoteles, schreibt er, »ordnete Farben ausdrücklich den Resten zu, die Sinneseindrücke in den Sinnesorganen hinterlassen und uns im Schlaf erscheinen können.«[26] Auch Descartes soll so darüber gedacht haben. Aber Aristoteles schreibt in seiner

Abhandlung über Träume nirgends, sie würden Farben enthalten.[27] Er spricht zwar über Bilder in den Träumen, nicht aber über ihre Farben. Für Descartes gilt das Gleiche. Von ihm ist ein minutiöser Bericht über die drei Träume erhalten, die er am Vorabend von St. Martin hatte, der Nacht vom 10. auf den 11. November 1619. Im ersten Traum gibt ihm jemand eine Melone aus einem fernen fremden Land. Eine grüne Melone? Eine gelbe? Descartes legte sich nicht fest. Nirgends verweist er auf Farben. Wie Aristoteles glaubte er, sinnliche Erfahrungen vom Tag könnten auch im Traum auftreten. Es steht nirgends, dass er sich vorstellte, Träumen sei eine Erfahrung mit Farbwahrnehmungen. Aber Aristoteles und Descartes schreiben auch nirgends, dass sich Träume in Schwarz-Weiß abspielen. *Könnte es sein, dass es diese Zweiteilung noch gar nicht gab?* Dass die Aufteilung der visuellen Welt in eine der beiden Kategorien erst später erfolgte? Dass es ein Anachronismus ist, die Frage so zu stellen?

Die Einteilung in Schwarz-Weiß oder Farbe ist uns aus Fotografie, Film und Fernsehen so vertraut, dass es scheint, als habe es sie immer schon gegeben. Aber Kunst aus dem Altertum und dem Mittelalter, der Renaissance und der Moderne, ob es nun Wandmalereien, Wandteppiche, Miniaturen in Handschriften, Gemälde oder Drucke betraf, wurde in Begriffen einer ganz anderen Zweiteilung beschrieben: monochrom oder polychrom. Radierungen hatten die Farbe der Tinte, mit der die Platte eingerieben wurde, das konnte Sepia sein, Rot, Braun. Oder Schwarz. Aber Schwarz war dann eine der Farben. Die Vorstellung von Schwarz-Weiß als das *Fehlen* von Farbe entstand auch nicht sofort beim Aufkommen fotografischer Verfahren, die wir *heute* als »Schwarz-Weiß-Fotografie« bezeichnen würden. Daguerreotypie, Talbotypie, Kalotypie, Ambrotypie – keine dieser Techniken wurde im neunzehnten Jahrhundert als »Schwarz-Weiß« definiert.

Für die Erforschung, welche Begriffe in welcher Bedeutung in den allgemeinen Sprachgebrauch eingegangen sind, bietet die Website der niederländischen *Koninklijke Bibliotheek,* www.kb.nl, eine wunderbare Quelle. Unter dem Stichwort »historische Zeitungen« finden sich Hunderte lokale, regionale und überregionale Zeitungen und Anzeigenblätter. Die Kollektion umfasst vier Jahrhunderte. Der Begriff »Schwarz-Weiß« kommt im neunzehnten Jahrhundert ausschließlich als Farbe unter anderen Farben vor. Ein Feld, auf dem sich plötzlich unzählige Störche niederlassen, färbt sich auf einmal schwarz-weiß. Ein Rockmuster ist schwarz-weiß kariert. Das Vieh auf der Weide ist schwarz-weiß. Mit anderen Worten, Schwarz-Weiß steht noch für eine Farbkombination und nicht für die *Abwesenheit* von Farbe. Es gab im neunzehnten Jahrhundert noch keine »Schwarz-Weiß-Fotos«, auch ein großer Teil des zwanzigsten Jahrhunderts musste ohne auskommen. Sogar in Artikeln, bei denen man erwartet, hier könne jetzt doch einmal das erste »Schwarz-Weiß-Foto« auftauchen, wie in einer Rezension des *Algemeen Handelsblad* aus dem Jahr 1906 über eine Fotoausstellung in Pulchri, wo auch »Farbfotos« hängen, oder in einer Betrachtung aus *De Sumatraanse Post* aus dem Jahr 1914 über die wissenschaftlichen Entwicklungen in der »Farbfotografie«, fehlt der Begriff »Schwarz-Weiß-Foto« vollkommen. Erst in den 1960er-Jahren werden Schwarz-Weiß-Fotos erwähnt, beispielsweise in Anzeigen von Kodak, in denen man zwischen Filmrollen für Farbfotos oder für Schwarz-Weiß-Fotos wählen kann.

Und das ist ja auch nur logisch – bei näherer Betrachtung. Philologisch betrachtet ist das Schwarz-Weiß-Foto eine Wortschöpfung, die *nach* dem Farbfoto entstand, wie »Film« erst zum »Stummfilm« wurde, nachdem es den »Tonfilm« gab. Aber das illustriert, wie gefährlich es ist, früheren Generationen Fragen in Formulierungen vorzulegen, deren Begriffe in ihrer Zeit noch nicht so verwendet wurden. Sowenig wie man fotografierende Zeitgenossen von Daguerre fragen kann, ob ihre Porträts und Stillleben in Farbe oder in Schwarz-Weiß sind, kann man Aristoteles und Descartes fragen, ob sie glauben, dass Menschen in Farbe oder Schwarz-Weiß träumen.

In der psychologischen und psychiatrischen Literatur über Träume tauchen die ersten »Schwarz-Weiß-Träume« erst in den Fünfzigerjahren auf. Davor verwendete man andere Begriffe. Havelock Ellis schrieb 1911, in einem normalen Traum herrsche gedämpftes Licht.[28] Er notierte auch, in der *Lancet* würden Träume 1870 als sehr schwach belichtete Nachtszenen bezeichnet und der Physiologe Beaunis träume »en grisaille«. Bentley nannte sie 1915 »greys«, genau wie Middleton 1933.[29] Für Mary Arnold-Forster war ein Traum im Jahr 1920 »like a monochrome drawing«.[30] 1942 beschrieb Middleton sie als »gray imagery«.[31] Das Verhältnis ist dasselbe wie bei Farbfotos und Schwarz-Weiß-Fotos: Es waren die Farbfilme, die »Schwarz-Weiß-Filme« entstehen ließen. Erst ab dem Moment erscheinen in Traumberichten und in ihrer Analyse die ersten »Schwarz-Weiß-Träume«, erst dann kann der Psychoanalytiker Blum schreiben, die meisten Träume seien »in black and white«.[32]

Wie in der Diskussion über die Frage, ob die Traumerfahrung sehender Menschen mit einem inneren Film verglichen werden könne, der dann bei Blinden fehlen würde, ist der Traum als »Schwarz-Weiß-Film« oder »Farbfilm« eine in die Irre führende Metapher. Sie lockt uns in eine Zweiteilung, die erst seit Kurzem existiert, und dichtet älteren Denkern über Träume einfach Auffassungen an, die sie noch gar nicht haben konnten.

Gibt es eine bessere Metapher?

Halbfabrikat

Die Eröffnungsszene von Ian McEwans Roman *Liebeswahn* explodiert geradezu.[33] Der Erzähler, Joe Rose, sitzt mit seiner Freundin Clarissa beim Picknick, als aus einem Feld in einiger Entfernung verängstigte Schreie ertönen. Er springt auf und sieht einen Fesselballon, den die Passagiere nach der Landung nicht unter Kontrolle bekommen können. Einer von ihnen, ein älterer Mann, hat sich in den Seilen verheddert und wird von dem Ballon über den Boden geschleift. Im Korb sitzt noch ein etwa zehnjähriger Junge. Windstöße treiben den Fesselballon auf Hochspannungsmasten zu. Dann wechselt die Perspektive zu einem Bussard, der hoch über dem Feld kreist. Durch seine Augen sehen wir, wie sich fünf Männer geräuschlos von den Feldrändern lösen und auf den Ballon in der Mitte zurennen. Jedem von ihnen gelingt es, ein Seil zu fassen, und sie versuchen, den Ballon am Boden zu halten. Aber eine Windbö hebt alle fünf hoch, einer lässt los, wodurch die anderen noch weiter emporgezerrt werden, innerhalb weniger Sekunden müssen sie entscheiden, ob sie festhalten oder loslassen. Zwei, drei Meter über dem Boden lässt einer nach dem anderen sein Seil los. Ein Mann hält fest, wird etwa achtzig Meter mit hochgezogen und kann sich nicht mehr halten.

Diese Anfangsszene wurde in allen Rezensionen wegen ihres bildhaften, filmischen Charakters gepriesen. Es ist eine Eröffnung, die dem Leser das Gefühl vermittelt, die Ereignisse vor sich zu sehen, als habe er sie selbst beobachtet, die rennenden Männer, den wegtreibenden Ballon, das Mitschleifen an den Seilen, die Panik, als der eine Mann zu weit hochgezogen wird, um noch loslassen zu können. Lesend steht man selbst auf diesem Feld.

Nun eine schlichte introspektive Frage. Dieser Ballon, den Sie gerade vor Augen hatten, welche Farbe hatte der?

Ab hier kann ich über Ihre Antwort nur spekulieren. Aber bei fünf, sechs Personen, die *Liebeswahn* gelesen hatten und die ich fragen konnte, war der gemeinsame Nenner, sie hätten beim Lesen tatsächlich die gesamte Szene vor sich gesehen, aber so konkret und grafisch, dass sie jetzt angeben könnten, welche Farbe der Ballon gehabt habe, seien die Bilder nun auch wieder nicht gewesen. Und sie hätten zwar die Männer rennen »sehen«, aber nicht so detailliert, dass sie jetzt etwas über deren Kleidung oder Äußeres sagen könnten. Offenbar beschwören selbst höchst filmische Beschreibungen bestenfalls ein visuelles Halbfabrikat

herauf. Aber nicht sagen können, welche Farbe die eigene visuelle Vorstellung dieses Ballons hatte, bedeutet *nicht,* dass man
die ganze Szene in Schwarz-Weiß vor sich sah. Möglicherweise
trifft die Zweiteilung auf diese Art innerer Bilder einfach nur
nicht zu.[34] Könnte *das* nicht die Erklärung sein, warum wir uns
so schwer tun mit der Frage, ob wir in Schwarz-Weiß oder Farbe
träumen?

8. Nicht im Bilde.
Über Träume von Blinden

Träumen ist eine intensive visuelle Erfahrung. Durchforstet man umfängliche Traumsammlungen auf Hinweise nach den verschiedenen sinnlichen Komponenten, zeigt sich, dass Geräusche in etwas mehr als der Hälfte der Träume vorkommen: Ein Telefon klingelt, jemand hört Musik, in der Ferne grollt ein Gewitter.[1] Träume, in denen jemand etwas riecht oder schmeckt, erreichen jeweils nicht einmal ein Prozent. Tastwahrnehmungen sind noch seltener. Wer die Bilder aus seinen Träumen wegdenkt, behält in den meisten Fällen nicht mehr viel übrig. Es liegt daher nahe, in Studien über die sensorische Zusammensetzung von Träumen nicht nach dem Anteil der visuellen Vorstellungen zu fragen. Träume sind zunächst und vor allem Film, der nicht umsonst die meistverwendete Metapher für Träume ist. In diesem Film kann man träumen, man werde in einem muffig riechenden Keller eingeschlossen oder nehme einen Bissen von einem sauren Apfel oder streichele das Fell eines Hundes, aber während der gesamten Zeit formen Bilder den selbstverständlichen Hintergrund für Geruchs-, Geschmacks- und Tastwahrnehmungen.

Die Vorherrschaft der Bilder lässt mitunter die besorgte Frage entstehen, was Blinde eigentlich träumen. Bleibt denn noch genügend übrig, um einen Traum damit zu füllen, wenn das visuelle Erlebnis fehlt? Oder ist das zu schlicht gedacht und ist der Traum eines Blinden gar kein Erlebnis, bei dem etwas fehlt, sondern eine Erfahrung, die im Verhältnis zu den sinnlichen Erfahrungen seines wachen Lebens vollständig und komplett ist? Tritt vielleicht sogar eine Art Ausgleich auf? Gibt es in ihren Träumen mehr Geräusche, Gespräche, Musik, Berührungen, Gerüche, Geschmacksempfindungen?

Andere Fragen stellen sich, wenn Menschen erst im späteren Leben erblinden. Behalten sie die Fähigkeit, in Bildern zu träumen? Den Rest ihres Lebens? Oder nimmt der Anteil visueller Vorstellungen ab, je länger jemand blind ist? Träumen sie nur in Bildern, was sie vor ihrer Erblindung gesehen haben? Wie träumen Blinde von Menschen, die sie erst nach ihrer Erblindung kennengelernt haben? Träumen sie anders von Menschen, die sie nur vom Tasten kennen? Oder können sie ihre Tastwahrnehmungen in visuelle Vorstellungen umsetzen?

Manche dieser Fragen sind schon alt, ebenso wie die Versuche, sie zu beantworten. Bereits 1838 veröffentlichte der deutsche Physiologe Heermann eine Sammlung »Beobachtungen und Betrachtungen« über die Träume von Blinden.[2] Es ist ein brillanter Bericht, basierend auf einer sorgfältigen Befragung von rund einhundert Bewohnern von Blindeninstituten. Seine Schlussfolgerungen stehen fast zwei Jahrhunderte später noch immer unumstößlich im Raum. Der amerikanische Psychologe Jastrow führte 1888 eine vergleichbare Studie unter fast zweihundert blinden und sehbehinderten Bewohnern von Blindeninstituten in Baltimore und Philadelphia durch.[3] Heermann und Jastrow haben gute Arbeit geleistet. Die Autoren eines 1999 erschienenen Übersichtsartikels über die Träume von Blinden mussten zugeben, ihren Erkenntnissen nicht viel hinzufügen zu können.[4]

Aus der älteren Literatur kann man mit Leichtigkeit zwei Dutzend Artikel über Träume von Blinden zusammenstellen. Sie wurden von Lehrern an Blindenheimen verfasst, aber auch von Physiologen oder Psychologen, die selbst blind geboren waren oder später erblindeten und den werten Kollegen über ihr Traumleben Bericht erstatteten.[5] Der Franzose Lucien Bolli verbrachte viele Jahre in Blindeninstituten und zeichnete unzählige Träume von Geburtsblinden und Späterblindeten auf.[6] Die Faszination für die Träume von Blinden bildet einen unbehaglichen Kontrast zum geringen Interesse für die Träume von Menschen mit anderen Einschränkungen ihrer Sinnesorgane. Niemand scheint sich für die Träume von Gehörlosen zu interessieren. Hin und wieder kommen sie in Artikeln über die Träume von Blinden zur Sprache, versinken im Vergleich damit jedoch im Nichts. Es ist – wiederum – ein Ausdruck der für sehende Menschen so selbstverständlichen Vorherrschaft des Visuellen im Traum. Gehörlose *sehen* doch? Was kann an ihren Träumen schon so besonders sein?

Der Trost von Bildern

Heermann war Privatdozent für Physiologie an der Universität Heidelberg. Auf Studienreisen nach Paris, Köln und München hatte er immer wieder Krankenhäuser und Blindenheime besucht und so Daten über Blinde und Sehbehinderte gesammelt. Er notierte, wie lange sie schon blind waren, untersuchte ihre Augen und bekam zweimal die Gelegenheit, eine Autopsie durchzuführen, um den Zustand des Sehnervs nach jahrelanger Blindheit zu untersuchen. Aber die Kernfrage in seinen Gesprächen mit Blinden war immer wieder, ob sie in ihren Träumen Bilder sähen.

Er begann seinen Bericht mit Geburtsblinden und Menschen, die später vollständig erblindeten (»Stockblinde«). Diese Gruppe bestand aus 53 Personen. Die 14 Befragten, die blind geboren waren oder vor ihrem fünften Lebensjahr erblindeten, gaben an, nicht in Bildern zu träumen. Alle 35 Menschen, die nach ihrem siebten Lebensjahr erblindet waren, träumten dagegen in Bildern. Bei den vier zwischen dem fünften und siebten Lebensjahr Erblindeten war das Ergebnis gemischt: Einer von ihnen träumte in Bildern, ein zweiter träumte hin und wieder noch in Bildern und die beiden übrigen träumten bildlos.

Das ist exakt die Verteilung, die Jastrow ein halbes Jahrhundert später auch finden sollte und die noch immer als Faustregel gilt: Blind vor dem fünften Lebensjahr bedeutet später keine Bilder im Traum, Kinder, die nach ihrem siebten Lebensjahr erblinden, behalten die Fähigkeit, in Bildern zu träumen. Zwischen fünf und sieben gibt es Unterschiede in Reife und Entwicklung, das eine Kind erinnert sich an Bilder und kann davon träumen, das andere nicht.

Heermann hatte erwartet, die Fähigkeit des Träumens in Bildern erlösche allmählich bei Späterblindeten, aber das schien nicht der Fall. Er sprach mit einer etwa Sechzigjährigen, die im Jahr 1810 in Paris an den Feierlichkeiten zur Hochzeit Napoleons mit Prinzessin Marie Louise teilgenommen hatte. In einem der Festzelte war Feuer ausgebrochen, sie kam nicht schnell genug aus dem Rauch und war infolge der schweren Augenentzündung später vollständig erblindet. Das lag nun 25 Jahre zurück. In ihren Träumen sah sie alles noch so scharf wie früher, auch wenn sie nur von Dingen träumte, die sie aus der Zeit vor ihrer Erblindung kannte. Heermann hatte mit Menschen gesprochen, die schon über fünfzig Jahre blind waren und noch immer in Bildern träumten. Er merkte, dass Blinde gern von den Bildern in ihren Träumen erzählten, sie vertrauten ihm an, sie fühlten sich von ihnen getröstet.

Zu Heermanns Zeiten glaubte man allgemein, für das Aufrufen visueller Vorstellungen – sei es nun im Traum, in der Erinnerung oder in der Vorstellung – sei ein intakter Sehnerv erforderlich, als müssten die Bilder, um sie sich wieder »vor Augen zu holen«, den umgekehrten Weg gehen. Zu seinem eigenen Erstaunen war das nicht der Fall. Bei Verstorbenen, die im späteren Leben erblindet waren, erwies sich der Sehnerv als völlig verschrumpelt und vertrocknet, während sie bis zu ihrem Lebensende in Bildern gedacht und geträumt hatten. Offensichtlich war der Sehnerv notwendig, um Bilder zum Gehirn zu lenken, aber nicht, um sie danach zu reproduzieren. In den ersten Lebensjahren sei der Sehnerv ganz wesentlich, um das Gehirn »zu stimmen«, eine poetische Metapher, mit der er meinte, das Gehirn »forme« sich wie der Ton eines Musikinstruments durch die Weise, wie es gespielt wird. Durch die Zufuhr visueller Reize lerne das Gehirn Bilder zu verarbeiten und zu speichern. Dieser Prozess sei irgendwann zwischen dem fünften und siebten Lebensjahr abgeschlossen, danach könne das Gehirn selbstständig über die Bilder verfügen. Das galt auch für andere Einschränkungen von Sinnesorganen. Konnte ein Kind schon gut sprechen und verlor dann sein Gehör, blieb die Sprache meist erhalten.

Jastrow bekam erst nach seiner eigenen Studie – aber vor deren Veröffentlichung – Heermanns Bericht zu sehen. Er konnte die wichtigsten Schlussfolgerungen nur bestätigen und fügte noch hinzu, bei Sehbehinderten schien die Qualität der Traumbilder mit der Sehschärfe zu variieren. Von den elf Menschen, die zu schlecht sahen, um Farben zu unterscheiden, hatte nur einer visuelle Vorstellungen im Traum. Farbvorstellungen in Träumen kamen nur vor, wenn die Erblindung relativ spät eingesetzt hatte, im Durchschnitt mit sechzehn Jahren. Aus seinen Gesprächen schloss Jastrow, dass in Träumen von Blinden nicht der Tastsinn, sondern das Gehör das wichtigste Sinnesorgan war. Sie träumten zum Beispiel nur selten, dass sie Braille lasen. Nach dem Gehör kam die Wahrnehmung von Bewegung. Jastrow fand die Träume ziemlich alltäglich: Die Jungen träumten, sie seien am Spielen, die Mädchen träumten von Näharbeiten oder hauswirtschaftlichen Aktivitäten, ältere Blinde träumten von ihrer Arbeit als Klavierstimmer oder Bürstenmacher.

Von einem Kollegen hatte Jastrow einen Bericht über das Traumleben von Laura Bridgman einsehen dürfen. Sie war mit zwei Jahren nach einer Scharlacherkrankung blind und taub geworden und hatte mithilfe des Fingeralphabets kommunizieren gelernt. Sie war die erste Taubblinde in der Geschichte, die Fragen über ihre Träume beantworten konnte. Sie ließ wissen, dass sie ohne Bilder oder Geräusche träume. In der stimmigen Formulierung von Jastrow: »Sicht und Gehör fehlten in ihren Träumen, so wie sie in der dunklen und stillen Welt fehlten, die nur sie kannte.«[7] Sie träumte jedoch von den Tast- und Bewegungswahrnehmungen, mit denen sie tagsüber kommunizierte. Hausgenossen sahen, dass sie im Schlaf ab und zu die Finger bewegte, als würde sie sich des Fingeralphabets bedienen, aber die Bewegungen waren zu kurz oder zu undeutlich, um zu verstehen, was sie schrieb, etwa wie bei einem Menschen, der im Schlaf murmelt. Sobald sie aufgewacht war, erinnerte sie sich nicht mehr daran. Beklemmend ist, was sie über ihre Albträume erzählte. Wer blind und taub ist, hat keine Sinnesorgane für Entfernungen. Laura bemerkte auch im Traum die Gefahr erst, wenn sie ihr buchstäblich auf den Leib rückte. Sie schrak oft aus Angstträumen auf, beispielsweise über Tiere, die sie erst bemerkte, wenn sie diese an ihrem Körper spürte.

Auch in Jastrows Ergebnissen war die Zeit zwischen fünf und sieben entscheidend für die Bilder im späteren Traumleben. Für diese Phase wählte er eine politische Metapher, die »Critical Period«.[8] So hatte der spätere Präsident Adams die sechs heiklen Jahre zwischen dem Ende des amerikanischen Unabhängigkeitskriegs (1783) und dem Amtsantritt von Präsident Washington (1789) bezeichnet. Erst danach waren die Innen- und Außenverhältnisse ausreichend stabilisiert, um ein Auseinanderfallen der jungen Republik nicht mehr zu fürchten. In der Entwicklungspsychologie ist die Herkunft dieser Metapher in den Hintergrund geraten und sie bekam auch eine etwas andere Bedeutung. Jastrow wollte damit aufzeigen, dass es für manche psychologischen Prozesse – und die neuronalen Kreisläufe, die ihnen zugrunde liegen – ein Zeitfenster gibt, in dem diese Prozesse so gut eingraviert werden, dass sie nicht mehr ungeschehen gemacht werden können. In späteren Studien zeigte sich, dass dieselbe kritische

Periode zwischen fünf und sieben Jahren für die Erhaltung von Geräuschen in den Träumen Gehörloser gilt.

Studien zu Schädigungen im Gehirn haben inzwischen verdeutlicht, dass neurologische Schäden für das Traumleben sehr unterschiedliche Folgen haben können. Manche Verletzungen des Gehirns führen nicht zur Erblindung, sondern beschädigen bestimmte Teile der visuellen Wahrnehmung, wie das Farbensehen, die Wahrnehmung von Bewegung oder das Erkennen von Gesichtern. Diese Schäden eliminieren dieselben Fähigkeiten in den Träumen. Die Träume werden farblos oder statisch und darin vorkommende Personen sind nicht mehr am Gesicht zu erkennen. Bei solchen direkten Konsequenzen neurologischer Schäden für das Traumleben scheint es seltsam, dass Menschen, die nach ihrem siebten Lebensjahr erblinden, *trotzdem* die Fähigkeit behalten, in Bildern zu träumen. Der Unterschied liegt darin, dass die Ursache für die Erblindung bei ihnen meist eine Schädigung der Augen oder des Sehnervs ist, die jedoch die weiter hinten gelegenen Teile der neuronalen Maschinerie für das Sehen intakt lässt. Dieser Teil der Infrastruktur bleibt unbeschädigt, wie Straßen, die nicht mehr befahren, aber auch nicht entfernt werden und deswegen für die Produktion von Bildern in Träumen weiterhin zur Verfügung stehen. Die Verletzungen, die das Farbensehen oder die Gesichtserkennung angreifen, beschädigen gerade die Gehirnbereiche weiter hinten auf der Strecke, die dann auch in Träumen nicht mehr funktionieren. Erblinden Menschen aufgrund einer Schädigung im visuellen Bereich des Hinterhauptslappens, verschwinden die Bilder auch aus ihren Träumen.

Heermann interessierte sich mehr dafür, *wie* Blinde träumen, als dafür, *was* sie träumen. Auf den 64 dicht bedruckten Seiten seines Berichts kommen kaum Träume vor. Aber er muss mit Blinden darüber gesprochen haben, denn er stellte auch fest, dass die neuen Umstände, in denen sich ein Mensch nach seiner Erblindung befindet, erst mit Verzögerung und manchmal gar nicht im Traumleben auftauchen. Ein Siebzigjähriger war schon seit achtzehn Jahren in einer Pflegeeinrichtung, hatte aber noch nie von seiner neuen Umgebung geträumt. Menschen, die in ihren Träumen vor allem sahen, was sie vor ihrer Erblindung gesehen hatten, waren relativ spät im Leben erblindet. Befragte, die in ihren Träumen auch Menschen begegneten, die sie erst nach ihrer Erblindung zum ersten Mal getroffen hatten, waren im Durchschnitt in jüngeren Jahren blind geworden.

Hier schlug Heermann dezidiert einen Seitenweg ein. Späterblindete verarbeiteten diese Veränderung offenbar mit großer Verspätung in ihren Träumen. Wie verlief das bei Menschen, die sich einer Amputation hatten unterziehen müssen? Heermann hatte einen 56 Jahre alten Mann getroffen, dem schon seit elf Jahren das rechte Bein fehlte. »Er geht immer auf Krücken, träumt aber nie, daß er so ginge, sondern immer, wie mit gesunden Beinen. In lebhaften Träumen begegnet es ihm nicht selten, daß er aus dem Bette steigen will und fällt, weil er im Traume nicht daran denkt, Krücken nöthig zu haben.«[9] Auch ein dreizehnjähriger Junge, der drei Jahre zuvor sein Bein verloren hatte, träumte noch, er könne normal laufen.

Träumen in Bildern ist nicht dasselbe, wie im Traum noch zu sehen. Ein Blinder könnte in Bildern träumen, dass er blind ist. Aber Heermanns Feststellung, dass manche Blinde in ihren Träumen noch sehen und darin mit Menschen übereinstimmen, die in ihren Träumen noch über ihren verschwundenen Arm oder ihr Bein verfügen, passt elegant in heutige Studien zu verspäteten oder ganz ausbleibenden Anpassungen der Erfahrung des eigenen Körpers nach einer Amputation. Mulder und Kollegen befragten eine große Gruppe von Menschen, die einen Arm oder ein Bein verloren hatten, wie sie sich selbst in Träumen sähen.[10] Die Amputation lag im Durchschnitt zwölf Jahre zurück. Bei 37 Prozent war das Bild gemischt: Manchmal träumten sie von sich selbst mit intaktem Körper, manchmal davon, wie sie nach der

Amputation waren. Bei 21 Prozent hatte sich der Traum ange-passt: Arm oder Bein waren weg. Bei einer deutlich größeren Gruppe, 31 Prozent, träumten Menschen ausschließlich so von sich selbst, wie sie vor der Operation waren. Ob der Träumende männlich oder weiblich war, ein Bein oder einen Arm verloren hatte, ob die Amputation nach einem Unfall oder einer Gefäß-erkrankung erfolgt war – das alles machte keinen Unterschied. Einen Lebensalter-Effekt gab es allerdings. Die »Anpasser« waren im Durchschnitt 51 Jahre. Die Träumer, die sich selbst weiterhin intakt sahen, waren im Durchschnitt 59 Jahre alt. Bei der ersten Gruppe hatte die Amputation auch früher stattgefunden, näm-lich als sie im Durchschnitt 38 Jahre alt waren. Bei der zweiten Gruppe war dies etwa elf Jahre später geschehen.

In Deutschland waren sowohl nach dem Ersten Weltkrieg als auch nach dem Zweiten Studien zum Traumleben nach Amputa-tionen erschienen, größtenteils mit denselben Ergebnissen.[11] Ein Mensch mit nur einem Arm träumte, er habe zwischen beiden Händen eine Mücke erdrückt. Manchmal war das Bild gemischt. Ein Mann, der mit vierzehn ein Bein verloren hatte, träumte wie-derholt, er habe eine Fahrstunde und sehe beide Beine, verlöre aber die Kontrolle über das Lenkrad, weil das Bremspedal auf das eine Bein nicht reagiere. In allen Studien bildeten Menschen, die in ihren Träumen noch über ihren intakten Körper verfügten, die größte Kategorie.

Wie bei Heermanns Blinden ist es zu bequem – und selek-tiv –, diese Träume als Wunschträume abzutun. Vielleicht geht es ja um etwas ganz anderes. Der höchste Prozentsatz (zwischen 80 und 90 Prozent) an Träumen über einen noch intakten Kör-per fand sich bei Menschen, die tagsüber Phantomschmerzen hatten. Sie »spürten« ihren verschwundenen Arm oder ihr Bein und hatten manchmal auch Schmerzen darin. Das geschah auch in Träumen. Ein Mann mit Phantomschmerzen an seinem Fuß träumte, beim Schwimmen nage eine Ratte an seinem Fuß.[12] Es scheint, als würden Träume von einer neuronalen Repräsentation

»abgelesen«, die tagsüber Phantomempfindungen verursacht und sich der Bearbeitung durch spätere Erfahrung entzieht. Mulder und seine Kollegen äußern den Gedanken, wir würden mit einer genetisch vorgegebenen Repräsentanz des Körpers im Gehirn geboren, deren Verdrahtung so fest sitze, dass die übliche Anpassung des Gehirns auf Veränderungen hier nicht stattfinde, vor allem, wenn die Personen schon jenseits der fünfzig seien.[13]

Heermanns unglücklicher Patient, dem noch halb im Traum zu spät klar wurde, dass er nur ein Bein hatte, passt mit seinen 56 Jahren in die Gruppe, die diese Hypothese bestätigt. Aber der dreizehnjährige Junge, der in seinen Träumen schon seit drei Jahren auf seinem verschwundenen Bein herumlief, erinnert uns daran, dass dies ein weit von perfekter Statistik entfernter Zusammenhang ist. Mulder und Kollegen erwähnen selbst, darüber sei das letzte Wort wohl noch nicht gesprochen. Lebensalter allein könne nicht der entscheidende Faktor sein.

Träume blinder Menschen im Labor

Heermann und Jastrow mussten sich auf die Erinnerungen der Blinden und Sehbehinderten an ihre Träume, die manchmal sehr lange zurücklagen, verlassen. Um Träume aufzeichnen zu können, wenn sie noch frisch im Gedächtnis waren, mussten Blinde ins Labor kommen. Der Entdecker der schnellen Augenbewegungen, Aserinsky, hatte einen ersten Versuch zur Erforschung schneller Augenbewegungen bei Blinden begonnen und einen blinden Mann in sein Labor eingeladen. Er kam in Begleitung seines Blindenführhundes, der sich ruhig unter dem Bett schlafen legte. Aber als Aserinsky nach einigen Stunden hereinkam, um zu schauen, ob der Mann auch schnelle Augenbewegungen machte, sprang der Hund bellend hervor. Nach dem Aufruhr konnte die Versuchsperson nicht mehr einschlafen. Aserinsky beließ es dabei. Spätere Forschung hat ergeben, dass auch Geburtsblinde schnelle Augenbewegungen machen, obwohl diese im späteren Leben, verglichen mit den Bewegungen sehender Menschen, ein wenig nachlassen.

1982 baten Kerr und ihre Kollegen zehn Studenten und frisch Diplomierte, acht Wochen lang einmal pro Woche eine Nacht im Labor zu schlafen.[14] Vier von ihnen waren von Geburt an blind, zwei waren später erblindet, vier sehende Versuchspersonen bildeten die Kontrollgruppe. Auch Blinde haben die charakteristischen »Sägezahnwellen« in ihrem EEG, die den REM-Schlaf anzeigen, und können daher in dem Moment, wenn die Chance am größten ist, dass sie träumen, geweckt werden. In dieser Studie wurden sie – zum Vergleich – auch ab und zu aus dem Non-REM-Schlaf geholt. Nach einem strikten Schema wurden die Versuchspersonen im Laufe der acht Wochen viermal pro Nacht während unterschiedlicher Schlafphasen geweckt. Nach dem Wecken fragte man sie, was ihnen unmittelbar vor dem Wachwerden durch den Kopf gegangen sei. Wenn sie sich daran erinnerten, folgten viele weitere Fragen. Kamen Bilder darin vor? Konnten Sie selbst sehen? Gab es Geräusche? Kamen andere darin vor? Waren das Bekannte oder Fremde? Wurde darin gesprochen? Haben Sie mit sich selbst oder anderen gesprochen? Spielte sich der Traum in einer bekannten oder unbekannten Umgebung ab? War der Traum chaotisch, einigermaßen geordnet oder sehr ordentlich? Es wurden Daten über insgesamt 22 Variablen gesammelt.

Das Ergebnis des Vergleichs ist schnell erzählt. Bis auf das Fehlen von Bildern in den Träumen der geburtsblinden Versuchspersonen gab es nur einen einzigen Unterschied: Träume von Blinden spielten sich etwas häufiger in einer bekannten Umgebung ab als die der sehenden Kontrollpersonen. Ansonsten war alles gleich: Ebenso häufig Geräusche, ebenso oft Bekannte oder Fremde im Traum, genauso viele Gespräche, die Träume waren genauso chaotisch oder geordnet. Wurden Blinde während des Non-REM-Schlafs geweckt, konnten sie seltener von einem

Traum berichten und die Träume, von denen sie erzählten, waren kürzer und weniger detailliert, exakt dieselben Unterschiede also wie bei den Träumen Sehender. Bis auf das Setting der Träume löst die Abwesenheit von Bildern offenbar überhaupt nichts aus, was nicht im selben Maße auch in den Träumen sehender Menschen vorkommt.

Diese Ergebnisse bestätigen frühere Studien über Träume, die Blinde zu Hause haben. Aus einer Sammlung von Traumberichten sowohl Blinder als auch Sehender sind die Träume von Blinden nicht herauszupicken. Laborträume haben auch einen korrigierenden Effekt auf psychoanalytische Interpretationen von Blindenträumen gehabt, die ab den Zwanzigerjahren nach und nach erschienen. Blinde sollten danach in ihren Träumen mehr Aggressionen zeigen, zweifelsohne eine Reaktion auf ihre weitreichende Abhängigkeit von anderen. Später wurde dies zu »latenter Aggression« nuanciert und noch später, nach der Einführung der Inhaltsanalyse von Hall und Van de Castle, konnte keine höhere Aggression als in den Träumen sehender Menschen festgestellt werden.[15] Die psychoanalytische Deutung wurde anfangs übrigens begrüßt als eine »wissenschaftliche« Reaktion auf das romantische Bild, der Blinde zeige in seinen Träumen eine »vertiefte geistige Schau«.[16] Der Archetyp des blinden Sehers hatte seine Ausläufer bis in den Schlaf.

Wissen Blinde, was sie träumen?

»I dreamed about Ray Charles last night.
And he could see just fine …«

Joan Osborne, »Spider Web«, 1995

2003 schien es für eine kurze Zeit, als hätten sich sechs portugiesische Neurologen auf schöpferische Weise Zugang zum Traumleben Blinder verschafft und dort *doch* visuelle Vorstellungen vorgefunden. Wissen Blinde – Geburtsblinde – eigentlich, was sie träumen? Können sie ihre Traumvorstellungen richtig deuten, wenn sie keine Erfahrung mit sinnlichen visuellen Vorstellungen haben? Wenn nun doch visuelle Elemente in ihren Träumen vorkämen, würden sie diese dann erkennen? Bértolo und seine Kollegen unterstellten, Aktivität irgendwo in der visuellen Rinde weise darauf hin, dass die Träume von Blinden sehr wohl »visuellen Inhalt« enthielten.[17]

Bei zehn Geburtsblinden und neun sehenden Versuchspersonen wurde zwei Nächte lang ein EEG durchgeführt. Alle anderthalb Stunden wurden sie geweckt. Wenn sie sich an einen Traum erinnerten, sollten sie ihn möglichst ausführlich auf ein Tonbandgerät sprechen. Das EEG der fünf Minuten davor wurde analysiert. Am nächsten Morgen bat man alle Versuchspersonen, eine ihrer Traumszenen zu zeichnen; die sehenden Probanden bekamen eine Augenbinde. Insgesamt läutete in diesem Experiment 152-mal der Wecker, was zu 43 Traumberichten führte. Sehende Versuchspersonen erinnerten sich etwas häufiger an einen Traum als Blinde.

Die Traumberichte wurden von zwei Forschern nach dem bewährten System von Hall und Van de Castle analysiert. Die Gutachter verrichteten ihre Arbeit »blind«: Sie wussten nicht, ob der Traumbericht von einer blinden oder einer sehenden Versuchsperson stammte. In der für diese Studie entscheidenden Kategorie »visuelle Aktivitäten« zeigte sich kein Unterschied zwischen blinden und sehenden Träumern. Auch die Zeichnungen der Traumszenen, die von den Blinden angefertigt worden waren, unterschieden sich nicht von denen sehender Probanden. Sie waren genauso komplex und auch die Themen stimmten überein. Sie zeichneten im gleichen Maße Gegenstände (90 Prozent), Landschaften (70 Prozent) und menschliche Gestalten (10 Prozent). Der einzige Unterschied lag darin, dass Blinde ihren Figuren häufiger Ohren malten. Und zum guten Schluss verwies auch die Analyse des EEG bei den blinden Träumern auf Aktivitäten in denselben Bereichen, die aktiv sind, wenn sich sehende Menschen visuelle Vorstellungen machen.

Laut Bértolo und seinem Team wiesen die Traumberichte, die Zeichnungen und das EEG alle in dieselbe Richtung: Auch Blinde haben in ihren Träumen visuelle Vorstellungen. Teile des visuellen Kortex würden Bilder erzeugen, so der Gedanke, auch wenn sie von nicht visuellen Reizen aktiviert werden, schlichtweg, weil es sich nun einmal um den *visuellen* Kortex handelt. Dass die Bilder danach in den Berichten blinder Träumer erscheinen und sogar gezeichnet werden können, sollte die logische Folge dessen sein, was sich laut objektiver EEG-Messungen in ihrem Gehirn abspiele.

Die Erkenntnisse von Bértolo und seinem Team erregten viel Aufmerksamkeit. Das ist kein Wunder, Heermann konnte sich 1838 kaum von dem Gedanken verabschieden, der Sehnerv müsse intakt sein, um visuelle Bilder aus dem Gedächtnis oder aus Träumen wieder aufzurufen. Gegen seine Intuition schloss er, ein Gehirn, das einmal durch die Zufuhr visueller Reize »gestimmt« sei, könne die Bilder fortan selbst aufrufen und manipulieren. Anderthalb Jahrhunderte später stellte die Behauptung von Bértolo und seinem Team das andere Extrem dar. Ihrer Meinung nach kann der visuelle Kortex von Blinden Bilder erzeugen, auch wenn dieser Teil ihres Gehirns noch nie mit visuellen Reizen gefüttert wurde. Dadurch sollten Menschen, die von Geburt an blind sind – bei Durchquerung von Auge und Sehnerv –, dennoch bildliche Vorstellungen entwickeln.

Bértolo und seine Kollegen sahen die Objektivität ihrer experimentellen Verfahren – EEG, »blinde« Beurteilungen von Traumberichten, unabhängiger Vergleich von Zeichnungen – als wichtigstes Verdienst ihrer Studie. Sie schlossen ihren Artikel mit einem Zitat von William Domhoff, dem Nestor der experimentellen Traumforschung, der das System von Hall und Van de Castle

»das umfassendste und meistbenutzte empirische System für die Inhaltsanalyse« nannte. Durch die Nutzung gerade dieses Systems, so die Portugiesen, hätten sie dazu beigetragen, die traditionelle Subjektivität dieser Art Untersuchung stark zu reduzieren.[18] Domhoff selbst, so zeigte sich schon bald, sah dies anders. Bértolo und seine Kollegen hätten sich an drei Stellen in die Irre führen lassen.[19] Es gäbe einen einfachen Grund, dass andere Forscher sich bei der Analyse der Traumberichte nicht des Systems von Hall und Van de Castle bedienten: Es enthielte keine Anweisungen für den Umgang mit metaphorischem Sprachgebrauch. Wenn ein Blinder sage, er habe im Traum ferngesehen oder einen Blick in den Garten geworfen, muss das als »visuelle Aktivität« gezählt werden, während klar ist, dass das Schauen hier im übertragenen Sinn gemeint ist. Blinde »sehen« und »schauen« eine ganze Menge, aber das ist eine Folge der Vorherrschaft des visuellen Vokabulars in unserer Sprache. Eine allzu mechanische Anwendung eines »objektiven« Systems hätte hier zu einer verzerrten Wiedergabe des Trauminhalts geführt.

Auch die Zeichnungen, die Blinde von ihren Traumszenen anfertigen könnten, öffneten Missverständnissen Tür und Tor. Blinde können die Vorstellungen, die sie von einem Gegenstand bilden, den sie in Gedanken angefasst haben, genauso versiert manipulieren, wie ein Sehender dies mit seinen visuellen Vorstellungen kann. Sie sind auch genauso gut in der Lage, die mentale Vorstellung umzusetzen und eine Zeichnung davon anzufertigen. Wenn Blinde eine Figur tastend »anschauen«, können sie diese genauso überzeugend nachzeichnen wie sehende Versuchspersonen.[20] Aus keinem einzigen Experiment dieses Typs wurde anschließend die Schlussfolgerung gezogen, Blinde verfügten über »visuelle« Vorstellungen. Die Vorstellungen, die sie mithilfe von Tasteindrücken erhalten, sind räumlicher Art, aber ihnen fehlen die üblichen Merkmale von Helligkeit oder Farbe.

Die Gehirnforschung, die bildgebende Verfahren verwendet, stellte fest, dass Tastreize bei Blinden zum Teil in Bereichen verarbeitet werden, die bei sehenden Menschen visuelle Informationen verarbeiten. Wenn Blinde Braille lesen, sind ebenfalls Teile ihrer visuellen Rinde aktiv.[21] Dasselbe geschieht bei Blinden, die durch das Echo klickender Geräusche, die sie selbst erzeugen, einen Eindruck von der Gestalt der Gegenstände erhalten. Die Verarbeitung von Tast- und Geräuschwahrnehmungen verläuft also zum Teil über die neuronale Maschinerie, die Sehende für die visuelle Perzeption verwenden. Dadurch kann sehr schnell das Missverständnis entstehen, Aktivitäten bei Blinden an dieser Stelle deuteten auf visuelle Vorstellungen.

Die Kontroverse um die portugiesischen Ergebnisse hatte umgekehrt den Effekt, dass sich die Aufmerksamkeit auf die Kompensationsmechanismen richtete, die bei einer sinnlichen Einschränkung in Gang kommen. Die Gehirnbereiche, die bei Blinden oder Gehörlosen nicht direkt von visuellen oder akustischen Reizen aktiviert werden, verarbeiten Reize, für die sie im Grunde nicht gedacht waren. Bei Gehörlosen wird ein Teil der auditiven Hirnrinde für die Interpretation von Tastreizen genutzt, sowie dafür zu erkennen, was in ihrem Augenwinkel geschieht. Das bedeutet nicht, dass Gehörlose »eigentlich« hören, genauso wenig wie eine Aktivität in der visuellen Rinde bei träumenden Blinden darauf hindeutet, dass sie in Bildern träumen.

Wissen Sehende, was sie träumen?

Überschätzen Sehende den Anteil und vielleicht auch die Wichtigkeit von Bildern in Träumen? Wer aus einer visuellen Vorstellung etwa eines Sessels in der Zimmerecke die visuellen Bestandteile wegdenkt, wird leicht zu viel wegdenken. Ohne Bild hat die Vorstellung des Sessels keine Farbe mehr, keine Schattierungen von hell und dunkel, aber der Sessel steht immer noch in der Ecke, auf dem Boden, in einer bestimmten Anordnung hinsichtlich anderer Möbel. Auch ohne Bild ist die Vorstellung noch immer *räumlicher* Art. Im Traum eines Blinden kann einfach ein Sessel in der Zimmerecke stehen.

Umgekehrt sind die Träume von Menschen ohne visuelle Einschränkung längst nicht so visuell, wie sie denken. Wissen *sehende* Menschen eigentlich, was sie träumen? Dieselbe Metapher, die zur Beschreibung von Träumen so natürlich und selbstverständlich erscheint, der Film, könnte durchaus einen irreführenden Effekt haben bezüglich dessen, was Sehende träumen. Wenn in einem Film ein Zimmer ins Bild kommt, sind alle visuellen Eigenschaften dieses Zimmers vollständig sichtbar. Das Zimmer hat Wände, diese Wände haben eine Farbe, es hängen Bilder an der Wand, durch die Fenster erhascht man einen Blick auf den Garten oder die Häuser auf der gegenüberliegenden Seite. Was in diesem Zimmer zu sehen ist, befindet sich raumfüllend auf dem Bildschirm, selbst wenn man auch in einem Film nicht alles gleichzeitig anschauen kann. In einem geträumten Zimmer ist das anders. Ist es ein vertrauter Raum, hat der Träumende ihn schon an wenigen Details erkannt, einer Ecke des Teppichs, einem Stuhl, einem Fenster. Vielleicht konnte er das Zimmer aufgrund von etwas einordnen, das gar nicht zu sehen ist, dem lauten Ticken einer Uhr, einem Geruch. Auch ein unbekanntes Zimmer wird in einem Traum nur zu einem sehr geringen Teil visualisiert, Fetzen und Fragmente müssen die Gänze des Zimmers suggerieren. Das Traumbild ähnelt eher einer impressionistischen Skizze als einer Filmaufnahme.

Auch eine Skizze ist natürlich noch immer »Bild«. Aber es ist ein Bild, das eine viel lockerere, zum größten Teil unausgefüllte Beziehung zur Geschichte des Traums hat als die Vorstellung vom Traum als eine Aufeinanderfolge von Filmszenen. Und manchmal steht die Geschichte des Traums vollständig losgelöst von den Bildern – sogar wenn Bilder da sind. Eine für viele Menschen erkennbare Erfahrung ist, dass man von jemandem träumt, der einem vertraut ist, in diesem Traum aber ganz anders aussieht, obwohl man doch ganz sicher weiß, dass es diese

Person ist. Wenn es zu einem Gespräch kommt, sagt der andere auch die Dinge, die zu der Person gehören, die man meint. Dasselbe kann mit einem Haus geschehen, einer Umgebung: »Ich wusste, dass es das Haus war, in dem ich aufgewachsen bin, bloß sah alles ganz anders aus als in Wirklichkeit.« In Träumen kann das subjektive Gefühl von Identität oder Identifikation vollständig vom Äußeren losgelöst sein. Dieses Gefühl scheint zuerst da zu sein. Es wird nicht von Bildern hervorgerufen, sondern geht ihnen voran. Die Bilder scheinen dadurch etwas Zufälliges und Austauschbares zu bekommen.

Eine der Fragen, die Kerr und ihre Kollegen ihren Versuchspersonen stellten, war, ob ihnen die Umgebung, in der sich der Traum abspielte, bekannt oder unbekannt war. Blinde Versuchspersonen hatten keinerlei Mühe, diese Frage zu beantworten, auch wenn sie nicht »sehen« konnten, was neu oder vertraut war. Sie wussten es einfach. Sie wussten auch, ob andere in ihrem Traum vorkamen und ob das Bekannte oder Fremde waren. Diese Überzeugung war nicht – oder nicht immer – von Sinneseindrücken bestimmt, wie Stimmen oder Gerüchen. Situationen und Personen schienen im Traum eine Tatsache, nicht das Ergebnis eines Identifikationsprozesses. Wenn ein Sehender von einem Jugendfreund träumen kann, der aussieht wie einer seiner heutigen Kollegen, obwohl er doch sicher ist, dass er von diesem Freund träumt, warum sollte ein Blinder in seinem bildlosen Traum dann nicht genau wissen, wo er sich befindet und wer bei ihm ist?

9. Ihre Träume sind sicher Hörspiele?

Über das Traumleben von Vincent Bijlo

»Das ist eine der meistgestellten Fragen an mich als Blinder: Herr Bijlo, wie träumen Sie? Ihre Träume sind sicher Hörspiele? Aber das ist natürlich nicht so. Ich träume mittels der Sinnesorgane, die mir täglich zur Verfügung stehen. Ich träume also in Tasteindrücken, in Gefühlen, Gerüchen, Geräuschen, in allem, was ich tagsüber auch habe.«

Vincent Bijlo (48) ist von Geburt an blind. 1985 wurde festgestellt, dass in seiner Familie das Norrie-Syndrom vorkommt, eine seltene Erbkrankheit, bei der die Netzhaut bereits bei der Geburt Fehlbildungen aufweist. Das Gen, das für die Krankheit verantwortlich ist, befindet sich auf dem X-Chromosom: Männer sind davon betroffen, Frauen sind nur Trägerinnen. Bijlos älterer Bruder ist auch blind, seine Zwillingsschwester nicht.

Nach einigen Jahren im Blindenheim – die er in seinem Roman *Het instituut* (1998) verarbeitete – zog Vincent Bijlo resolut und konsequent in die Welt der Sehenden: Er beschloss, seinen Schulabschluss auf einer »normalen« Schule zu machen, und studierte danach in Utrecht Niederlandistik. Nachdem er 1988 auf dem Kabarettfestival in Leiden sowohl den Publikumspreis als auch den Persönlichkeitspreis gewonnen hatte, startete er eine äußerst produktive Karriere als Theatermacher, Komponist, Kolumnist und Romanschriftsteller. Ein Teil seines Werks erschien in Zusammenarbeit mit seiner Frau Mariska Reijmerink. Mit einer gewissen Zurückhaltung – »Ich glaube, dass sich die Träume von Blinden nicht so sehr von denen Sehender unterscheiden« – war er zu einem Gespräch über sein Traumleben bereit.

Sprechen Sie manchmal mit anderen Blinden über Träume?
Nur mit meinem Bruder. Ich kenne eigentlich kaum Blinde. Mit meiner Schwester, die nicht blind ist, rede ich manchmal über Träume, aber auf eine sehr selbstverständliche Weise. Das Schöne am Umgang mit meiner Schwester ist, dass wir Zwillinge sind und unsere Welten sehr selbstverständlich ineinandergreifen. Die Unterschiede wurden sozusagen von Anfang an festgelegt. Das heißt, dass man darüber auch gar nicht spricht. Wir reden zwar über Träume, aber nicht über den Unterschied im Erleben. Und je mehr ich über Träume lese, desto mehr denke ich, dass die Unterschiede auch nicht so groß sind. Träume sind unglaublich sphärisch. Sie haben eine gewisse Ähnlichkeit mit LSD-Trips. Das ist bei Blinden nicht anders. In meinen Träumen sprechen regelmäßig Katzen. Die sagen einfach Sachen. Oft sind sie ein wenig böse darüber, wie sie behandelt werden. Und ich finde das in meinen Träumen auch vollkommen normal, obwohl wir nicht einmal eine Katze haben.

Sehende Menschen nehmen kurz vor dem Einschlafen manchmal eine schnelle Serie chaotischer Bilder wahr, wodurch ihnen mit dem letzten Rest Klarheit bewusst wird, dass sie langsam davonsegeln. Haben Sie – auf einem anderen sensorischen Gebiet – auch so etwas?
Mein Bruder hat das, und zwar mit Klängen. Kurze Fragmente allerlei nicht existierender Lieder, das hat er immer schon gehabt, bereits als Kind. Bei ihm werden die Bilder sozusagen direkt in Ton umgesetzt. Ich selbst habe das überhaupt nicht. Ich habe mir beigebracht, mich schnell zu entspannen. Wenn ich lange arbeite, muss ich das auch, ich kann mittlerweile sozusagen auf Kommando passiv werden. Dann spüre ich, wie ich im Bett liege, und versinke ganz von selbst. Meine Träume verändern sich allerdings mit dem Älterwerden und das ist bei

meinem Bruder auch so. Sie werden eher zu Datenströmen statt isolierten Geschichten, als gäbe es jetzt einen darunterliegenden Strom, der viel länger fließt als früher. Das fängt kurz nach dem Einschlafen an, eher als so eine Art Hintergrundgeräusch beim Schlafen, als etwas, das nacherzählt werden kann. Ein unglaubliches Gemurmel, Getue, alles Mögliche geschieht, so was wie Stimmengewirr.

Freud sprach in seiner Traumdeutung *von »typischen Träumen«, Träume, die seiner Ansicht nach fast jeder mal hat, wie Prüfungsträume oder Flugträume.*
Die habe ich auch. Als 48-Jähriger träumte ich manchmal, ich sei in der letzten Klasse der Oberstufe und müsse meine Abschlussprüfung machen, obwohl ich das Examen doch bestanden habe. Aber ich bin seinerzeit in der vorletzten Klasse sitzen geblieben und ich träume regelmäßig, ich sei wieder sitzen geblieben. Oder dass dieses Examen nicht zählte und dass ich es noch einmal machen muss. Beim Aufwachen bin ich wirklich froh, dass es nur ein Traum war. Vom Fliegen träume ich auch regelmäßig. Im Traum fühlt sich das vollkommen selbstverständlich an. Meistens lehne ich mich ein wenig zurück, als würde ich auf dem Rücken schwimmen, die Luft ist dann eigentlich ein Sessel. Sie sind sehr angenehm, es sind eigentlich mehr Schwebeträume als Flugträume, denn ich bin nie aktiv und es geht auch nicht sehr schnell voran. Diese Träume sind immer milde, weil man in Träumen auch keine Schmerzerfahrung hat. Wenn man gegen eine Mauer läuft, ist das ganz sanft, als würde man mit einem Boot anlegen.

Träumen Sie manchmal und entdecken anschließend, dass darin etwas vom vorigen Tag verarbeitet ist?
Das habe ich sehr häufig. Ich träumte neulich, ich sei in Rom. Dort lag ich auf einem Massagetisch in einem Raum, in dem eine Stunde später der alte Papst den Stab an den neuen weiterreichen sollte. Mir wurde bewusst, dass ich mich in einem historischen Raum befand. Ich dachte, Gott, dass ich hier noch liege, obwohl das schon in einer

Stunde passieren soll und die ganze Welt zusehen wird. Eine Freundin von mir war auch da und sagte: »Komm, Vincent, wir gehen ein wenig Boulevardwaschen.« Das Wort gibt es nicht, aber im Traum wusste ich genau, was das war: Wir würden auf dem Boulevard all die berühmten Leute anschauen, die dort vorbeikommen würden, um dem Papstwechsel beizuwohnen. Das war Boulevardwaschen. Sie ließen mich an einem Modell des Vatikans fühlen, damit ich wüsste, welchen Weg die Menschenmasse nehmen würde. Aber dieses Modell ähnelte exakt dem Modell, das ich am Tag zuvor tatsächlich befühlt hatte, dem eines Schlosses in Deutschland, wo wir Urlaub machten.

»All die berühmten Leute anschauen« – Sie verwenden visuelle Sprachausdrücke, um Träume zu beschreiben.
Ja, aber das ist, weil Sprache nun einmal sehr visuell ist, das verweist bei mir nicht auf Bilder.

Eine angeborene Einschränkung wie Blindheit führt nicht zu dem Gefühl, dem Erleben könne etwas fehlen, auch nicht im Traum. Nur sehende Menschen glauben, dass Blinde im Dunkeln herumtasten. Es ist nicht dunkel, aus demselben Grund, weshalb es nicht hell ist: Dunkel und hell sind visuelle Eigenschaften und die fehlen nun einmal gerade. Aber bei einer *erworbenen* Einschränkung liegt das anders. Das Norrie-Syndrom geht in höherem Alter fast immer mit zunehmender Taubheit einher. Das ist auch bei Vincent Bijlo der Fall, obwohl er die Verschlechterung noch gut mit Hörgeräten auffangen kann. Für jemanden, der Geräusche, Musik, Stimmen hört, bedeutet Taubheit die Aussicht, dass auf jeden Fall etwas im Erleben fehlen wird.

Als Sie sechzehn wurden, erzählte Ihnen Ihre Mutter, dass Sie nach und nach taub werden würden.
Als ich das hörte, habe ich einige Tage gedacht: Ich mache Schluss, was hat dieses Scheißleben noch für einen Sinn, es wird nur schlechter. Aber nun ja, wie ich das dann praktisch regeln sollte, wusste ich

auch nicht. Wahrscheinlich nahm ich mich selbst auch nicht ganz ernst und mir war klar, wie extrem ein Geist in diesem Alter funktionieren kann. Aber gut, es war richtig mies, sehr schlimm. Ich hockte nur noch in meinem Zimmer und machte nichts mehr. Wenn ich mich schlafen legte, ließ ich das Radio an, um sichergehen zu können, dass ich noch hörte. Eines Morgens hatte meine Mutter das Radio ausgeschaltet und da war es sehr still. Ich hörte den Wind in den Pappeln rauschen und ich roch Flieder und Blauregen. Da bin ich aufgestanden, habe mich in den Fensterrahmen gesetzt, in den Wind und in diese Düfte, und innerhalb weniger Sekunden veränderte sich enorm viel. Ich dachte, was für ein Selbstmitleid, ich kann die Bäume noch hören und in den letzten Tagen hat sich überhaupt nichts verändert, und wenn sich etwas ändert, wird das ganz allmählich geschehen – was ist nun eigentlich anders geworden, seit ich diese Mitteilung bekommen hatte? Nichts, oder? Mein Gehör wird davon nicht schneller oder langsamer schlechter. Und es gibt noch alles Mögliche sonst in der Welt: Bier, Mädchen, die Schule, Musik, man kann noch so schrecklich viel entdecken. Schlagartig war es vorbei. Auch das ist die Stärke eines pubertierenden Hirns: Es kann sich gegen einen wenden, aber auch mitziehen. Da hatte ich die Angst vor dem Taubwerden verloren.

Hat sich diese Angst auch in Träumen geäußert?
In dieser Zeit hatte ich hin und wieder den Angsttraum, ich würde Menschen begegnen und sie nicht verstehen. Ich hörte sie zwar, sie erzählten eine Menge, aber es war, als würden sie Lettisch reden, ich verstand kein Wort.

Sie hatten also eher Angst, nicht mehr kommunizieren zu können, als nichts mehr zu hören?
Ja, aber ich habe in dieser Zeit auch geträumt, ich könnte wirklich nichts mehr hören. Dass ich zwar den Wind an meiner Wange spürte, den weichen Untergrund, es musste irgendwo in einem Wald sein, aber ich konnte dann nicht hören, ob da auch Menschen waren.

Das erinnert mich daran, was passiert, wenn meine Frau Mariska und ich im Meer schwimmen gehen. Dann muss ich meine Hörgeräte ablegen und anfangs ist das sehr beklemmend. Denn erst hört man die Geräuschkulisse eines bevölkerten Strands, man hört Menschen, die Brandung – und dann nimmt man die Hörgeräte heraus und plötzlich ist der ganze Strand leer! Und ich bin allein, vollkommen allein. Mariska muss mich dann an der Hand nehmen. Ganz nahe am Meer höre ich die Wellen zum Glück wieder und die Rufe der Leute im Wasser, doch dieses erste Stück Niemandsland ... Das kam dann auch in diesen Angstträumen vor. Bis dahin hatte ich das aber noch nie real erfahren, denn ich hörte noch recht gut. Aber die Träume haben das sozusagen vorweggenommen. Sie sind jetzt weg, es ist kein Thema mehr in meinen Träumen. Ich bekam die passenden Hörgeräte und damit konnte ich gut hören. Ich träume manchmal von diesen Geräten, aber das ist wohl eher so, wie ein Sehender von seiner Brille träumen kann.

Haben Sie manchmal Träume, die von einem externen Reiz ausgelöst werden, den Sie blitzschnell im Traum verarbeiten?
Ja, klar, ich träume zum Beispiel häufig von Unwetter, wenn es draußen tatsächlich gewittert. Früher schleppte ich ständig Dinge von außen in meine Träume hinein. Ich hörte etwas und bastelte eine ganze Geschichte drum herum. Das ist jetzt weniger geworden, weil ich fast nichts mehr höre. Nachts trage ich keine Hörgeräte, daher dringen kaum Geräusche zu mir durch. Aber vor einiger Zeit war ich für einige Auftritte in Athen bei den Paralympics und damals schlief ich mit Hörgerät in einem Ohr in meinem Hotelzimmer. Dann fängt das sofort wieder an: Aus dem Geräusch der Klimaanlage mache ich ein Flugzeug. Das Lachen der Menschen, die spät noch wach sind – das wird alles nahtlos in Träumen verarbeitet.

Haben Sie manchmal auch luzide Träume?
Sehr oft. Ich weiß auch, dass man Luzidität bis zu einem bestimmten Grad beherrschen kann und dass es alle möglichen Tricks da-

für gibt. Man muss zum Beispiel versuchen, im Traum den Finger durch die eigene Hand zu stecken, und wenn das klappt, weiß man, dass man träumt. Oder man muss auf die Uhr schauen, sie dann abdecken und ein paar Sekunden später wieder schauen.

Gibt es Traumzeichen, die Ihnen verraten, dass Sie träumen?
Die sind sehr unterschiedlich. Manchmal ist es so, dass ich mich im Traum derart in etwas verstrickt habe, dass ich denke: Das hier kann nicht echt sein. Aber manchmal ist es auch Angst. Dann denke ich: Das wird mir zu beklemmend, ich muss hier weg! Und dann weiß ich, dass ich aufhören muss mit diesem Traum. Ganz oft träume ich auch, dass ich wach werde. Manchmal wache ich sozusagen aus einem Traum auf und kann über ihn nachdenken, bin aber immer noch am Träumen, eine Art Rahmentraum. Das Seltsame ist, dass man natürlich nicht weiß, ob man sich nicht erst in diesem folgenden Traum ausdenkt, dass man gerade einen anderen Traum gehabt hat. Es ist ein dämmriges Gebiet. Manchmal träume ich, dass ich mich in einer unbequemen Situation befinde, zum Beispiel, dass ich irgendwo bin und den Weg nicht mehr weiß. Und dann erwache ich aus diesem Traum und liege im Bett – und das träume ich auch!!

Einer Untersuchung zufolge sollen Blinde häufiger träumen, dass irgendetwas – ohne ihr Wissen – mit ihrem Äußeren oder ihrer Kleidung nicht in Ordnung ist, vielleicht, weil sie das visuell nicht überprüfen können. Haben Sie manchmal Nacktträume?
Ja, regelmäßig. Aber das ist für mich kein Traum, in dem ich mich schäme. Ich sitze dann zum Beispiel in einer Versammlung und denke dann plötzlich – He, wie blöd, ich habe heute Morgen vergessen, mich anzuziehen. Ich schäme mich nicht für diese Nacktheit. Ich denke höchstens: Ob die anderen das wohl schlimm finden? Aber ich schäme mich nicht. Ich empfinde eigentlich nie Scham im Traum.

Haben Sie in Ihren Träumen schon einmal ein Problem gelöst oder eine kreative Idee gehabt?

Manchmal Gedichte, Satzfragmente. Aber leider sind das oft so Sätze wie »Ich stehe auf dem Feld meiner Erinnerung«. Beim Aufwachen denkt man noch, man hätte den Satz des Jahrhunderts ersonnen, und kurz darauf dämmert es einem, dass das, was einem im Traum einfällt, sehr große Ähnlichkeit mit dem hat, was man nach zehn Bier schreiben würde. Im Traum leidet man an enormer Selbstüberschätzung. Alle Kontrollmechanismen entfallen. Ganz selten sind auch mal Sätze dabei, die ich gebrauchen kann, oder bestimmte Intervalle in Melodien. Manchmal träume ich eine wunderbare Melodie, aber sobald ich wach bin, kann ich sie nicht mehr rekonstruieren. Ich habe mal gemerkt, dass es mir in Träumen schwerfällt, Blindenschrift zu lesen, aber Lesen scheint auch in Träumen Sehender ein Problem zu sein.[1]

Für das Wissenschaftsprogramm »Pavlov« haben Sie sich einem fMRT-Scan unterzogen, der Ihre Gehirnaktivität aufzeichnet.[2] Als Sie einen Text in Blindenschrift lesen sollten, stellte sich heraus, dass Ihr visueller Kortex aktiviert wurde.
Aber das ist auch logisch. Dieses Gehirnareal wird nach einiger Zeit natürlich für die Verarbeitung nicht visueller Reize benutzt, in diesem Fall von Tastreizen. Das bedeutet nicht, dass diese Aktivität doch noch zu visuellen Bildern führt. Mir kam auch die Schlussfolgerung dieser portugiesischen Forscher sehr naiv vor, die bei träumenden Blinden Aktivität in der visuellen Rinde festgestellt hatten und dachten, sie könnten wahrscheinlich doch in Bildern träumen (siehe Seite 192). In diesem visuellen Bereich passiert bei Blinden einfach etwas anderes. Ich hielt das Ganze für ein ziemlich seltsames Experiment.

Für Blinde ist die Welt zuallererst und vor allem dreidimensional. Diese drei Dimensionen in eine zweidimensionale Vorstellung umzusetzen, ist sehr schwierig und fast nie notwendig.[3] Sehende Kinder lernen schon sehr früh, in welchem Verhältnis eine Katze zu einer Zeichnung von einer Katze steht oder ein Gesicht zu einem Foto von diesem Gesicht, aber zweidimensionale Repräsentationen der visuellen Welt spielen im Leben von Blinden kaum eine Rolle. Eine Katze oder ein Gesicht ist für sie, was man davon fühlen kann, in drei Dimensionen. Die Vorstellung von etwas, das zu groß ist, um es tastend zu umfassen, etwa ein Schiff oder ein Gebäude, muss als Sammlung von Tasteindrücken aufgebaut werden. Das Gemeindemuseum Den Haag oder die Amsterdamer Börse, beide von dem Architekten Hendrik Petrus Berlage erbaut, sind für seinen Urenkel Bijlo Vorstellungen, die sich aus Geräusch und Gefühl zusammensetzen. In Den Haag hört er den majestätischen Eingang, in Amsterdam fühlt er die Verarbeitung des Treppengeländers. Ein Modell der Börse könnte ihm einen Eindruck der räumlichen Verhältnisse vermitteln, ein Relief allerdings kaum.

Könnten Sie Situationen aus Ihrem Traum zeichnen?
Ich glaube nicht. Ich las von diesem portugiesischen Experiment, bei dem sie Blinde aus ihren Träumen zeichnen ließen und dass diese Zeichnungen kaum von den Zeichnungen Sehender mit Augenbinde zu unterscheiden sein sollten. Das scheint mir sehr zweifelhaft. Die Zeichnung eines Blindgeborenen erkennt man sofort. Wenn man blind geboren ist, ist die Übertragung von dreidimensional auf zweidimensional kaum zu schaffen. Man hat keine Vorstellung davon, wie das gehen soll. Ich habe mich sehr oft mit bildenden Künstlern darüber unterhalten und sie haben mir alles Mögliche über Perspektive und Fluchtpunkte und so erzählt, aber ich finde es immer noch sehr schwierig. Wenn man einen Hund von der Seite zeichnet, zeichnet man ihn mit zwei Pfoten, die beiden anderen denkt man sich dazu. Das ist für mich schon nicht zu schaffen. Ich kann ihn auch nicht als solchen erkennen. Würde man ihn im Relief gestalten, würde ich denken: Das ist ein gebogenes Ding mit etwas Hervorspringendem.

Erotische Träume haben oft mit Spähen und Spannen zu tun, eine Stimmung, die Sie in Ihrem Lied »Het naaktstrand« (Der Nackt-

strand) wunderbar eingefangen haben. Welche Gestalt nehmen eroti-
sche Träume bei Ihnen an?
Sie handeln immer vom Fühlen, Berühren, Tasten, es sind sehr
sanfte Träume mit einer Person, die ganz nah ist. Sie können nie
zu heftig sein, denn dann wird man natürlich wach. Es erinnert eher
an eine Art Vorspiel, Streicheln, immer nur Vorspiel. Es ist auch nie
eine spezielle Person, Menschen, die behaupten, sie seien sogar in
ihren erotischen Träumen treu, glaube ich nicht.

Sehenden passiert es schon einmal, dass sie von einem Freund träumen,
obwohl dieser Freund im Traum ganz anders aussieht. Trotzdem wissen
sie ganz sicher, dass es dieser Freund ist.
Solche Personenverschiebungen gibt es bei mir durch Stimmwech-
sel. Angenommen, ich träume von Ihnen und Sie verändern sich in
Mariska, dann ist es nicht so, dass sich bei mir ihre Gestalt ändert,
denn Gestalten existieren für mich nicht, aber Ihre *Stimme* verändert sich in die von Mariska. Damit ist noch nicht gesagt, dass Sie
dann Dinge sagen, die Mariska sagen würde. Sie können weiterhin
Dinge sagen, die Sie als Douwe Draaisma sagen würden. Sie können etwas von irgendeiner Studie erzählen – mit Mariskas Stimme.
Manchmal verändert sich auch das wieder: Sie sind fertig mit Ihrer
Geschichte und plötzlich sagen Sie doch etwas als Mariska, dann
sind Sie wirklich zu Mariska geworden. Ich empfinde es in Träumen
oft als ein wenig beklemmend, wenn Menschen plötzlich mit der
Stimme einer vertrauten Person sprechen.

Gibt es Menschen, deren äußerliche Veränderungen Sie sozusagen tas-
tend verfolgen, und tauchen diese Veränderungen dann auch in Ihren
Träumen auf?
Mariska erscheint mir nur in meinem Traum, wie ich sie spüre, so
wie sie jetzt ist. Wenn ich von meinem Bruder träumen und ich ihn
berühren würde, dann nur seine Hände, eine Schulter oder so etwas. Mariska kann ich bis in die kleinste Einzelheit träumen.

10. Ein furchterregendes Klappern.
Über Zeit in Träumen

1925 machte Samuel Goldwyn eine Reise durch Europa. Dabei kam der damals schon legendäre Filmproduzent auch nach Wien. Er war ein Mann mit einer Mission: er hoffte, Freud dazu bewegen zu können, an einer Filmreihe über berühmte Liebesgeschichten mitzuarbeiten, angefangen bei Kleopatra und Marcus Antonius. Geld spielte keine Rolle. Goldwyn hatte die Presse wissen lassen, dass ein Angebot von hunderttausend Dollar vorlag.

Freuds Reaktion kam in Form eines einzeiligen Telegramms: »Ich habe nicht die Absicht, Herrn Goldwyn zu empfangen.« Zu einem Treffen kam es nie. Goldwyn reiste unverrichteter Dinge nach Amerika zurück. Dort waren unterdessen Zeitungsartikel mit erstaunten Schlagzeilen erschienen: »Wiener Psychiater lässt Hollywood-Mogul abblitzen.« Goldwyn musste zu dem Schluss kommen, dass diese eine Zeile aus Freuds Telegramm mehr zu dessen Ruhm in Amerika beigetragen hatte als all seine Artikel und Bücher zusammen.

Natürlich kamen diese psychoanalytischen Filme doch – und zwar recht schnell. Noch im selben Jahr ließ sich Karl Abraham, ein Schüler Freuds, dazu überreden, die Beratung zu einem Drehbuch für einen Film über eine psychoanalytische Behandlung zu übernehmen. Die erste kinematografische Fallbeschreibung lief 1926 unter dem Titel *Geheimnisse einer Seele* und handelte von einem Wiener Chemiker, der unter Potenzstörungen und einer Messerphobie litt. Der Film stand unter einem schlechten Stern. Noch während Abraham mit seinen umstrittenen Beratungen zugange war, blieb ihm eine Gräte im Hals stecken, dazu bekam er eine Lungenentzündung und starb. Die Premiere seines Films hat er nicht mehr erlebt. Aber dass die *Geheimnisse* erschienen, verdeutlichte dennoch etwas: Freud'sche Filme konnten durchaus ohne Freud gemacht werden.

Freud ließ in mehreren Briefen wissen, er sei nicht erfreut über Verfilmungen der Psychoanalyse. Davon abgesehen, war er auch ganz und gar nicht begeistert vom Medium Film an sich. Seinem Biografen Ernest Jones zufolge hat Freud zeit seines Lebens einen einzigen Film gesehen: Während eines Amerikaaufenthalts 1909 hatte er in einem Kino in Manhattan einen Film der Keystone Cops mit einer Menge wilder Verfolgungen gesehen. Aber seine größte Sorge, schrieb er in einem Brief an Abraham, sei das Schicksal psychoanalytischer Abstraktionen, die sich im Film nun mal nicht auf plastisch respektable Weise darstellen ließen.[1]

Das ist ein etwas rätselhaftes Argument. In Träumen, hatte er 1900 in der *Traumdeutung* erläutert, müssen Abstraktionen anschaulich präsentiert werden. Sie werden in konkrete Bilder umgesetzt, in Symbole, Analogien, Metaphern, das sei gerade eine der Aufgaben der Traumarbeit. Warum sollte etwas, das die Traumarbeit so gut leisten kann, in einem Film unmöglich sein? Schon eine Generation später war klar, dass man ihm darin auch nicht folgte: Im Film erschienen psychoanalytische Themen und Traumsequenzen und mittlerweile gab es ein Publikum, das gelernt hatte, sie als psychoanalytisch zu erkennen. Freud mochte den Film nicht, der Film jedoch mochte Freud.

In der *Traumdeutung* benutzte Freud unzählige Metaphern zur Beschreibung von Träumen oder einzelner Traumelemente. So ähneln Traumsymbole chinesischer Schrift, Hieroglyphen, Webkunst, einem Palimpsest, Stenozeichen und allem Möglichen – bloß keinen Filmbildern. Dass ein Traum durchaus Ähnlichkeiten mit einem inneren Film haben kann, wie wir heute so leicht sagen, findet sich auch in Freuds späterem Werk nicht.

Handelte es sich dabei um Abwehr, einen instinktiven Widerstand gegen allzu enge Bezüge zwischen Traum und Film? Freud hat immer alles gefürchtet, was der Psychoanalyse durch Assoziationen schaden könne. Paranormale Erscheinungen, wie Telepathie oder prophezeiende Träume, hat er zwar besprochen, jedoch mit dem Ziel, sie außerhalb der Psychoanalyse zu halten. Das war an sich schon kontrovers genug. Die Assoziation mit Film wiederum barg eine andere Gefahr: Kino wurde noch lange Zeit als Jahrmarktsvergnügen betrachtet. Für seine Metaphern machte Freud Anleihen bei der stillen, erhabenen Welt des Altertums, der Archäologie und der Mythologie. Er stellte Traumata als Komplexe dar, die unter Deckschichten verborgen lagen, wie Pompeji unter der Asche, es sei die Aufgabe des Psychoanalytikers, dieses Trauma vorsichtig freizulegen, damit die tatsächliche Zerstörung Pompejis beginnen konnte. Komplexe waren nach mythologischen Gestalten benannt, wie Elektra oder Ödipus. Solche gymnasialen Metaphern und Namen eigneten sich viel besser als der Film dazu, ein vornehmes, belesenes und klassisch gebildetes Publikum für die Psychoanalyse zu schaffen. Aber die Konsequenz daraus war, dass Freud damit nicht über eine Metapher – oder besser gesagt: eine ganze Familie von Metaphern – verfügte, die ihm gute Dienste hätte leisten können beim Denken und Schreiben über ein bestimmtes Thema, das an verschiedenen Stellen seiner Schriften über Träume auftaucht, nämlich *den Zeitverlauf in Träumen*. Wie schnell träumen wir? Wie lange dauern Träume? Vergeht die Zeit in Träumen genauso schnell oder langsam wie im wachen Leben? Dauern Träume nur kurz, wirken in der Erinnerung jedoch lang, weil darin so viel geschieht? Was wissen wir eigentlich über Zeit in Träumen?

Dazu machte Freud einige Anmerkungen in der Abhandlung einer Traumkategorie, die wahrscheinlich die kürzeste aller Traumarten ist, dem Weckertraum. Ein Weckertraum entsteht durch einen Reiz von außen, das kann tatsächlich der Wecker sein, der blitzschnell in der Traumgeschichte verarbeitet wird, den Träumenden aber auch fast zur gleichen Zeit weckt. Ein bekanntes Genre. Im Traum erklingt in der Ferne eine Sirene. Irgendwo muss es brennen. Die Sirene kommt immer näher, gellt schließlich so laut, dass man meinen könnte, das Einsatzfahrzeug stünde vor der Haustür: Lieber Himmel, es brennt bei *uns!* Vor lauter Angst schreckt man auf – der Wecker hat geläutet! Jeden Morgen müssen Hunderte, Tausende solcher Träume geträumt werden.

Auf Freuds Betrachtung über den Weckertraum kommen wir später zurück, denn die umfassendste Studie zu solchen Träumen hat Jelgersma durchgeführt, ein niederländischer Bewunderer Freuds.

Weckträume

Am Abend des 28. Oktober 1930 drängten sich die Geladenen in der Aula des Leidener Akademiegebäudes. Sie wollten der Abschiedsvorlesung von Gerbrandus Jelgersma beiwohnen.[2]

Jelgersma konnte auf eine glanzvolle Laufbahn zurückschauen. 1899 war er der erste Professor für Psychiatrie in den Niederlanden. Seine Beiträge zur Neurologie hatten internationales Format: er war Spezialist auf dem Gebiet des Kleinhirns (Cerebellum) und hatte eine Methode entwickelt, wie man Nervenbahnen einfärben konnte.

All dies kam in seiner Abschiedsvorlesung gar nicht vor. Jelgersma hatte beschlossen, seine letzte akademische Stunde dem *Wecktraum* zu widmen.[3] Diesen Begriff hatte er selbst eingeführt. Die Bezeichnung passte besser als der »Weckertraum« von Freud, denn der Reiz, der den Traum verursacht, kann alles Mögliche sein: im Zimmer fällt etwas um, draußen erklingt Geschrei, der Vorhang raschelt am offenen Fenster. Aber egal, um welchen

Reiz es sich handelt – er kann augenblicklich im Traum verarbeitet werden: Meist vergehen nicht mehr als einige Sekunden zwischen dem Beginn des Traums und dem Erwachen.

Über Weckträume zu sprechen, war kein plötzlicher Impuls gewesen. Schon 1922 hatte Jelgersma in einer niederländischen medizinischen Zeitschrift wissen lassen, er beschäftige sich mit einer Studie über Weckträume. Er versicherte seinen Kollegen, damit seien »wichtige psychologische Fragen« verbunden, und bat sie, ihm Berichte von Weckträumen zu schicken. Der Aufruf erschien auch in einigen überregionalen Zeitungen. In der Tageszeitung *NRC Handelsblad* vom 1. März 1922 skizzierte Jelgersma ein Beispiel eines solchen Wecktraums, dem 1861 veröffentlichten Guillotinetraum von Alfred Maury.

Ich war leidend und lag im Bett. Meine Mutter saß neben mir. Plötzlich schlief ich ein, träumte von der Schreckensherrschaft und war Augenzeuge der Mordszenen. Ich wurde vor den Gerichtshof zitiert und sah Robespierre, Marat und all die traurigen Wesen jener grässlichen Epoche. Ich verteidige mich gegen ihre Beschuldigungen, doch am Ende werde ich zum Tode verurteilt. Ich besteige den Karren, der mich mitten durch die große Volksmenge führt. Das Messer der Guillotine saust herab und ich spüre, wie sich mein Kopf vom Rumpf trennt. Ich erwache, heftigster Todesangst preisgegeben.

Was war der Anlass für diesen Traum? Der Bettaufsatz hatte sich gelöst und war mir auf die Halswirbel gefallen, und dass dies gerade eben geschehen war, versicherte mir meine neben dem Bett sitzende Mutter.[4]

Der Aufruf ergab 120 brauchbare Träume. Jelgersma hatte nicht vor, die Träume einer Psychoanalyse zu unterziehen, schließlich kannte er die Träumer gar nicht. Ihm ging es um etwas anderes: die Schnelligkeit und die Dauer von Weckträumen. Bei der Einschätzung der Dauer eines Intervalls benutzt man tagsüber, im

Wachzustand, einen einfachen Mechanismus, nämlich die Erinnerungen an die Ereignisse in diesem Intervall. Je mehr Eindrücke, an die man sich erinnert, so die globale Regel, desto länger scheint etwas gedauert zu haben. Die Fähigkeit, die eigenen Eindrücke festzuhalten, verringert sich beim Älterwerden und dieser Verfall beginnt nach Jelgersma »etwa ab vierzig. Die Folge ist der bekannte Spruch älterer Leute, die Zeit vergehe immer schneller.«[5]

Nachdem er so, fast nebenbei, ein Rätsel gelöst hatte, für das weniger privilegierte Denker ein ganzes Buch brauchen, war die Frage nach der Zeit in Träumen eigentlich auch schon fast beantwortet: auch diese schätzen wir anhand unserer Erinnerungen an das, was in diesem Traum geschehen ist. Ein Traum, der viele Erinnerungen hinterlassen hat, scheint länger gedauert zu haben als ein Traum, von dem wir wieder viel vergessen haben. Das Problem ist leider, dass man bei einem normalen Traum eigentlich keinen Anknüpfungspunkt für eine verlässliche Schätzung der Dauer hat. Manchmal gibt es einen Endpunkt – wenn man wach wird –, aber dann ist noch immer der Anfang unsicher. Der Wecktraum hat jedoch diesen Anfangs- und Endpunkt, sie fallen fast zusammen, sie liegen so dicht beieinander, dass, wenn sich in diesem Traum doch eine Reihe von Ereignissen abgespielt hat, dies nur *eins* bedeuten kann: Der Traum ist momentan, augenblicklich, unteilbar schnell.

Oder –

Es gibt noch eine andere Möglichkeit.

Derselbe Eindruck von Schnelligkeit könnte entstehen, wenn die Traumgeschichte schon mehr oder weniger bereitlag und auf Abruf im Bewusstsein auftauchte. Das war die Hypothese, die Jelgersma an diesem Abend in Leiden unterbreiten wollte. Unser Gehirn hält Geschichten parat, er nannte sie »Komplexe«, und zwar an einer Stelle, die tagsüber nicht zugänglich ist. Diese Komplexe bestehen aus einem Geflecht aus Assoziationen, Erinnerungen, Fantasien, Bildern. Sie brauchen nur aktiviert zu wer-

214

den. Der Weckreiz ist höchstens ein Anlass, »nicht mehr als die Klinke, die angehoben wurde, um den Traum durchzulassen«.[6]

Eine wunderbare Metapher. Aber ist sie auch *wahr*?

Jelgersma verwies auf Übereinstimmungen außerhalb des Traumlebens. Bei Menschen, die von einem Moment zum nächsten in Lebensgefahr schweben, können Gedanken und Assoziationen dieselbe subjektive Geschwindigkeit erreichen wie in einem Wecktraum. Jemand hatte ihm einen Bericht zugeschickt, nicht von einem Wecktraum, sondern von etwas, das dem so ähnelte, dass er vermutete, es könne Jelgersma interessieren.

Der Verfasser war mit einem Bekannten, Dr. S., und dessen Sohn schwimmen gegangen. S. wollte von einem Steg aus ins Wasser springen, aber gerade, als er sich zum Sprung abstieß, brach er mit einem Fuß durch ein morsches Brett. Er fiel vornüber ins Wasser, während sein anderes Bein im Loch hängen blieb. Einen Augenblick verschwand er unter der Wasseroberfläche, bevor man ihm schnell ans Ufer half. Länger als eine Sekunde konnte er nicht unter Wasser gewesen sein. Sein Bein war schwer geprellt, nicht gebrochen. S. erzählte sofort, was ihm unter Wasser durch den Kopf gegangen sei. Erst sei er sicher gewesen, er habe sich das Bein gebrochen:

Und plötzlich dachte ich an Laufwettkämpfe, die ich als Student gewonnen hatte, daran, wie mich einmal ein Polizist verfolgt hatte und ich ihm dank meiner Schnelligkeit entkommen war, dass ich vom Bahnhof zu meinem Elternhaus eine und eine Viertelstunde brauchte (ein anderer benötigte dafür mehr als anderthalb Stunden). Da wurde mir bewusst, dass ich mit meinem gebrochenen Bein nicht mehr schwimmen könnte, dass ich ertrinken würde oder mit einem Holzbein über die Straße humpeln müsste, und ich erinnerte mich an einen alten Freund, der mit einem Holzbein zur Kanzel gestolpert war, und daran, dass ich kein Fahrrad mehr fahren könnte usw. Dann spürte ich, dass mein Bein noch bewegt werden konnte, und erinnerte mich, dass mir ein Arzt einmal erzählt hatte, ein Bein sei nicht gebrochen, wenn man es noch bewegen könne, dass ich also kein Invalide sein würde und ohne Holzbein an der Versammlung würde teilnehmen können.[7]

Danach kam er wieder an die Oberfläche und rief: »Nicht gebrochen!«

Der Bericht erwähnte noch, Dr. S. sei ein großer Wanderliebhaber und es sei »immer seine größte Angst gewesen, Invalide zu werden«.[8] Nach Jelgersma war genau dies die Erklärung für die scheinbare Schnelligkeit, mit der all diese Gedanken durch den doch nur so kurz unter Wasser befindlichen Kopf geschossen waren. Er hatte diese Gedanken und Ängste schon so oft gehegt: »Es war ein Komplex, der für ihn einen großen Gefühlswert besessen haben muss und den das geprellte Bein leicht hervorrufen konnte. Die Menge der Gedanken, die er gehabt habe, sei nicht im Augenblick des Traumas entstanden, ebenso wenig wie dies im Wecktraum der Fall ist, sondern habe im Ganzen bereitgelegen, um augenblicklich zum Vorschein gerufen werden zu können.«[9]

Das dreifache Rätsel des Wecktraums

Wachträume, so unscheinbar ihr Umfang auch sein mag, beinhalten zwei große Rätsel und Jelgersma hatte sie beide gleichzeitig gelöst. Das eine – wie kann es sein, dass der Traum so schnell zustande kommt? – war zu erklären, weil die Elemente der Geschichte nicht mehr bedacht und zusammengefügt zu werden brauchten, sondern wie ein bereits vorhandener Komplex auf einmal abgerufen werden. Das andere – wie kann es sein, dass die Traumgeschichte mit etwas *endet,* das in Wirklichkeit die Ursache ist, also der *Anfang* des Traums gewesen sein muss – war ebenfalls gelöst: Der Weckreiz, der den Ursprung des Traums bildet, liegt zeitlich so dicht am Traumende, dass es scheint, als würden sie zusammenfallen. Kein Wunder also, dass der Träumer beim Erwachen Verwirrung über die richtige Reihenfolge verspürt. Wir träumen nicht wirklich von hinten nach vorn, es scheint nur so.

Aber Weckträume enthalten noch ein drittes Rätsel – auf den ersten Blick eins von geringerem Ausmaß, aber noch immer ein Rätsel. Jelgersma berichtet nicht darüber, hat es vielleicht auch nicht gesehen. Ich hatte auch nie zuvor darüber nachgedacht, Sie vielleicht auch nicht – aber Freud natürlich doch.

Freud zitiert in der *Traumdeutung* drei Weckträume eines deutschen Theologen, eines gewissen Hildebrandt. Alle drei hatten dieselbe Ursache: sein Wecker. Der erste Traum war eine lange Geschichte von einem Spaziergang, der mit dem eindringlichen Läuten einer Kirchenglocke endete, die zur Frühmesse rief. Der zweite Traum, mindestens genauso lang, handelte von den scheinbar endlosen Vorbereitungen zu einer Fahrt mit dem Pferdeschlitten. Als es endlich so weit war, Decke umgelegt, Füße in einem warmen Sack, der Schlitten fuhr ab, begannen dicht bei seinen Ohren die Schellen des Schlittens kräftig zu klingeln. Im dritten Traum ging dem Lärm sogar noch ein Dialog voraus:

Ich sehe ein Küchenmädchen mit einigen Dutzend aufgetürmter Teller den Korridor entlang zum Speisezimmer schreiten. Die Porzellansäule in ihren Armen scheint mir in Gefahr, das Gleichgewicht zu verlieren. »Nimm dich in acht«, warne ich, »die ganze Ladung wird zur Erde fallen.« Natürlich bleibt der obligate Widerspruch nicht aus: man sei dergleichen schon gewohnt usw., während dessen ich noch immer mit Blicken der Besorgnis die Wandelnde begleite. Richtig, an der Türschwelle erfolgt ein Straucheln, – das zerbrechliche Geschirr fällt und rasselt und prasselt in hundert Scherben auf dem Fußboden umher. Aber – das endlos sich fortsetzende Getön ist doch, wie ich bald merke, kein eigentliches Rasseln, sondern ein richtiges Klingeln – und mit diesem Klingeln hat, wie nunmehr der Erwachende erkennt, nur der Wecker seine Schuldigkeit getan.[10]

Was ist nun das dritte Rätsel? Man übersieht es, weil es so offensichtlich ist. Wenn der Wecktraum wirklich erst im Anschluss kommt, also auf den Reiz *folgt,* und diesen Reiz mit einer logischen Erklärung versehen soll, *warum träumen wir dann nicht einfach von einem Wecker?* Gerade das passiert nicht: der Traum handelt von Glockenläuten, den Schellen eines Pferdeschlittens, einem zu Scherben fallenden Geschirr, von allem Möglichen, aber *nicht* von einem Wecker. Der tatsächliche Weckreiz bleibt außerhalb des Traums. Das gilt nicht nur für das Klingeln des Weckers. Ein französischer Kollege Freuds, der Psychiater Paul Simon, träumte von einem Paar Riesen, das an einem Tisch sitzt und isst.[11] Er hört, wie ihre Kiefer mit einem furchterregenden Klappern gegeneinanderschlagen. Der Lärm wird immer lauter, er schreckt aus dem Schlaf – und hört unter seinem Fenster ein Pferd vorbeigaloppieren. Dies fasst das dritte Rätsel schön zusammen. Es erklingt Hufgetrappel in der Nacht. Der Traum versucht, das Geräusch in einer Geschichte zu verarbeiten, in der es einen glaubwürdigen Platz erhält, und das wird dann zu einer Geschichte – *nicht* über ein Pferd, das vorbeigaloppiert, sondern über Riesen, die mit viel Gelärme zu Tisch sitzen.

In der umfangreichen Literatur über Träume – vor oder nach Freud – habe ich keine Beispiele gefunden, in denen der Wecktraum in den tatsächlichen Reiz überging. Ich habe auch noch nie jemanden sagen hören: das war vielleicht verrückt heute Morgen – ich träumte von einem Wecker und da läutete mein Wecker! Wundt, der Begründer der experimentellen Psychologie, hatte dafür jedoch eine Erklärung. Der Weckreiz fällt beim Träumer in ein bestimmtes Feld von Assoziationen und Erinnerungen und bekommt so eine erste, vorläufige Interpretation, ungefähr so, wie wenn man bei einem Spaziergang glaubt, in der Ferne ein Pferd zu sehen, das sich beim Näherkommen als eine Kuh entpuppt. Aber das Seltsame ist, dass man in Weckträumen *nie* sofort die Kuh sieht. Die sieht man erst, wenn man wach ist. Warum schließt der Traum nicht bei dem tatsächlichen Reiz an? Freud hätte dieser Merkwürdigkeit nicht so viel Aufmerksamkeit gewidmet, wenn er keine Erklärung dafür gehabt hätte. Genau wie es Jelgersma dreißig Jahre später tun sollte, nahm Freud an, dass bereits seit Langem an diesem Traum gearbeitet worden war, bevor er wirklich geträumt wurde. Das musste erst alles vorbereitet werden. In seiner Traumtheorie muss der direkte Ausdruck unserer Triebe in Symbole und Bilder umgesetzt werden, die das Bewusstsein nicht so beunruhigen, dass der Schläfer aus dem Schlaf schreckt. Erst wenn die Bearbeitung fertig ist, kann der Traum ins Bewusstsein des Schläfers dringen. Freuds Ansicht nach ähneln Träume einem Feuerwerk, »das stundenlang hergerichtet und dann in einem Moment entzündet wird«.[12] So entstand der Traum von den Riesen mit ihren klappernden Kiefern wahrscheinlich aus Ängsten, die der Träumer als Kind schon gehabt haben muss: riesenhafte Gestalten in Träumen verweisen meist auf die Kindheit. Und Maurys Traum, nachdem ihm der Bettaufsatz auf die Halswirbel gefallen war, wurzelte zweifelsohne in jugendlichen Fantasien über eine Heldenrolle in einer aufreibenden Epoche der französischen Geschichte.[13] Der Weckreiz hatte nichts anderes getan, als diese Fantasien kurz anzutippen. Das reichte schon: Danach kam die ganze Geschichte fast gleichzeitig ins Bewusstsein.

Damit ist auch das dritte Rätsel gelöst. Geschichten, die schon mehr oder weniger bereitliegen, können unmöglich *exakt* bei dem Reiz anknüpfen, der eine dieser Geschichten an die Oberfläche drängt. Was bereitliegt, handelt von Riesen, den Schrecken des Terrors, nicht von einem vorbeigaloppierenden Pferd oder einem Bettaufsatz.

Jelgersma sprach in seiner Abschiedsvorlesung über Freuds »wirklich geniale Studie«.[14] Es ist tatsächlich schwierig, nicht von der Erfindungsgabe der Konstruktion beeindruckt zu sein, von der Überzeugungskraft der Beispiele, den großen und kleinen Merkwürdigkeiten, die innerhalb der Konstruktion eigentlich recht logisch klingen. Das ist es auch, was einen bei Freud so in den Bann zieht: Erst in zweiter oder dritter Instanz oder manchmal überhaupt nicht fragt man sich, woher er eigentlich wusste, dass Träume über riesenhafte Gestalten auf Ängste in der Kindheit verweisen. Wie hat er das untersucht? *Hat* er es untersucht? Wie so vieles an seinem Werk ist es innerhalb der Linien überzeugend, die auf der Akzeptanz seiner Ausgangspunkte beruhen.

Die Videokassette

Freud schrieb 1900 und Jelgersma 1930. Seither hat es in der Traumforschung mehrere Revolutionen gegeben, es wurden Schlaflaboratorien eingerichtet, Instrumente zur Registrierung der Neurophysiologie des Träumens entwickelt – und was wissen wir jetzt über die Zeit in Träumen, was sie noch nicht wissen konnten?

Dass sich die meisten Träume während des REM-Schlafs abspielen, suggerierte schon gleich eine nüchterne Erklärung für die Eigenarten des Wecktraums. Die längste Phase des REM-Schlafs spielt sich gegen Morgen ab und dauert etwa eine Dreiviertelstunde bis zu einer Stunde. *Alle* Reize, ob es nun Geräusche, Gerüche oder Berührungen sind, haben die Fähigkeit, einen Schläfer während des REM-Schlafs zu wecken, ganz einfach, weil dies die Schlafphase ist, aus der man am leichtesten geweckt werden kann. Der Weckreiz – und ganz sicher das Läuten des Weckers – wird also relativ häufig in einen bereits laufenden Traum hineingeraten und vielleicht ist dieser subjektiv lange Traum in so kurzer Zeit in Wirklichkeit ein Traum, der schon seit einiger Zeit läuft und erst im letzten Moment den Reiz in der Geschichte verarbeitet. Wer weiß, wie lange Maury schon von der Schreckensherrschaft träumte, vielleicht war nur das Ende unter der Guillotine von dem fallenden Bettaufsatz hervorgerufen. Ohne ihn wäre er vielleicht auf geheimnisvolle Weise entkommen oder das Urteil wäre in letzter Minute widerrufen worden.

In Schlaflaboratorien hat man hin und wieder versucht, die Dauer von Träumen auf experimentellem Weg zu bestimmen. Dement und Wolpert setzten ihre schlafenden Versuchspersonen unterschiedlichen Reizen aus, um zu schauen, ob diese im Traum verarbeitet wurden.[15] Einem von ihnen spritzte man während des REM-Schlafs kaltes Wasser auf den Rücken. Kaum wach, erzählte er erst eine lange Geschichte darüber, wie er in einem Theaterstück gelandet war. Im Traum läuft er hinter der Hauptrollendarstellerin her und sieht, wie sie plötzlich zusammenbricht und dass Wasser auf sie tropft. Schnell geht er zu ihr und spürt dann auch selbst, dass Wasser auf ihn tröpfelt. Ist das Dach leck? Er schaut hoch, sieht ein Loch in der Decke, vielleicht war die Schauspielerin von fallendem Gips getroffen worden? Schnell schleift er sie zum Rand der Bühne, zieht den Vorhang zu – und wird wach.

Dieses Experiment fand in einer Laborumgebung statt, mit Registrierung von EEG und Augenbewegungen, aber das Ergebnis hilft uns nicht viel weiter als bis dahin, wo wir schon zu Freuds und Jelgersmas Zeiten waren. Noch immer ist nicht sicher, ob das kalte Wasser den *ganzen* Traum hervorgerufen hat oder nur die Schlussszene im Theater.

Braucht man hier nicht eine ganz andere Perspektive? Bei der wir nicht versuchen, gleich die Schnelligkeit des Wecktraums zu bestimmen, sondern eher, wie die *Erfahrung* von Schnelligkeit entsteht? Der Philosoph Daniel Dennett machte dazu einige Notizen, die uns weiterhelfen können. Er kannte Weckträume aus eigener Erfahrung. In einem dieser Träume war er schon seit einiger Zeit auf der Suche nach einer Ziege des Nachbarn. Als er sie endlich gefunden hatte, meckerte die Ziege durchdringend, ein Laut, der mit dem Summer des elektrischen Weckers verschmolz, den er seit Monaten nicht mehr benutzt hatte. Auch Dennett war erstaunt über die scheinbare Schnelligkeit, mit der sich der Weck-traum durchs Bewusstsein bewegt. Ohne auf Freud zu verwei-sen – und wahrscheinlich auch unabhängig von ihm –, schlug er vor, der Grund für diese Schnelligkeit könne darin liegen, dass in unserem Gedächtnis bereits Drehbücher bereitlägen, eine Samm-lung ungeträumter Träume mit unterschiedlichen Schlussszenen. Dennett verfasste sein Abhandlung Mitte der Siebzigerjahre, in einer Zeit, in der in vielen Haushalten der Videorekorder einzog. Das versetzte ihn in die Lage, Freuds Feuerwerk durch eine – für diese Zeit – fortschrittliche Metapher zu ersetzen: Der Weckreiz aktiviere einen passenden Traum, der dann »wie eine Kassette in den Gedächtnismechanismus geschoben werde«.[16]

Dass es sich nicht *anfühlt*, als würden wir in diesen paar Se-kunden etwas träumen, das schon wer weiß wie lange im Regal lag, ist für Dennett kein ernsthaftes Gegenargument. Wenn es um Zeitrelationen geht, werden wir durchaus häufiger von un-seren Eingebungen getrogen. Schließlich ist dies auch bei einem Phänomen der Fall, das genauso flüchtig ist wie ein Traum, sich aber im wachen Leben abspielt: das *Déjà-vu*-Erlebnis. Bei einem Déjà-vu weiß man, dass man sich in einer neuen Situation befin-det, während man gleichzeitig das Gefühl hat, es in einer fernen Vergangenheit exakt so schon einmal erlebt zu haben. Die meis-ten Theorien suchen die Erklärung in einem sehr kurzen Hapern der neuronalen Verarbeitung der heutigen Erfahrung, wodurch ein und dieselbe Erfahrung in sehr kurzer Zeit zweimal verarbei-tet wird. Die erste, nur halb gelungene Verarbeitung steht dann wie ein Schatten oder Echo dahinter und kommt einem dadurch vor, als sei sie sehr lange her. In Wirklichkeit spielt sich alles im Bruchteil einer Sekunde ab und deswegen ist ein Déjà-vu-Erleb-nis immer auch eine Wiederholung der Gesamtsituation. Jetzt geht es kurz darum, wie sich ein Déjà-vu »anfühlt«. Das *Erlebnis* verweist auf etwas, das lange her ist, aber das, was neurologisch *passiert*, spielt sich ausschließlich in der Gegenwart ab. Ein Wecktraum könnte dasselbe illusorische Erlebnis hervorrufen: *Jetzt* etwas erfahren, das eine viel längere Dauer zu haben scheint, als in dieses Jetzt passt.

Auch die Umkehrung der Chronologie könnte eine Illusion sein. Der Sexuologe und Psychiater Havelock Ellis träumte, er habe seine Frau gefragt, ob sie in einem angrenzenden Zimmer gewesen sei, und sie habe geantwortet: »Ist verschlossen.«[17] In dem Moment wird er wach, die Worte seiner Frau sozusagen noch im Ohr, und ihm wird klar, dass seine Frau das wirklich gerade gesagt hatte – nur nicht zu ihm, sondern zu einer Angestellten, die kurz in dieses Zimmer musste. Ohne jeden Zweifel ist im Traum die Frage der Antwort vorausgegangen. Genauso sicher ist, dass in Wirklichkeit die Frage auf die Antwort *folgte*. Es scheint, als würde man die geträumten Ereignisse beim Wachwerden nachträglich in die richtige Reihenfolge bringen, man dreht den Traum blitzschnell um, sodass die Fragen den Antworten wieder ordentlich vorangehen – wie wir es schließlich gewohnt sind. Das war auch die Auffassung von Havelock Ellis: Das Bedürfnis, Ereignisse in ihrer natürlichen Reihenfolge zu sehen, ist so tief verwurzelt, dass die Frage nachträglich noch vor der Antwort landet. Bei der Erinnerung an den Traum bekommt die Logik Vorrang.

Denselben stillen, aber unwiderstehlichen Zwang zur Chronologie kann man tagsüber bei sich selbst feststellen, wenn man an einen Film zurückdenkt, in dem die Geschichte ab und zu durch eine zweite Geschichte unterbrochen wird, die in Flashbacks erzählt wird. Man wird keine große Mühe haben, beide Linien zu behalten. Aber nicht in der Reihenfolge, in der sie der Film angeboten hat. Sogar wenn die Flashbacks in umgekehrter Chronologie im Film sind, eine immer frühere Episode wiedergeben, wird man sich an diese Geschichte doch vorwärts erinnern, als würde der Film im Gedächtnis erneut und dieses Mal in der richtigen Chronologie montiert. Der gleiche Mechanismus könnte einen mit der Erinnerung an einen Traum aufwachen lassen, der vorwärts verlief, während der tatsächliche Traum entgegen der Zeitrichtung lief. Unser Gedächtnis ist nun einmal auf einer Welt errichtet, in der die Fragen den Antworten vorangehen und die Ursache vor der Folge steht.

Havelock Ellis schrieb 1911 über Träume. Film war damals gerade erst in Gang gekommen, aber die wichtigsten Techniken für die Manipulation des Zeiterlebens beim Zuschauer waren bereits eingeführt. Anders als Freud zog Havelock Ellis daraus Vorteile. Die Schnelligkeit von Träumen, erklärte er, ist lediglich scheinbar, alles ist eine Frage der Montage. In Wirklichkeit hat der Träumende eine Serie von Bildern gesehen, die »zusammen eine Art kinematografisches Drama bilden, das kondensiert wurde, in etwa so, wie es der kinematografische Künstler macht«.[18] Dieses »Zusammenschieben« von Ereignissen, wie in einer »schnellen« Montage, erweckt die Illusion von Schnelligkeit.

Und *ist* diese Schnelligkeit des Wecktraums eigentlich so ungewöhnlich? Passiert tagsüber nicht genau dasselbe? Angenommen, es klingelt. Vor der Tür steht ein entfernter Verwandter, vollkommen unerwartet, er schaut ernst. Innerhalb weniger Sekunden, noch bevor man ihn eingelassen hat, läuft im Kopf schon ein ganzes Drehbuch ab, das erklärt, warum der Verwandte, gerade er, ausgerechnet jetzt, vor der Tür steht. Dann kommt er herein, sagt, er sei in der Nähe gewesen und käme nur auf eine Tasse Kaffee vorbei, er müsse gleich wieder weiter. Dieses Drehbuch, das so blitzschnell fertig war, stimmt auch nie; wenn man es erzählt, sagt man immer ein wenig beschämt: »Wie schnell man sich so eine Geschichte ausdenkt, was?«

Das Rätsel liegt in der Schnelligkeit, mit der unser Gehirn so etwas bereitstellt, nicht in der Tatsache, dass es dies auch nachts kann.

11. Das Grauen der Nacht
Über Albträume

Die Frau liegt ausgestreckt mit geschlossenen Augen, als würde sie schlafen, aber in einer Haltung, die in Wirklichkeit schon bald zum Aufwachen führen würde und eher den Eindruck erweckt, sie sei in Ohnmacht gefallen. Das auf ihrer Brust hockende Monster sieht dem Betrachter ungerührt in die Augen. Durch einen Vorhangspalt ragt ein Pferdekopf mit hervorquellenden Augen ohne Pupillen. Es ist, als sähen wir zugleich die Träumende und ihren Traum.

Schon seit über zwei Jahrhunderten ist dies die Ikone des Albtraums, ein Ölgemälde von Henry Fuseli. Er malte »Der Nachtmahr« 1781. Ab dem Zeitpunkt seiner ersten Zurschaustellung hat es seine Betrachter schaudern lassen. Dem breiten Publikum wurde das Gemälde vor allem durch einen Stich von Thomas Burke bekannt.

Fuseli hat sich nie öffentlich zu diesem Gemälde geäußert. Aber die wesentlichsten Elemente in der Darstellung verweisen auf das Geflecht von Volkserzählungen und medizinischen Theorien, die rund um den Albtraum gesponnen worden waren. Das Monster war ein »incubus«, lateinisch für »auf etwas liegen«, ursprünglich einer der Dämonen, die den Schläfer bedrängen konnten, später die Bezeichnung für den Traum selbst – genauer gesagt, für einen Traum, in dem man das Gefühl bekommt, nicht mehr atmen zu können, weil man von etwas oder jemandem erstickt wird.[1] Der

Stich von Thomas
Burke (1783) nach
dem Gemälde
»Der Nachtmahr«
(1781) von Henry
Fuseli

Incubus war ein männlicher Dämon und hatte es auf Frauen abgesehen, Männer konnten von einem »Succubus« besucht werden, einem weiblichen Dämon, der unten lag. Der Pferdekopf
war eine spätere Ergänzung von Fuseli, auf den ersten Skizzen
kam er nicht vor. Der englische Begriff »nightmare« war mit dem
Pferd assoziiert, obwohl der Stamm »mara«, aus dem Skandinavi-
schen, genau wie Incubus ursprünglich auf einen Geist oder Dämon verwies, der den Schlafenden unter seinem Gewicht zu erdrücken versuchte. In dem deutschen Wort »Albdruck« und dem
englischen »night crusher« wird die Assoziation des Niederdrü-
ckens noch hervorgerufen.

Der Psychoanalytiker Ernest Jones war bis zur Ära der Schlaflaboratorien der wichtigste über Albträume schreibende Autor.
1931 veröffentlichte er seine Monografie *On the Nightmare*.[2] Auf
das Titelblatt ließ er Fuselis Gemälde abdrucken. Ein »echter Albtraum« hatte laut Jones drei »Kardinaleigenschaften«. Zunächst
musste es um Todesangst gehen, des Weiteren um den Druck
eines Gewichts auf der Brust, das »auf alarmierende Weise die
Atmung erschwert«, und schließlich ein Gefühl »hilfloser Lähmung«.[3] Albträume entstammten seiner Ansicht nach der Angst,
die mit inzestuösem Begehren einhergehe. Sowohl bei Männern

226

als auch bei Frauen träten Albträume vor allem auf, wenn sie auf dem Rücken liegen – bei Frauen, weil das ihre übliche Position beim Beischlaf sei, woher auch das Gefühl stamme, etwas Schweres liege auf ihr und sie könne sich kaum rühren, bei Männern, weil sie das Weibliche in sich verdrängten und Verdrängen Angst erzeuge. Auch sie werden von dem Incubus überwältigt. Die »hilflose Lähmung« schließlich sei aus psychoanalytischer Sicht Ausdruck der Unauflöslichkeit des Konflikts zwischen der Macht des Begehrens als unbewusster Trieb und seiner bewussten Ablehnung.

Das war eine Beschreibung des Albtraums, der Fuselis Gemälde tatsächlich perfekt Ausdruck zu verleihen scheint. Die Frau liegt auf dem Rücken und muss in ihrem Traum den Druck des Monsters auf ihrer Brust spüren. Um an das Erscheinen seines Buches zu erinnern, ließ Jones eine Reproduktion des »Nachtmahrs« rahmen, die er Freud schenkte. Der hängte den Druck ins Wartezimmer seiner Praxis.

Einst der Albtraum

Jones konnte 1931 noch nicht von dem segensreichen Werk des Sleep Disorders Classification Committee profitieren, das 1979 einen ersten offiziellen Standard für die Namensgebung herausbrachte. Diese Klassifikation berücksichtigte die Befunde, die mittlerweile in Schlaflaboratorien an Albträumen und anderen nächtlichen Erfahrungen gesammelt worden war. Dieser neue Standard beschrieb eine etwas paradoxe Situation.

Ein Teil der Forschung in den Sechziger- und Siebzigerjahren richtete sich logischerweise auf die Repräsentativität von Laborträumen. Stimmten aufgezeichnete Träume einer Person, die einschlafen sollte, während ihr Kopf voller Elektroden klebte, und die zu den verrücktesten Augenblicken geweckt wurde, überhaupt mit den Träumen zu Hause im Bett überein? Zu jedermanns Überraschung erwiesen sich die Unterschiede als sehr gering oder sogar nicht vorhanden. Erotische Träume, Flugträume, luzide Träume, Weckträume, Prüfungsträume, Fallträume, Nacktträume – sie alle kamen im Labor ebenso oft vor wie in Traumjournalen, die zu Hause geführt wurden. Es gab eine Ausnahme bei dieser unerwarteten Harmonie: der Albtraum. Aus Gründen, die noch niemand hat erhellen können, blieben Albträume im Labor massiv unterrepräsentiert. Der beruhigende Effekt von Weißkitteln? Das Gefühl, dass kluge Köpfe hinter Monitoren über einen wachten? Wie die Erklärung auch immer aussah – die Menschen, die sich gerade aus dem Grund zur Behandlung angemeldet hatten, weil sie zu Hause einen Albtraum nach dem anderen hatten, schliefen im Labor wie Murmeltiere. Die Veränderung der Umgebung an sich kann nicht die Erklärung sein. Im Centrum '45, einer Einrichtung für traumatisierte Kriegsopfer und Flüchtlinge, notierten zwölf Menschen, im Durchschnitt sechzig Jahre alt, sieben Nächte lang ihre Albträume und Angstträume in einem Tagebuch.[4] Die Träume verwiesen auf traumatische Erlebnisse während des Zweiten Weltkriegs oder der Militärexpedition(en) gegen die indonesischen Freiheitskämpfer 1947 und 1948/1949. In den sieben Nächten traten 29 Albträume auf. Als man anschließend zwei Nächte lang mit einem mobilen Set in der Klinik eine Schlafregistrierung durchführte, gab es nur zwei Albträume, und die bei ein und demselben Patienten. Bei den restlichen elf Patienten blieben sie aus. Albträume neigen dazu, sich vor der Maschinerie der Schlafforscher zu verstecken.

Paradoxerweise hat keine einzige Traumkategorie durch Laborstudien eine so eingreifende Neuordnung erfahren wie ausgerechnet der Albtraum. Die beängstigenden Traumerfahrungen, die zuvor unter diesem einen Namen »Albtraum« versammelt waren, konnten in mindestens vier Traumkategorien zerlegt werden, jede mit ihrem je eigenen neurophysiologischen Bild, psychologischem Erleben und der jeweiligen Schlafposition in der Nacht.

Es gibt nächtliches Grauen, aus dem der Träumende durch eine einzige leichte Berührung erlöst werden kann, und andere, die einen Menschen trotz Schütteln und Rufen seines Namens minutenlang gefangen halten können. Es gibt Nachtgrauen, die deutliche Erinnerungen hinterlassen, auch am nächsten Morgen noch, und andere, sicherlich genauso beängstigend, die man augenblicklich wieder vergisst. Es gibt Nachtgrauen, die den Herzschlag innerhalb von zwanzig Sekunden auf das Dreifache hochjagen, und wieder andere, in denen die Motorik so effektiv blockiert wird, dass sogar der Traum von einem langen, beängstigenden Flug keinerlei Auswirkung auf den Herzschlag hat. Der Albtraum, wie er heutzutage in psychologischen und psychiatrischen Klassifikationen wie dem DSM beschrieben wird, ist auf einen einzigen Typ Nachtgrauen reduziert. Die offizielle Definition ist jetzt die des Traums, der den Schläfer aufgrund seines beängstigenden Inhalts aufschrecken lässt und danach gut in Erinnerung bleibt. Das Gefühl der Lähmung gehört also nicht mehr dazu, der Druck auf die Brust auch nicht, und wenn sich jemand morgens an einen beängstigenden Traum erinnert, aber in der Nacht nicht davon geweckt wurde, war es laut Definition kein Albtraum.

Die einst so maßgebliche Definition und Interpretation von Ernest Jones hat so ein sehr trauriges Schicksal erfahren. Seine Kriterien für »echte Albträume«, grundlegend oder nicht, wurden auf andere Traumtypen verteilt und ausgerechnet das eine Kriterium, das aktuell verwendet wird, fehlte in seiner Liste. Was Jones beschrieb – und Fuseli malte –, ist nach heutigem Stand der Dinge eine Sammlung sehr unterschiedlicher Erfahrungen, die mit etwas Pech zwar in einer Nacht, aber niemals in ein und demselben Traum vorkommen können. Jones Definition wurde von dem sich immer weiter ausdehnenden Teil der Geschichte verschlungen, der als »vorwissenschaftlich« gilt, der Zeit, in der auch die scharfsinnigsten Denker noch in tiefster Verwirrung verkehrten. Was dort im Wiener Wartezimmer an der Wand gehangen hatte, war ein wüstes Durcheinander.

Manche Psychiater haben sich nach der Publikation der offiziellen Definition zu der Formulierung verleiten lassen, wir verwendeten erst seit etwa dreißig Jahren »die richtigen Begriffe«. Aber Klassifikationen sind nie richtig, wahr oder an sich korrekt, bestenfalls sind sie in einer Situation, in der sie verwendet werden, nützlicher als andere. Ernest Jones wollte mit seiner Definition der Art und Weise gerecht werden, wie das Erleben von Albträumen in Mythen, Legenden und Volkserzählungen wurzelte. Dass ein Albtraum nur ein Albtraum sei, wenn man daraus aufschreckte, gehörte nicht dazu und ist im Übrigen unter heutigen Traumforschern noch immer ein umstrittenes Kriterium.

Die aktuelle Klassifikation hat auch ihre Mängel, durch die enge Verbindung mit den Schlafphasen jedoch den Vorteil, uns auf chronologische Weise an den unterschiedlichen Grauen der Nacht entlangzuführen. Beim Einschlafen kann »Schlaflähmung« auftreten, eine beängstigende Erfahrung, bei der man wach, aber wie erstarrt im Bett liegt. Diese beklemmende Situation kann einige Minuten anhalten. Etwa zwei Stunden nach dem Einschlafen können Träume auftreten, die einen Menschen zum Aufstehen und Schlafwandeln veranlassen. In derselben Schlafphase kann – vor allem bei Kindern – ein »Nachtschreck« auftreten: Man fährt mit einem Schrei hoch und hat manchmal minutenlang, ohne richtig wach zu werden, panische Angst. Erst nach diesen Nachtgrauen, die alle in die erste Hälfte der Nacht gehören, während des Tiefschlafs, ist die Schlafphase angebrochen, in der Albträume und andere Angstträume ihre Aufwartung machen können. Beim morgendlichen Erwachen schließlich kann erneut Schlaflähmung auftreten. Bislang ist kein einziger Fall bekannt, bei dem jemand von *all* diesen Schrecken heimgesucht wurde.

Schlaflähmung

Gleich beim Eintreten des Schlafs kann sich bereits ein unangenehmer Traum einstellen. Während man in Richtung Tiefschlaf gleitet, tritt plötzlich die Szene ein, in der man stolpert oder zu fallen droht. Mehr als dieses eine Bild ist es nicht: Man tritt daneben, versackt plötzlich mit einem Fuß in einem morschen Brett, verpasst die letzte Stufe einer Treppe und in einem Reflex bewegt sich ein Arm oder Bein oder ein Arm streckt sich aus, um den Fall aufzuhalten. Das fühlt sich so unangenehm an, dass man sofort wieder aufschreckt. Die meisten »Fallträume« dieser Art sind flüchtig, sie werden schnell vergessen. Bettgenossen schätzen die Häufigkeit meist höher ein als die Träumer selbst.[5]

Träume wie diese sind eigentlich Weckträume. Die meisten Weckträume entstehen infolge eines externen Reizes, Fallträume dagegen werden durch den Körper selbst verursacht. Das Zucken des Beins ruft blitzschnell eine erdachte Geschichte ins Leben, die das Zucken mit einer logischen Erklärung versieht. Man zuckt nicht in einem Reflex mit dem Bein, weil man danebengetreten ist, sondern man trat daneben, weil man mit dem Bein zuckte. Die Szene endet mit ihrer eigenen Ursache. Das Zucken selbst ist die Folge von etwas, das in gewisser Weise dem ungeschickten Schalten in einen niedrigeren Gang ähnelt. Im Wechsel zum Tiefschlaf muss die Motorik entkoppelt werden, um zu vermeiden, dass geträumte Impulse in tatsächliches Handeln umgesetzt werden. Wenn dabei etwas schiefgeht – noch ein Zucken in einem Bein oder Arm –, sorgt der Traum für eine Szene, die zur motorischen Empfindung passt. Aber das Zucken war zuerst da.

Etwas später, aber noch immer im Dämmerbereich zwischen Wachen und Schlafen, kann sich ein viel erschreckenderes Phänomen ereignen. Bei einer »Schlaflähmung« ist ein Mensch noch nicht ganz eingeschlafen, merkt aber zu seinem Entsetzen, dass er kein Glied mehr rühren kann. Fieberhaft überprüft er, was da alles seiner Aufforderung, sich zu bewegen, nicht nachkommt. Er liegt vollkommen gelähmt im Bett, nur seine Augen huschen ängstlich hin und her. Nicht einmal die Stimmbänder funktionieren, er bringt nur noch beklommene, unterdrückte Geräusche zuwege. Dieses Mal liegt das Problem darin, dass die Motorik zu früh verriegelt wurde.

Die meisten Fälle von Schlaflähmung ereignen sich übrigens in der zweiten Nachthälfte, im Wechsel vom Schlafen zum Wachen, wenn man sich der Grenze zwischen Wachen und Schlafen von der anderen Seite nähert und die Motorik einen Augenblick zu spät entriegelt wird. In beiden Fällen betrifft die Lähmung nur die Skelettmuskeln. Die Muskeln, die Herz und Lungen am Laufen halten, bleiben aktiv. Aber die Muskeln, mit denen man tief Luft holen kann, sind erstarrt, und das vermittelt einem das Gefühl, etwas Schweres liege auf dem Brustkasten und versuche einen zu erdrücken oder erwürgen. Die Lähmung geht immer mit panischer Angst einher und kann minutenlang anhalten.

Erst sehr kürzlich hat man die vermutlichen neurochemischen Prozesse entdeckt, die für die Lähmung der Skelettmuskeln während des Schlafs sorgen.[6] Bei Ratten konnte man nachweisen, dass zwei Typen von Neurotransmittern – GABA und Glycin – für die Blockade der Motoneuronen, der Gehirnzellen, die unsere Muskeln steuern, verantwortlich sind. Diese Neurotransmitter können die Lähmung nur in Kombination zustande bringen. Dass wir geträumte Bewegungen nicht in Wirklichkeit ausführen, liegt daran, dass eine Überdosis GABA und Glycin die Motoneuronen für Reize unempfindlich gemacht haben. In diesem heiklen Prozess zwischen Aktivieren und Ausbremsen, Unter- und Überreizen, Blockade und Entriegelung kann leicht etwas schiefgehen, vor allem, wenn der Schlaf zum Beispiel auch noch von übermäßigem Alkoholgenuss, Medikamenten, Jetlag oder Nachtdienst gestört wird. Das macht auch deutlich, dass Begriffe wie Abkoppelung oder Entriegelung für den allmäh-

lichen Verlauf eines chemischen Prozesses ein wenig zu mecha-
nisch gewählt sind.

In Umfragen geben etwa 30 bis 40 Prozent an, einmal eine
Schlaflähmung erlebt zu haben, Männer doppelt so oft wie
Frauen. 60 Prozent der Menschen, die an Narkolepsie leiden –
plötzlichem Einschlafen über Tag –, haben auch Schlaflähmungen. Abgesehen von Narkolepsie gibt es keine begleitenden Leiden. Das Phänomen der Schlaflähmung gehört zu den zerebralen
Konstanten. Über alle Jahrhunderte hinweg und in allen Kulturen ist beim Einschlafen schon einmal etwas schiefgegangen mit
diesem GABA und Glycin, auch als es den Begriff Neurotransmitter noch nicht gab. Aber das bedeutet nicht, dass all diese
Menschen das Gleiche *erfahren* haben.

Der zentrale Teil ist immer leicht zu erkennen. Die Lähmung
ruft ein Gefühl akuter Bedrohung hervor. In drei Viertel aller
Fälle gibt es begleitende Halluzinationen, die möglicherweise
noch aus dem Traum stammen, das Geräusch von Schritten, die
auf einen zukommen, die sich öffnende Schlafzimmertür, eine
Gestalt, die sich nähert. Der Schlafgelähmte liegt fast immer auf
dem Rücken. Er kann den Kopf nicht nach links oder rechts drehen, was seitlich von ihm geschieht, kann er nur aus den Augen-
winkeln wahrnehmen. In diesem Moment hat die Variation im
Erleben bereits begonnen. Welche Gestalt eingedrungen ist und
was sie mit einem anstellen wird, hängt von den eigenen Ängsten ab und von den Geschichten, mit denen man aufgewachsen
ist. Gerade die Formlosigkeit der Gestalt lässt den einen Schlafge-
lähmten eine Hexe sehen, den anderen Dämonen, Geister, Vam-
pire oder Werwölfe. Die Halluzinationen spiegeln oft die Gruselgeschichten ihrer Zeit wider. Heutzutage scheinen Horrorfilme
für die nächtens wiederkehrenden Bilder zu sorgen: Es gibt auch
Berichte von Zombies und Außerirdischen.

Van Diemerbroeck, im siebzehnten Jahrhundert Anatom
und Professor für Medizin an der Universität von Utrecht, beschrieb 1664 den Fall einer fünfzigjährigen Frau, die regelmäßig

an Schlaflähmungen litt.[7] Dem Arzt zufolge war sie ansonsten gesund, eine stattliche, korpulente Frau, aber wenn sie gerade eingeschlafen war, »geschah es manchmal, dass sie dachte, der Teufel läge auf ihr und drücke sie nieder, manchmal dachte sie, sie würde von einem großen Hund erstickt oder einem Dieb, der quer über ihrer Brust lag, sodass sie kaum sprechen oder Luft holen konnte, und wenn sie versuchte, sich dieser Last zu entledigen, konnte sie kein Glied rühren. Wenn sie sich in diesem Zustand befand, wachte sie manchmal mit viel Mühe von selbst auf und manchmal wurde sie von ihrem Mann geweckt, der sie klagende Laute ausstoßen hörte. Danach musste sie eine Zeit lang aufrecht im Bett sitzen und wieder zu Atem kommen.«[8] Schlief sie endlich wieder ein, konnte sich die gesamte Szene wiederholen. Van Diemerbroeck war der Ansicht, das Traumbild, etwas Schweres drücke auf ihren Brustkasten, klemme tatsächlich die Nerven zu den Muskeln ab. Mäßigung sei die beste Medizin: nicht zu viel trinken, keine zu große Anspannung, leicht verdauliche Nahrung. Aber vor allem solle sie mit dem Schlafen auf dem Rücken aufpassen – erst viel später wurde dies statistisch als ein wichtiger auslösender Faktor bestätigt.[9]

In den unterschiedlichsten Kulturen kennen Menschen eine Erfahrung wie diese, aber die Namen und Deutungen variieren. In Mexiko heißt Schlaflähmung volkstümlich *se me subió el muerto,* wörtlich »eine Leiche kletterte auf mich«. Im kanadischen Polargebiet glauben ältere Inuit, der Traum sei das Werk von Schamanen, jüngere Inuit geben Erklärungen, die auf traumatische Ereignisse in ihrer Umgebung verweisen, wie Selbstmorde, die noch immer schwer auf ihnen lasten.[10] Kambodschaner nennen Schlaflähmung »der Geist, der dich niederdrückt«. Der Heimatforscher Hufford sammelte in Neufundland unzählige Berichte über etwas, das man dort »Old Hag« nennt, alte Hexe, eine Erfahrung, die in ein ganzes Geflecht übernatürlicher Geschichten aufgenommen wurde.[11] Bei manchen amerikanischen Träumern verschmelzen die Halluzinationen mit Geschichten über

»alien abductions«, nächtlichen Entführungen durch Außerirdische.[12] Die prototypische Geschichte beginnt, wenn das Opfer aufwacht, Gesicht nach oben. Sie – in den meisten Fällen ist es eine Sie – kann sich nicht bewegen, fühlt jedoch elektrische Vibrationen. Die Außerirdischen kommen näher, stehen drohend am Fußende oder klettern auf sie. Danach folgt der Transport zum Raumschiff. Was an Bord geschieht, fällt unter den Gedächtnisverlust, der in vielen Berichten durch etwas entsteht, das die Außerirdischen verabreicht haben. Ihr Äußeres stimmt mit dem stereotypen Bild Außerirdischer überein: ein dünner Körper, überproportional großer Kopf, dunkle, glänzende Augen.

In einer Amsterdamer psychiatrischen Einrichtung, die sich auf die Behandlung von Immigranten, Asylsuchenden und Flüchtlingen spezialisiert, zeichnete der Psychiater De Jong fünf Berichte über Schlaflähmung auf. Sie variieren je nach kulturellem und religiösem Hintergrund der Patienten.[13] Ein Mann aus Guinea-Bissau erzählte, ein beängstigender Schatten schleiche sich ins Zimmer, immer, wenn er mit dem Bauch nach oben schlafe. Der Schatten habe eine menschliche Gestalt, aber kein Gesicht. Wegen des Drucks auf seiner Brust fühle es sich an, als werde er gewürgt. Dann gerate er in Panik und glaube, sterben zu müssen. Er versuche sich selbst zu schützen, indem er ein Messer mit etwas Salz, Zitronen und Muscheln unter sein Kissen lege. Er dachte, er werde in solchen Fällen von Verstorbenen besucht, die jemanden zu finden versuchten, den sie im Leben geliebt hatten. Ein Marokkaner hatte dasselbe Gefühl, niedergedrückt zu werden. Bei ihm war es eine »furchterregende alte Hexe mit einem verhutzelten Kopf, langen schmutzigen Haaren, faulen Zähnen und zerlumpten schwarzen Kleidern. Sie spreizt ihre Hände, um mich zu würgen, und sie ist so stark, dass ich sie nicht wegdrücken kann.«[14] Er glaubte, er sei verhext, jemand musste einen Fluch über ihn verhängt haben, wahrscheinlich eine Tante, mit der er Streit hatte. Bei beiden Männern hatte die Erläuterung über das Phänomen der Schlaflähmung einen beruhigenden Effekt.

Übrigens braucht man nicht in einer – für Menschen aus dem Abendland – exotischen Kultur oder Tradition aufgewachsen zu sein, um eine an sich schon beängstigende Erfahrung mit einer furchterregenden Interpretation zu versehen. Es gibt ziemlich viele Menschen, die ihre Schlaflähmung für einen epileptischen Anfall halten. Ein Chirurg, der diese Schlaflähmungsepisoden erlebte, behielt diese für sich, aus Angst, man könne ihn wegen Epilepsie vom Fach ausschließen. Auf eigene Faust hatte er angefangen, Antiepileptika zu schlucken. Als er Jahre später zufällig vom Phänomen der Schlaflähmung hörte, brach er in Tränen aus.[15] Seine Erleichterung wird sich kaum von der des Marokkaners unterschieden haben, der sich vom Fluch seiner Tante erlöst fühlte.

Schlafwandeln

Wer sich beim Einschlafen nicht augenblicklich selbst wieder mit einem Falltraum geweckt hat und danach ohne Schlaflähmung die Tiefschlafphase erreicht, kann so etwa zwei Stunden ungestörten Schlafs genießen, bevor sich der nächste kritische Moment ankündigt. Während des Tiefschlafs in den ersten Nachtstunden ist die Motorik noch nicht so radikal abgekoppelt wie beim REM-Schlaf. Schlafwandeln beginnt meist ungefähr zwei Stunden nach dem Einschlafen. Mit der allmählichen Abnahme von Länge und Tiefe dieser Schlafphase schwindet auch die Wahrscheinlichkeit des Schlafwandelns.

Schlafwandeln kommt bei Kindern häufig vor. Eine finnische Studie mit rund elftausend Zwillingen ergab, dass gut ein Viertel der Kinder hin und wieder schlafwandelte. Bei Erwachsenen betrug der Prozentsatz rund drei Prozent.[16] Das Schlafwandeln kann schon um das fünfte Lebensjahr herum beginnen und es gibt eine erbliche Komponente. Die Wahrscheinlichkeit, dass beide Hälften eines Zwillingspaares schlafwandeln, ist bei eineiigen Zwillingen rund anderthalb Mal so hoch wie bei zweieiigen. Wenn Eltern als Kind geschlafwandelt haben, gibt es eine um das Siebenfache erhöhte Wahrscheinlichkeit, dass ihre Kinder es auch tun.[17] Es sind Vererbungsstudien über vier Generationen von Schlafwandlern erschienen, überwiegend Männer. Auch bei den meisten anderen Studien sind schlafwandelnde Jungen überrepräsentiert. Der durchschnittliche Schlafwandler ist ein Junge, der seinem Vater nachläuft, so wie dieser einst *seinem* Vater nachlief.[18] Man kann wenig dagegen machen und das ist auch nicht notwendig: Mit etwa fünfzehn Jahren hat es sich für die meisten Kinder ausgeschlafwandelt. Schlafwandelnde Kinder werden auch etwas häufiger an Nachtschreck leiden und im Schlaf murmeln, aber sonst gibt es keinerlei Zusammenhang mit psychiatrischen oder neurologischen Leiden. Auch später in ihrem Leben besteht für Kinder, die einst schlafwandelten, kein größeres Risiko, psychische oder emotionale Probleme zu bekommen.

Bei Erwachsenen ist Schlafwandeln deutlich seltener, es sind weniger als vier Prozent. Manche schlafwandeln schon als Kind und haben es einfach fortgesetzt, andere haben erst im Erwachsenenalter damit angefangen. Die Vererbungsverhältnisse liegen bei erwachsenen Schlafwandlern etwas anders: Bei eineiigen Zwillingen ist die Wahrscheinlichkeit, dass beide schlafwandeln, rund fünfmal höher als bei zweieiigen Zwillingen. Unter Familienmitgliedern ersten Grades ist die Wahrscheinlichkeit, ebenfalls zu Schlafwandeln, um ein Vierzehnfaches erhöht. Aufnahmen in Schlaflaboratorien zeigen, dass die ersten Bewegungen gleich nach dem Aufstehen noch ein wenig unsicher sind, aber dass sich der Schlafwandler anschließend mit zunehmendem Selbstvertrauen bewegt, Hindernissen ausweicht und auch gefährlichen Situationen aus dem Weg geht. Mit ausgestreckten Armen ein Stück auf dem Dachbalken zu spazieren, das gibt es nur in Zeichentrickfilmen. Die Augen eines Schlafwandlers sind geöffnet, aber der Blick ist glasig und abwesend. Meist läuft er zur

Toilette oder ins Badezimmer und wieder zurück ins Bett. Die ganze Episode dauert selten länger als ein paar Minuten.

Aber es gibt auch Fälle, in denen das Schlafwandeln nicht auf ein wenig Herumschlendern begrenzt ist. Der eine steht auf und nimmt ein Bild von der Wand, ein anderer öffnet das Fenster und ruft im empörten Ton etwas Unverständliches in die Tiefe. Manche gehen in die Küche und braten sich ein Ei, andere steigen ins Auto und fahren davon. Meistens handelt es sich um Aktivitäten, die aus Automatismen aufgebaut sind, aber es wurde auch der Fall einer Frau beschrieben, die ihre Tochter umbrachte und bei der die Verteidigung erfolgreich auf Schlafwandeln plädierte. Forensische Psychologen und Neurologen sind sich noch nicht einig, ob ein Freispruch in einem solchen Fall gerechtfertigt ist.[19]

Warum der eine schlafwandelt und der andere nicht, ist nicht bekannt. Es gibt Faktoren, die die Wahrscheinlichkeit des Schlafwandelns erhöhen. Alkohol verlängert die Dauer des Tiefschlafs, wodurch das Zeitfenster für das Schlafwandeln größer wird. Auch Sorgen, Spannungen und Übermüdung spielen eine Rolle. Bei Schlafmangel wird der Tiefschlaf während des Erholungsschlafs länger dauern. In Laborstudien stellte sich heraus, dass Schlafentzug ein effektives Mittel zur Erhöhung der Schlafwandel-Wahrscheinlichkeit während des Aufholens von Schlaf ist.[20] Auch Medikamente können eine Rolle spielen. Die Medikation bei Parkinson fördert neben Albträumen auch das Schlafwandeln. Medikamente, die den REM-Schlaf unterdrücken, erhöhen die Wahrscheinlichkeit des Schlafwandelns. Beim Schlafwandeln geht es eigentlich um etwas, das Neurologen liebkosend »a perfect storm« nennen, drei, vier Faktoren, die im Zusammenspiel das Schlafwandeln verursachen: Veranlagung, eine Stressphase, Schlafmangel und schließlich dieser eine zufällige Reiz, der den Tiefschlaf unterbricht, vielleicht ein seltsames Geräusch im Haus oder Lärm auf der Straße.

Aber hat Schlafwandeln etwas mit *Träumen* zu tun? Träumt

der eine von einem Gemälde, das jeden Moment von der Wand fallen kann und am besten schon mal auf den Boden gestellt werden sollte? Und der andere von einem späten Spaziergänger auf der Straße, der zur Ordnung gerufen werden muss? Das ist schwer auszumachen. Wenn Schlafwandler geweckt werden, erinnern sie sich in der Regel an keinen Traum, denn die Tiefschlafphase liefert ja allgemein nicht viele Träume. Wenn das Schlafwandeln doch mit Träumen verbunden ist, sind es fast immer unangenehme Träume. Kürzlich wurde der Fall eines 26-jährigen Deutschen beschrieben, der wegen Asthmaanfällen an erheblichem Schlafmangel litt und zu schlafwandeln begann.[21] Er hatte seine vier Monate alte Tochter aus ihrem Bettchen geholt, war auf den Speicher gegangen und hatte sie an den Ärmeln ihres Babybodys an die Wäscheleine gehängt. In dem Moment war seine Freundin ihm nachgekommen, sie fand ihn verwirrt und mit offenen Augen vor. Er sagte, er sei auf den Speicher gegangen, weil er geträumt habe, dass Menschen vom Kinderschutzbund das Baby hätten mitnehmen wollen. Als sie die Tür erreicht hätten, sei er auf die Idee gekommen, sie zwischen der Wäsche zu verstecken, obwohl in Wirklichkeit gerade nichts auf der Leine hing. Erst als nicht die Leute vom Kinderschutzbund, sondern seine Freundin hereingekommen sei, habe er realisiert, dass er träumte. Das Baby blieb unversehrt, der Mann wurde in die Psychiatrie aufgenommen.

Laborstudien über die Träume von Schlafwandlern liegen kaum vor und das wenige Vorhandene muss sich mit der methodologischen Komplikation auseinandersetzen, dass Schlafwandler, die sich für die Behandlung melden, fast immer auch unter Nachtschreck leiden.[22] Die wenigen Träume »reiner« Schlafwandler stimmen in puncto Atmosphäre mit der des Nachtgrauens überein. Was sie dazu bringt, das Bett zu verlassen, ist keine Geschichte, sondern ein einzelnes Bild, meist eine Aggression darstellend und in jedem Fall mit dem Träumenden als Opfer. Wenn andere darin vorkommen, sind es fast immer Unbekannte.

Eine Frau, die im Schlaf schrie, hatte geträumt, sie habe ein Röhrchen mit einem tödlichen Virus auf dem Boden zerschellen lassen, ein Mann der angefangen hatte, an seiner schlafenden Freundin zu zerren, träumte, sie sei in Gefahr, und eine Frau versuchte aus dem Zimmer zu fliehen, weil sie träumte, dass die Wände aufeinanderzutrieben, ein Junge rannte ins Wohnzimmer und warf die Butterdose aus dem Fenster, in der Überzeugung, es handele sich um eine Bombe. Dergleichen Assoziationen zwischen Traum und Tat bleiben allerdings die Ausnahme und bei solchen Träumen scheint der Gedächtnisverlust des Schlafwandlers geradezu ein Segen.

Auch eine viel längere Auflistung von Schlafwandeln infolge von Träumen ändert nichts an der Tatsache, dass nahezu die meisten Schlafwandler, die geweckt werden, ihre Hausgenossen glasig anschauen und nicht erzählen können, was sie machen, geschweige denn, dass sie erklären könnten, was sie dazu bewogen hat. Sie sind in dem Moment auch nicht in der Verfassung dazu. Sie fühlen sich verwirrt und auch ein wenig ausgelassen. Ihr Urteilsvermögen regeneriert sich allmählich. Meist können sie sich mit dem Rat anfreunden, ihr Bett wieder aufzusuchen, sei wohl das Beste. Sie setzen ihren Schlaf fort, werden in dieser Nacht nicht wieder aufstehen und wissen am nächsten Tag von nichts.

Pavor nocturnus

Van Diemerbroeck diagnostizierte das Leiden seiner Patientin 1664 als einen »Incubus« oder »Albtraum«.[23] Nach der heutigen Bezeichnung handelt es sich dabei um zwei unterschiedliche Kategorien von Träumen, von denen sie keinen hatte. Albträume gehen mit schnellen Augenbewegungen einher und kommen erst in einem späteren Abschnitt des Schlafs vor. Der Incubus gehört zu dem, was man heute »Nachtschreck« oder *pavor nocturnus* nennt.[24] Nachtschreck tritt vor allem bei Kindern auf.

Ein Nachtschreck beginnt meist mit einem lauten Auf- oder Angstschrei. Die Eltern finden das Kind vollkommen aufgelöst vor. Es sitzt zitternd und bebend aufrecht im Bett und ist nicht zu trösten oder auch nur zu erreichen. Obwohl es die Augen aufgesperrt hat, schläft es noch. Es schaut sich ängstlich um, ohne etwas zu sehen. Wenn die Eltern es beruhigen wollen, indem sie es in die Arme nehmen, hat das den gegenteiligen Effekt: Das Kind schlägt noch heftiger um sich. Versuche, das Kind zu wecken, verlängern den Nachtschreck. Die ganze Episode dauert selten länger als eine Minute.

Das Ende des Nachtschrecks kommt fast ebenso abrupt wie der Beginn. Plötzlich ist das Kind wach, verwirrt und schluchzt noch kurz. Wenn man es fragt, was war, kann es das meistens nicht sagen, und wenn es doch eine Erinnerung gibt, bleibt diese vage und kurz: »Da war was hinter mir her« oder »Jemand versuchte, mich festzuhalten«. Das Gefühl, angegriffen zu werden, ist wahrscheinlich der Grund für die Aufregung, wenn die Eltern versuchen, es zu beruhigen. Das Kind schläft schnell wieder ein und hat am nächsten Tag keine einzige Erinnerung daran, was in der Nacht passierte.

Nachtschreck und Schlafwandeln teilen sich ein Zeitfenster: Sie beginnen einige Stunden nach dem Einschlafen, während der Phase des langsamwelligen Schlafs. Auch der Anteil der Erblichkeit stimmt mit der beim Schlafwandeln überein. Das ist nicht so überraschend, denn das schlafwandelnde Kind wird mit großer Wahrscheinlichkeit auch an Nachtschreck leiden und umgekehrt. Schlafwandeln und Nachtschreck weisen dieselben Auslöser auf: Fieber, Stress oder Schlafmangel. Bei kleinen Kindern kann er schon durch den fehlenden Mittagsschlaf verursacht werden, dessen Wiedereinführung kann Erleichterung schaffen. Der Nachtschreck erreicht zwischen dem fünften und siebten Lebensjahr seinen Höhepunkt und ist – auch hier wieder wie beim Schlafwandeln – meist um das fünfzehnte Lebensjahr verschwunden. Er kommt bei etwa drei Prozent der Kinder vor, bei

Jungen genauso häufig wie bei Mädchen. In sehr ernsten Fällen verabreicht man manchmal Medikamente, die die Dauer des Tiefschlafs verkürzen und als Nebenwirkung tagsüber Schläfrigkeit verursachen. Ist im Auftreten des Nachtschrecks ein deutliches Muster erkennbar, hilft es manchmal, das Kind etwa zwanzig Minuten davor zu wecken und dann weiterschlafen zu lassen.

Bei Erwachsenen ist der Nachtschreck viel seltener, nicht einmal ein Prozent sind betroffen. Aber das Risiko, dass der Patient sich oder anderen Schaden zufügt, ist größer. Anders als beim Schlafwandeln kann der Versuch, jemanden aus seinem Nachtschreck zu wecken, zu heftiger Aggression führen. Kinder bleiben meist im Bett, aber Erwachsene verlassen manchmal voller Panik Bett und Zimmer. Beschrieben ist der Fall eines 29-Jährigen, der während eines Nachtschrecks aus dem Schlafzimmerfenster sprang und sich gerade noch an der Dachrinne festklammerte.[25] Seine Frau schrie ihn an, um ihn zu wecken, und schließlich kletterte er ins Zimmer zurück. Er hatte tiefe Schnittwunden. Der Mann hatte vage Erinnerungen an einen Traum, in dem ein Bus auf sein Bett zu fallen drohte. Die Folgen für seine Frau waren tief greifend. Sie wagte es nicht mehr, mit ihrem Mann in einem Zimmer zu schlafen, wurde durch immer wieder neues Durchleben des Zwischenfalls geplagt und hatte auch noch ein Jahr später chronische Albträume deswegen. Nach der Diagnose posttraumatische Belastungsstörung folgte eine Therapie, die zu ihrer Rückkehr ins Ehebett führte.

Die Empfehlungen für Menschen, die regelmäßig an Nachtschreck leiden, erinnern an Van Diemerbroeck: Mäßigung. Schlafmangel vermeiden, ein regelmäßiges Schlafmuster, kein Koffein vor dem Einschlafen, Stress vermeiden, gesund und regelmäßig essen.

Schlangen

Es geschah in Oxford, 1906. Ein dreijähriger Junge hat Keuchhusten und eine schwere Bronchitis. Er kann schon seit Wochen nichts mehr bei sich halten. Die Eltern wissen sich keinen Rat mehr. Der Junge ist so geschwächt, dass sein Tod nur noch eine Sache von Tagen scheint. Als letztes Mittel wird beschlossen, den Rat von Sir William Osler einzuholen, Professor für Medizin in Oxford, einer der bekanntesten Ärzte seiner Zeit. Er kommt.

Bevor er das Zimmer des Jungen betritt, wirft er sich seine scharlachrote Robe über, die er wegen seiner akademischen Verpflichtungen später am Tag mitgenommen hat. So betritt er schweigend das Schlafzimmer, führt eine flüchtige Untersuchung durch und setzt sich neben das Bett. Feierlich zieht er eine Birne aus seiner Hosentasche. Aus der anderen Tasche nimmt er ein silbernes Messer. Er schält die Birne, schneidet sie in Stücke, streut etwas Zucker darüber und sagt dem Jungen, dies sei eine ganz besondere Frucht, von der einem nicht übel wird.

Der Junge behielt die Birne bei sich, kam allmählich wieder zu Kräften und überlebte den Keuchhusten.

Diese wundersame Heilung verschaffte Osler einen Ehrenplatz in der Literatur über den Placebo-Effekt. Er hatte ein Auge für die psychologische Seite von Krankheiten und Störungen. Vielleicht war es auch sein Gefühl für den Anteil an Ängsten, Erwartungen und Hoffnung im Verlauf somatischer Prozesse, das ihn ebenso dazu brachte, sich in sein eigenes Traumleben zu vertiefen. Von 1910 bis zu seinem Tod im Jahre 1919 führte Osler ein Traumjournal, aber schon lange davor hatte er Träume in ein Notizbuch geschrieben, das er immer bei sich trug. Die Berichte zeigen einen Mann, der versuchte zu beobachten, welche Auswirkungen die Ereignisse im Traum auf die körperlichen Prozesse des Träumenden haben, und damit begann er manchmal schon *während* des Traums.

Am 3. April 1889 schreibt er, er habe einen »fürchterlichen Albtraum« gehabt: »Dachte, es hocke jemand auf dem Bett, der die Decke über mich gespannt hielte. Ängstlich versuchte ich mich herauszuwinden. Mein Herz schlug wie verrückt und ich spürte, wie mir der Angstschweiß ausbrach. Da fiel mir ein, dass die Tür verschlossen war und es sich wahrscheinlich nur um einen Albtraum handelte. Ich erinnere mich deutlich, dass ich mir das selbst vorhielt und mit aller Kraft versuchte, den Bann zu brechen. Minutenlang – so fühlte es sich an – wollte das einfach nicht gelingen. Als ich endlich aufwachte, schlug mein Herz nicht heftiger und ich schwitzte auch nicht.«[26]

Ein Traum wie dieser passt exakt in die offizielle Kategorie eines Albtraums, wie er im DSM definiert ist: Ein furchterregender Traum, der den Schläfer aufwachen lässt und an den man sich anschließend deutlich erinnert. Es ist ein typischer Traum aus dem morgendlichen REM-Schlaf, mit einer Spur Luzidität und einer vollständig blockierten Motorik.

Am 23. Juli 1911 notiert Osler einen viel beängstigenderen Traum. Er träumt, er sei für irgendeine medizinische Behandlung zu einem Institut gekommen und verbringe dort die Nacht mit seiner Frau. Mitten in der Nacht wird er wach, träumt er. In seiner Achsel kribbelt etwas. Eine Schlange ist in seinem Ärmel nach oben gekrochen und hat sich unter seinem Arm aufgerollt. »Ich hatte so tödliche Angst, dass ich in eine Art Krampf geriet, zitternd an allen Gliedern, und die ganze Zeit dachte ich: Du musst stocksteif liegen bleiben, sonst beißt sie. Nach ein paar Minuten, die mir wie Stunden vorkamen, entrollte sich das Tier und glitt aus meinem Ärmel. Ich hörte es auf den Boden fallen und streckte zugleich meine Hand aus, um das elektrische Licht einzuschalten.«[27] Er weckt eine Angestellte, eine alte Frau, die ihrerseits einen gewissen Russell hinzuzieht, einen Assistenten des Instituts. Der nimmt die Sache auf die leichte Schulter, die Schlangen machten nichts Böses, er würde die alte Frau bitten, Wache zu halten. Osler legt sich wieder schlafen, spürt aber kurz darauf wieder eine Schlange. Dieses Mal ist er so verängstigt, dass er einen Anfall bekommt. Er kann kein Wort hervorbringen, wieder muss er seinem Gefühl nach stundenlang reglos warten, bis sich die Schlange auf den Boden gleiten lässt und davonschlängelt. Er brüllt nach der alten Frau und fällt danach vor Angst in Ohnmacht. Als er wieder zu sich kommt, steht Russell neben seinem Bett und der Traum nimmt eine seltsame Wendung.

Russell versucht, ihn zu beruhigen. Er werde für ein anderes Zimmer sorgen. Aber die Behandlung, für die er gekommen sei, müsse fortgesetzt werden und Osler habe bislang nur eine einzige Spritze bekommen. Er werde ihn erst untersuchen, um nachzusehen, ob die Schlange ihn auch nicht gebissen habe.

Ich sah einen beunruhigten Ausdruck auf seinem Gesicht, während er fragte: »Hast du immer so große Brüste gehabt, Osler?« »Nein«, sagte ich, »ich habe schon so was Komisches gespürt.« »Lieber Himmel«, sagte er. »Da ist ja Milch drin. Man hat dir die falsche Spritze gegeben.« Er legte seine Hand auf meinen Bauch und ich sah jetzt erst, dass der ziemlich dick war. Er sagte: »Wir sind ruiniert. Du bist schwanger, diese Spritze hätte Mrs Edgecumbe bekommen sollen. Jetzt verstehe ich, weshalb es die Schlangen auf dich abgesehen hatten: Sie rochen die Milch in deinen Brüsten und sind zu allem imstande, um davon trinken zu können.« Und er setzte sich geschockt hin, totenblass.[28]

Noch ist der Traum nicht beendet. Russell lässt einen Botenjungen kommen und schreibt seinem Kollegen eine Nachricht: »Alle Injektionen einstellen, Impfungen verwechselt, Osler schwanger.«[29] Osler protestiert unterdessen, er sei doch zu alt, um noch schwanger zu werden – er war damals 62 –, und kündigt sicherheitshalber schon einmal an, er wolle einen Kaiserschnitt.

Auch dieser Traum muss eigentlich aus der REM-Phase stammen. Die Erinnerung an die Gespräche und der Verlauf sind detailliert. Das Urteilsvermögen ist zum Teil intakt: Er findet es verrückt, mit 62 noch schwanger zu werden, auch wenn er sich erst beim Notieren des Traums bewusst wird, dass es mindestens ebenso schräg ist, dass er als Mann schwanger werden kann. Der Bericht vermittelt den Eindruck, dass der Schlangentraum noch viel beängstigender gewesen ist als der des Unbekannten, der ihn unter der Decke gefangen hielt. Aber Osler war nicht daraus aufgeschreckt und damit entsteht die leicht absurde Situation, dass der Schlangentraum kein Albtraum war, höchstens, so die Kriterien des DSM, ein »bad dream«, ein schlechter Traum.

Mit dem Kriterium des Aufschreckens positioniert sich das DSM außerhalb des üblichen Sprachgebrauchs. Viele Traumforscher, die sich auf Albträume spezialisiert haben, ob diese nun mit einer posttraumatischen Belastungsstörung verbunden sind oder nicht, sind darüber nicht glücklich. Weniger als ein Viertel der Personen, die sich wegen chronischer Albträume zu einer Behandlung melden, geben an, von diesen Albträumen immer geweckt zu werden. Eigentlich gibt es also eine Menge Albträume, die nicht als solche bezeichnet werden dürfen. Auch die Träume, die Menschen selbst als extrem beängstigend erfahren – etwa Träume vom eigenen Tod –, führen nicht immer zum Erwachen. Und schließlich wird fast die Hälfte aller Träume als emotional genauso intensiv und extrem belastend erlebt wie »offizielle« Albträume. Vor Angst aufwachen als Maß für die Intensität der Gefühle während des Traums scheint kein sehr verlässliches Kriterium. Hat es dann überhaupt Sinn, Albträume und schlechte Träume voneinander abzugrenzen?

Der einzige Unterschied, der diese Zweiteilung rechtfertigt, ist weniger die Intensität als vielmehr die *Variation* von Gefühlen während des Traums. Albträume und schlechte Träume unterscheiden sich darin, wie viel Raum sie anderen Gefühlen neben der Angst noch lassen. Die Angst ist immer wieder die Hauptzutat, aber bei Albträumen ist sie meist auch die einzige Zutat, während bei schlechten Träumen auch andere unangenehme Emotionen untergemischt sein können. In einer Studie mit neunzig Studenten, die vier Wochen lang ein Traumjournal über Albträume (Kriterium: wach werden) und schlechte Träume führten, wurde Angst bei beiden Traumkategorien gleich oft als hauptsächlichste Emotion genannt.[30] Bei Albträumen wurde ab und zu auch Wut oder Kummer genannt. Aber schlechten Träumen schien eine vielfältigere Palette zur Verfügung zu stehen: außer Wut und intensivem Kummer auch Frustration, Schuldgefühl und Ekel. Die Kategorie »sonstige« war hier beträchtlich größer, man träumte auch von Betrug, Demütigung oder Missachtung.

Albträume und Angstträume stimmen in einigen Eigenschaften mit dem Nachtschreck überein, aber die Unterschiede überwiegen.[31] Genau wie beim Nachtschreck kann jemand in einem Albtraum voll panischer Angst sein, aber anders als beim Nachtschreck ist der Träumende leichter zu wecken. Während eines Nachtschrecks kann sich der Herzschlag schnell erhöhen, in einem Albtraum wird der Herzschlag kaum schneller. Aus einem Nachtschreck kann man in Schweiß gebadet erwachen, bei Albträumen hält sich das Schwitzen in Grenzen. Nach einem Nachtschreck schläft man meist schnell wieder ein, ein Albtraum kann einen noch eine ganze Weile wach halten. Ein Nachtschreck ist am nächsten Tag vergessen, der Albtraum nicht. Personen, die regelmäßig einen Nachtschreck erleiden, werden auch häufiger schlafwandeln, für Albträume gilt das nicht. Nachtschreck zieht sich oft durch die Familie, Albträume nicht.

Dasselbe Muster von Übereinstimmungen und entscheidenden Unterschieden gibt es bei Albträumen und Schlaflähmung. In einem Albtraum kann jemand das Gefühl haben, kein Glied mehr rühren zu können, die Ursache für die Angst liegt manchmal darin, dass er Auge in Auge mit der Gefahr wie an den Boden genagelt ist und nicht flüchten kann, aber anders als bei der

Schlaflähmung ist die Motorik, sobald man wach ist, nicht tatsächlich blockiert. Bei Schlaflähmung sind die furchterregenden Bilder meist Halluzinationen, sie werden »draußen« betrachtet, sie sind kurz, vage und fragmentarisch. Die Bilder eines Albtraums sind Szenen, sie bilden eine Geschichte, haben einen Verlauf. Sie beziehen den Träumenden ein, er ist selbst Teil davon. Das Gefühl von Ersticken und Erwürgen ist bei Schlaflähmung immer vorhanden, bei Albträumen nur manchmal. Bei Schlaflähmung gibt es nur Bedrohung und Angst, bei Albträumen können auch andere Gefühle vorkommen.

Viele Unterschiede und Übereinstimmungen zwischen all diesen nächtlichen Grauen sind eine Folge der Eigenschaften der jeweiligen Schlafphase, in die sie gehören. Während des Tiefschlafs in der ersten Nachthälfte ist die Motorik nicht so radikal verriegelt wie während des REM-Schlafs, daher kann der Nachtschreck mit Angstschreien und Aufregung einhergehen. Auch die autonomen Reaktionen bleiben teilweise intakt: beschleunigter Herzschlag, Transpiration, erweiterte Pupillen. Derselbe Tiefschlaf bringt mit sich, dass der Nachtschreck kaum mit Träumen zu verbinden ist, schon gar nicht mit Träumen, die bis zum nächsten Morgen haften bleiben. Albträume treten vor allem während des REM-Schlafs auf, in der zweiten Hälfte der Nacht gegen Morgen, sie spuken durch ein Gehirn, das kurz vor dem Erwachen ist, und bleiben daher in der Regel im Gedächtnis. Luzidität gehört zur REM-Phase und kann bei Albträumen vorkommen, beim Nachtschreck nicht. In dieser Phase ist die Motorik komplett verriegelt und der Träumende erlebt die beängstigendsten Abenteuer, ohne viel davon zu merken. Erst kurz vorm Aufwachen können sich körperliche Reaktionen zeigen, die einen Träumenden doch vor Angst keuchen lassen.

Auch der Einfluss von Medikamenten oder Drogen lässt sich zu einem Teil durch ihre Wirkung auf den REM-Schlaf oder den Tiefschlaf erklären.[32] Übermäßiger Alkoholgenuss und manche Schlafmittel unterdrücken den REM-Schlaf. Plötzliche Enthaltsamkeit von diesen Mitteln sorgt für eine »Erholung« des REM-Schlafs und damit von Albträumen. Andere Mittel greifen auf der Ebene von Neurotransmittern an – wie manche Antidepressiva, Medikamente gegen Parkinson oder Betablocker – und erhöhen so die Wahrscheinlichkeit von Albträumen.

Die Frequenz von Albträumen variiert nicht nach Geschlecht, wohl aber je nach Lebensalter. Kinder haben deutlich häufiger Albträume als Erwachsene, der Höhepunkt liegt zwischen dem fünften und dem zehnten Lebensjahr, aber genauso wenig wie bei Nachtschreck oder Schlafwandeln sind die Albträume ein Hinweis auf emotionale oder somatische Probleme. Psychosen, Schizophrenie und andere psychiatrische Leiden können mit heftigen Albträumen einhergehen, aber umgekehrt sind gelegentliche Albträume kein Hinweis auf eine psychiatrische Störung. Bei Erwachsenen besteht ein Zusammenhang zwischen Albträumen und luziden Träumen. Warum es diesen Zusammenhang gibt, ist nicht klar, außer, dass manche Träumer sich selbst vorhalten, das Geschehen sei so furchterregend, dass es ein Traum sein müsse, und so zur Luzidität gelangen. In manchen Therapien für traumatisierte Patienten wird Luzidität eingesetzt, um sie von wiederkehrenden Albträumen zu erlösen. Aber diese chronischen Albträume kommen nicht in derselben Schlafphase vor wie der »normale« Albtraum. Sie tauchen in den entlegenen Winkeln der Nacht auf, in denen andere Verhältnisse herrschen.

Angst im Dunkeln

Im August 1942 begannen die alliierten Streitkräfte im Südpazifik eine Offensive, um die von den Japanern besetzte Insel Guadalcanal zu erobern. Das Manöver umfasste eine Landoffensive, Seeschlachten und Bombardierungen. Im Februar 1943 zogen sich die Japaner zurück. Während dieser Zeit hatte man auf den Fidschi-Inseln ein Militärkrankenhaus errichtet. Der damals

32-jährige Amerikaner Theodore Lidz war der einzige diensthabende Psychiater. Er musste sich um einige Hundert Soldaten kümmern, die man aus psychiatrischen Gründen aus dem aktiven Dienst genommen hatte. Sie zeigten zwei auffällige Merkmale: übertriebene Schreckreaktionen auf unerwartete Reize sowie wiederkehrende Albträume. Die Albträume waren der Grund dafür, weshalb man sie weggeschickt hatte: An der Front war ihr nächtliches Schreien gefährlich und hielt die übrigen Männer wach. In Schlafsälen konnte man sie nicht brauchen. In der relativen Sicherheit des Krankenhauses hörten die Albträume nicht immer auf, sondern *begannen* bei manchen erst dort. Lidz musste irgendwie eine Lösung für diese Albträume finden, denn auch hier sorgten sie für viel nächtliche Unruhe. Nach seiner Demobilisierung schrieb er einen Artikel über »combat neuroses«. Er sollte zum Klassiker in der Literatur über traumabezogene Albträume werden.[33]

Die Albträume hatten einen stereotypischen Verlauf. Kurz bevor der Träumende mit einem Angstschrei wach wurde, befand er sich in einem Zustand lähmender Hilflosigkeit aufgrund von Todesgefahr. Einer wurde auf einem einsamen Strand unter Beschuss genommen, ein anderer sah eine Linie Japaner auf sich zukommen, ein Dritter wurde von einer Person mit einem Bajonett verfolgt. Oft war der Albtraum die Wiederholung einer Situation, die sie wirklich erlebt hatten, auch wenn Varianten darin vorkamen, in denen die Umgebung verändert war oder andere Personen auftraten. Die Struktur der Träume erinnerte Lidz an eine Situation, in der sich viele Soldaten tatsächlich befunden hatten: Die Nacht in einem Schützenloch mitten im Dschungel verbringen und sich totenstill verhalten zu müssen, um sich nicht zu verraten. Das Seltsame war, dass solche Albträume auch bei Soldaten auftraten, die gar nicht in eine Gefechtsposition geraten waren.

Geschult in der Psychoanalyse, galt Lidz' erster Impuls der Suche nach verdrängten traumatischen Episoden. Er versetzte die Männer in Hypnose und verabreichte ihnen Beruhigungsmittel, kam jedoch schnell zu dem Schluss, das Trauma sei nicht vergessen, geschweige denn verdrängt. Im Gegenteil: Es stand dem Patienten exakt vor Augen. Danach: Schlafmittel. Die hatten einen entgegengesetzten Effekt: Sie hielten den Patienten besonders lange in seinem Albtraum gefangen. Anschließend rief er die Männer dazu auf, der Angst tagsüber mehr Raum zu lassen, damit diese ihre Nächte nicht störten. Er organisierte Gruppengespräche, in denen sie ihre Ängste teilen konnten, aber auch das brachte keine Erleichterung. Sogar nach dem Versprechen, sie bräuchten nicht zurück zur Front, traten die Albträume weiterhin auf. Fortschritte in der Therapie, so Lidz, konnte er erst verbuchen, als ihm dämmerte, dass die traumatischen Erlebnisse etwas überdecken, das die tatsächliche Ursache der Albträume sein musste. Das führte ihn zu Freuds Auffassung zurück, jeder Traum, auch ein Albtraum, offenbare letzten Endes die Erfüllung eines Wunsches.

Dieser Wunsch sei hier ein Todeswunsch – und zugleich das Verlangen, ihm zu entkommen. Wenn sie an der Front seien, so Lidz, spielten viele Soldaten mit dem Gedanken an Selbstmord. Tatsächlich war die Selbstmordrate auch sehr hoch. Andere gingen in Gefechten so viele Risiken ein, dass es sich bei ihrem Tod um einen verkappten Selbstmord handelte. Die traumatischen Ereignisse an der Front hatten die Albträume vielleicht in Gang gesetzt, die Ursache waren sie jedoch nicht. Sonst hätten ja alle Männer Albträume gehabt. Bei seinen Patienten war etwas anderes los. Bei jedem von ihnen gab es einschneidende emotionale oder beziehungstechnische Probleme. Manchmal hatte die Freundin oder Verlobte per Brief Schluss gemacht, der Krieg dauerte zu lange, sie wollten ihr Leben fortsetzen. Zu Hause konnte ein Elternteil gestorben sein, manche verloren ihren Stubenkameraden, andere kamen aus zerbrochenen Familien.

Im Fall E. ging es um einen Infanteristen im Rang eines Leutnants. Er war ein national bekannter Athlet und seine Vorgesetzten hielten ihn für eine äußerst stabile Persönlichkeit. Aber in den Gesprächen mit Lidz stellte sich heraus, dass er eine Phobie vor Messern und Angst im Dunkeln hatte. Nach der Landung auf dem Strand, Auge in Auge mit dem düsteren Dschungelsaum, war ihm das Herz in die Hose gerutscht, er wusste, dass er es nicht schaffen würde, die Nacht im Dschungel zu verbringen. Er plante, so schnell wie möglich den Heldentod zu sterben oder andernfalls so Selbstmord zu verüben, dass es aussähe, als wäre er gefallen. Durch Zufall wurde seine Einheit wieder zurückgezogen, ohne den Strand verlassen zu haben. Aber als sein Regiment später doch eingesetzt zu werden drohte, kamen die Selbstmorderwägungen zurück. In dem Moment begannen die Albträume.

Der Todeswunsch wurde in Lidz' Wahrnehmung durch das Trauma *plus* ernsthafte persönliche Probleme hervorgerufen. Das halb bewusste Wissen, es könne einen Moment geben, in dem der Wille dem verdrängten Impuls zur Selbsttötung nicht mehr gewachsen war, verursachte die Angst, die ihrerseits die wiederkehrenden Albträume hervorrief. Im manifesten Traum war der gefährliche innere Impuls zu einer von außen kommenden Gefahr transformiert worden: der Japaner, der Beschuss, das Bajonett.

Lidz hielt es für seine wichtigste Entdeckung, dass der Albtraum einem latenten Suizidwunsch entspringe. Das ist jedoch so ziemlich das Einzige, worin ihm spätere Forscher *nicht* folgten.

Mit ein wenig einfacher Statistik und einem offenen Ohr identifizierte er viele Merkmale der heutigen posttraumatischen Belastungsstörung (PTBS). Die übertriebene Schreckreaktion – *startle response* – ist eines der definierenden Symptome, genau wie der wiederkehrende Albtraum. Er konstatierte zudem, dass die Albträume erst beginnen, wenn die Gefahr gewichen ist, und auch bei Menschen vorkommen können, die überhaupt nicht in Gefahr gewesen sind. In letztem Fall soll allein schon die Vorstellung der Schrecken an der Front einen traumatisierenden Effekt haben können. Er stellte fest, dass Albträume von einem Wiederaufrufen des ursprünglichen Traumas bis zu mehr oder weniger symbolischen Ausdrücken des traumatischen Erlebnisses variieren können. Nur bei einer Minderheit der Männer führe ein traumatisches Erlebnis auch wirklich zur Entwicklung einer »combat neurosis«, wie ein Vorgänger der posttraumatischen Belastungsstörung genannt wurde. Nach den sich plötzlich aufdrängenden Wiedererlebnissen über Tag, »Intrusionen«, sind wiederkehrende Albträume das wichtigste Symptom von PTBS.

Es war schon lange bekannt, dass furchterregende Erlebnisse in Albträumen aufgegriffen werden und manchmal einen wiederkehrenden Charakter bekommen können. »Seltsam, dass bis heute keine Nacht vergangen ist ohne Angstträume über den Brand«, schrieb Samuel Pepys am 28. Februar 1667 in sein Tagebuch. Er wirkt ein wenig erstaunt über sich selbst, denn der Große Brand, der das Zentrum Londons in Schutt und Asche gelegt hatte, lag bereits ein halbes Jahr zurück. Nach dem ersten Weltkrieg waren Albträume eines der Symptome des *shell shock,* der PTBS der Zwischenkriegszeit.[34] Nach der Rückkehr aus den Schützengräben träumten manche der Soldaten, infolge einer Explosion lebendig begraben zu sein, ein Schicksal, das unzähligen von ihnen auf beiden Seiten beschieden war und das nur wenige überlebten. Die Diagnose *shell shock,* eingeführt im Jahre 1915, schwankte zwischen einer somatischen Schädigung, verursacht durch die Druckwellen von Explosionen, und einer von Angst verursachten Geistesstörung. Mit Letzterer waren die Patienten nicht besser dran, sie grenzte an Feigheit und Feigheit wiederum an Fahnenflucht. Einige Hundert britische Soldaten mit *shell shock* wurden exekutiert, 1918 wurde zum letzten Mal ein Soldat vor ein Exekutionskommando gestellt, der heute die Diagnose PTBS erhalten hätte.

Gegen Ende des neunzehnten Jahrhunderts war »Trauma« das, was es in der Zusammensetzung »Traumachirurg« noch immer bedeutet: eine körperliche Verletzung. Eine *geistige* Verletzung »Trauma« zu nennen, begann als Metapher, ist aber heutzutage die primäre Bedeutung, ein Wandel, an dem Freud einen großen Anteil gehabt hatte. Seit 1980 tritt die posttraumatische Belastungsstörung unter wechselnden Namen in psychiatrischen Handbüchern auf.[35] Die Ursachen sind längst nicht mehr auf Kriege beschränkt. PTBS wurde nach Bränden diagnostiziert, Verkehrsunfällen, Vergewaltigung, Gewaltverbrechen, Überfällen, Erdbeben, Tsunamis und anderen akuten, lebensbedrohlichen Umständen. Zwei von drei Personen, die sich aufgrund von PTBS-Beschwerden in eine Therapie begeben, berichten von wiederkehrenden Albträumen.[36] Diese Albträume unterscheiden sich von den normalen Albträumen, wie sie fast jeder schon mal hat und die vor allem in der zweiten Nachthälfte auftreten. Zum Teil liegt die Erklärung wiederum in den Schlafphasen. Albträume haben eine verstörende Wirkung auf den Schlaf, nicht nur, weil man davon aufwacht, sie können auch so beängstigend sein, dass man lieber wach liegt, als das Risiko einzugehen, wieder im selben Albtraum zu landen. So kann ein schwerwiegender Schlafmangel entstehen. In der nächsten Nacht wird zunächst der REM-Schlaf nachgeholt, sodass die Albträume schon gleich zu Beginn der Nacht auftreten können. Dadurch entsteht auch ein Mangel an Tiefschlaf. Der traumatische Albtraum vereinigt so das Schlechteste aus zwei Welten: Die Geschichte und die detaillierte Erinnerung des REM-Schlafs und die Aufregung und Unruhe des Non-REM-Schlafs. Im Anschluss beginnt sich eine düstere Spirale zu drehen. Der Schlafmangel führt tagsüber zu Problemen: Erschöpfung, Grübeln, Trübseligkeit, Stress – an sich schon Faktoren, die den Schlaf stören und damit wiederum die Wahrscheinlichkeit von Albträumen erhöhen. Es ist ein fast mechanischer Zyklus, der sich selbst am Laufen hält, ein nächtliches Perpetuum mobile.

Das halbe Jahr, das Pepys so erstaunte, ist gegenüber der Hartnäckigkeit, die traumatische Albträume haben können, glatt zu vernachlässigen. In der bereits zitierten Studie im Centrum '45 handelten die Albträume von Ereignissen, die ein halbes *Jahrhundert* alt waren. In den schlimmsten Fällen ist der Albtraum ein »replay«, der im ängstlichsten Moment des ursprünglichen Traumas stockt. Nacht für Nacht wird der Patient mit demselben Schrecken und Entsetzen von damals wach. Die Theorie, Albträume hätten die Funktion, die furchterregende Erfahrung immer wieder anzubieten, damit das Trauma durch Wiederholung verblasst, geht bei wiederkehrenden Albträumen nicht auf – gar nichts verblasst, das Trauma schwächt sich mit der Zeit nicht ab, es bleibt genauso präsent wie vor einem Jahr, vor zehn Jahren, vor dreißig Jahren. Manche Kriegserinnerungen scheinen sogar eine Bewegung gegen die Zeit zu machen: Sie stehen dem älteren Träumenden schärfer vor Augen als damals, als er vierzig oder fünfzig war. Oft wurde dies der abnehmenden geistigen Wehrhaftigkeit beim Älterwerden zugeschrieben, oder den sozialen Umständen, die jemanden nach Beendigung der Familienpflichten oder eines stark fordernden Arbeitsumfeldes immer häufiger mit seinen Gedanken alleine lassen, aber auch der Reminiszenzeffekt könnte hieran beteiligt sein.[37] Bei *allen* Sechzig- und Siebzigjährigen kehrt die Zeit der Jugend und des frühen Erwachsenenalters häufiger und schärfer in der Erinnerung zurück, und wenn Kriegserfahrungen in diesen Zeitraum fallen, können sie auch in Träumen herumspuken.

Kann man etwas gegen wiederkehrende Albträume machen? Die meisten Artikel, die versuchen, zwischen der Effektivität psychotherapeutischer und pharmakologischer Behandlungen von Albträumen bei PTBS eine Bilanz aufzustellen, haben einen leicht strafenden Ton.[38] Das Problem liegt nicht in zu wenig Forschung. Manche Übersichtsartikel beziehen sich auf Hunderte von Studien. Aber meist sind die Ergebnisse aufgrund ihrer methodologischen Mängel schwer einzuschätzen. Bei günstigen Ergebnissen ist die Akzeptanz von Fallstudien für eine Publikation höher, was zu einer Überschätzung der darin beschriebenen Therapie führt. Der Placebo-Effekt, bei Sir William Osler ein so vortreffliches Instrument, erweist sich in Wirkungsstudien als kompliziert. In einem Medikamentenvergleich ist ein Placebo schnell verteilt, aber was ist eine Placebo-Bedingung, wenn die Behandlung in Form einer Psychotherapie stattfindet? Was soll man sich unter einer Placebotherapie vorstellen? In vielen Studien wurde nicht überprüft, was mit den Menschen auf der Warteliste geschah. Vielleicht ging es ihnen ein Jahr später ebenso wie den Menschen, die behandelt wurden, viel besser? Oft *gab* es keine Warteliste und es wurden einfach alle behandelt. Letzteres illustriert schon, dass es eine Reibung zwischen methodologischen Idealen und der Behandlungspraxis gibt, in der die meisten PTBS-Forscher arbeiten. In dieser Praxis ist es der Impuls des Therapeuten, jedem zu helfen, nicht einer Hälfte ja und der anderen nicht. Und er schickt schon gar nicht Menschen mit der Mitteilung nach Hause, sie könnten auch von der Warteliste aus noch einen interessanten Beitrag für die Wissenschaft leisten. Leider bedeutet dies jedoch, dass Beurteilungen der therapeutischen Effekte mit großem Vorbehalt präsentiert werden müssen.

Eine häufig verwendete Technik ist, den Patienten zu bitten, seinen wiederkehrenden Albtraum möglichst ausführlich zu notieren und dann den Schluss durch ein glücklicheres Ende zu ersetzen (»rescripting«). Tagsüber muss er sich dann einige Male die neue Version so klar wie möglich vor Augen führen, in der Hoffnung, auch der Albtraum werde in Zukunft diesen Verlauf nehmen. Die Ergebnisse mit dieser »imagery rehearsal therapy« sind wechselnd, die Therapietreue ist nicht hoch. Andere Therapien laden den Patienten gerade dazu ein, sich auch tagsüber den Bildern des Albtraums zu stellen, meist in Kombination mit Entspannungsübungen. Das sind Interventionen, die an Freud erinnern: Durch die beständige Konfrontation soll das Trauma verblassen. Eine dritte Technik hat der Psychologe Victor Spoormaker vorgestellt, der 2005 über Albträume promovierte.[39] Luzidität kann in gewissem Maße trainiert werden, und wenn jemandem während des Albtraums bewusst werden kann, *dass* er träumt, könnte er dem Verlauf vielleicht eine etwas weniger furchterregende Wendung geben oder sogar beschließen, wach zu werden, bevor der quälende Schluss erreicht ist. Auch über die Effektivität dieser Therapie ist noch keine entscheidende Studie erschienen.

Im Jahr 2000 kamen die ersten Berichte über eine mögliche pharmakologische Lösung. Man verschrieb mittlerweile alt werdenden Vietnamveteranen Prazosin gegen Beschwerden beim Harnabfluss infolge einer vergrößerten Prostata. Als Mittel gegen zu hohen Blutdruck wurde es schon länger verwendet. Ein unerwarteter Nebeneffekt war, dass sich auch Beschwerden wie Schlaflosigkeit und Albträume verringerten.[40] Das Mittel ließ die Fähigkeit zu träumen nicht schwinden, doch anstelle der Albträume traten normale Träume. Eine der Theorien zur Entstehung von Albträumen ist, dass die Gehirnrezeptoren für Noradrenalin – in seiner Wirkung dem Adrenalin verwandt – überempfindlich geworden sind. Prazosin blockiere diese Rezeptoren und solle so die nächtlichen Ängste abschwächen. Es wird in Amerika bereits auf breiter Basis verschrieben. Inzwischen läuft bei Centrum '45 eine Studie zur Effektivität von Prazosin bei Albträumen von Flüchtlingen mit PTBS.

In Veteranenkreisen gilt Prazosin als ein »cheap fix« für die Traumata, mit denen sie nach Hause gekommen sind, es ist unter verschiedenen Markennamen im Internet erhältlich. Auch bei aktiven Soldaten wird es verschrieben: Nächtliches Geschrei in Schlafsälen ist noch immer unerwünscht, auch in Afghanistan oder anderen Orten militärischer Missionen.

Natürlich bedeuten die in ihrer Intensität abnehmenden oder gar verschwindenden Albträume in Reaktion auf diesen Stoff nicht, dass sie durch einen Mangel an diesem Stoff entstanden sind, genauso wenig wie Kopfschmerzen, die durch Aspirin behoben werden, eine Folge von zu wenig Aspirin waren. Aber es zeigt, dass ein sich selbst verstärkendes Muster aus traumatischen Erinnerungen, Wiedererleben im Schlaf, Schlafstörungen, Angst und Erschöpfung manchmal durch Umlegen eines einzigen Hebels im Schaltkreis durchbrochen werden kann. Dass man mit diesem »cheap fix« Soldaten schnell an die Front zurückkehren lassen oder sie sogar dort behalten kann, ist eine Konsequenz, die vor einem Jahrhundert auch schon mit den Versuchen verbunden war, eine Behandlung für den *shell shock* zu finden.

12. Licht aus?
Über erotische Träume

Sir William Osler, gefeierter Arzt und Professor in Oxford, notierte in seinem Traumtagebuch mit einer für diese Zeit bemerkenswerten Offenheit auch seine erotischen Träume. Kurz vor Weihnachten 1910 träumte er von zwei Frauen. »Mutter und Tochter in meinem Schlafzimmer, keifend wie die Fischweiber, wer von ihnen in mein Bett dürfe. Ich entschied mich zugunsten der älteren Dame – getreu der Regel von B. Franklin. Die Tochter, Mrs F. W., verließ weinend das Zimmer. Ich beschäftigte mich mit der Mutter und hatte eine aufregende Zeit.«[1] Benjamin Franklin hatte einst das Prinzip formuliert, ein Mann solle die ältere wählen, wenn er die Wahl habe zwischen einer älteren oder einer jüngeren Liebhaberin – nicht so sehr wegen ihrer größeren Erfahrung, sondern weil sie dafür am dankbarsten sei. Bei Osler hatte sich dieser uneigennützige Rat offensichtlich als befriedigend herausgestellt. Ob der Traum auch auf eine Ejakulation hinausgelaufen war, verrät der Bericht nicht. Er war damals 61 Jahre alt, ein Alter, in dem nächtliche Samenergüsse nicht mehr so oft vorkommen. Als Arzt hätte er in diesem Fall sicherlich den Begriff »Pollution« verwendet, damaliger Medizinjargon für einen feuchten Traum.

Männer, so will es das Klischee, denken den ganzen Tag nur an Sex. Wer das Verhalten des Penis im Schlaf zum Maßstab nimmt, könnte fast glauben, dies gelte auch für schlafende Männer. Sie haben jede Nacht insgesamt etwa zwei Stunden lang eine teilweise oder vollständige Erektion. Ein Mann, der aus seinem REM-Schlaf geweckt wird, während er sich gerade in einem erotischen Traum befindet, hat immer eine Erektion. Das Verhältnis zwischen erotischen Träumen und Erektionen scheint schlicht und übersichtlich.

Scheint – denn schon die Feststellung, erotische Träume gingen mit einer Erektion einher, wirft gleich eine schwierige Frage auf. Was war zuerst: der Traum oder die Erektion? Die nächstliegende Hypothese ist das Auftreten einer Erektion beim Träumenden, sobald der Traum eine aufregende Wendung nimmt. Aber das Umgekehrte könnte ebenso gut der Fall sein: Während des Schlafs entsteht eine Erektion, das Gehirn spürt sie auf und erfindet eine plausible Geschichte dazu. Bei der ersten Hypothese ist die Erektion die Folge, bei der zweiten die Ursache des erotischen Traums. Es ist nicht notwendig, zwischen den beiden zu wählen. Sie stimmen *beide* nicht.

Der feuchte Traum ist ebenfalls komplizierter gestrickt, als es aussieht, auch wenn es vielleicht nur wäre, weil nicht jede Ejakulation im Schlaf die Folge – oder die Ursache – eines erotischen Traums ist. Manchmal ist der Samenerguss ein physiologischer Reflex, der außerhalb des Traums stattfindet. Jungen haben in der Pubertät regelmäßig feuchte Träume. Im höheren Alter werden sie seltener, aber während der ganzen Zeit suggeriert die Bezeichnung zu Unrecht, jeder nächtliche Samenerguss stamme aus einem Traum.

Bei Frauen sind die Verhältnisse noch viel komplizierter. Orgasmen im Schlaf können bei ihnen in der Jugend ihren Anfang nehmen, meist kommen sie jedoch erst, *nachdem* sie sexuell aktiv geworden sind. Bei Jungen ist dies exakt der Zeitpunkt, zu dem sie seltener werden. Bei etlichen Frauen beginnen sie erst im mittleren Alter oder nach den Wechseljahren. Manchmal haben Orgasmen im Schlaf mit erotischen Träumen zu tun, manchmal entstehen sie spontan. Körperliche Reaktionen auf erotische Träume sind bei Frauen komplizierter zu messen als bei Männern. Das weibliche Äquivalent zu einer Erektion – geschwollene Klitoris, erhöhte Durchblutung der Vaginawand – deutet nicht immer auf sexuelle Erregung hin, und wenn die Erregung da ist, subjektiv, dann ist sie nicht immer physiologisch zu messen. In Umfragen über erotische Träume und Orgasmen im Schlaf haben die Antworten von Frauen historisch und kulturell viel mehr Variationen gezeigt als die von Männern. Der Menstruationszyklus und wechselnde Hormonspiegel im Laufe des Lebens führen schließlich zu weiteren Komplikationen, die bei Männern nicht vorhanden sind.

Keine andere Traumkategorie ruft so komplizierte Fragen zu Körper, Geist und Kultur hervor wie der erotische Traum. Wenn genitale Erregung weder die Ursache noch die Folge erotischer Träume ist, in welcher Relation stehen sie dann? Gibt es überhaupt eine Beziehung? Sind erotische Träume Wunscherfüllungen, wie Freud dachte? Haben erotische Träume dieselben Themen und Motive wie sexuelle Fantasien? Oder kommen in erotischen Träumen Triebe zum Ausdruck, die so aus der Tiefe kommen, dass sogar die Fantasie sie nicht erreichen kann oder wagt sie zu erreichen? Die Erforschung solcher Fragen ist erst sehr spät in Gang gekommen, schlichtweg, weil sie in eher prüderen – oder diskreteren – Zeiten wenig Erfolgschancen gehabt hat. Historisch gesprochen braucht man nicht sehr weit zurückzugehen, um einem vollkommen anderen Erleben des erotischen Traums zu begegnen. Heute erfahren die meisten Menschen einen erotischen Traum als beglückend und angenehm. Der Ausdruck »feuchter Traum« steht für eine lang gehegte Sehnsucht, einen Herzenswunsch. Aber dieser medizinische Jargon Pollution, bewahrt geblieben im französischen »pollution nocturne« für feuchter Traum, suggeriert eine Geschichte mit einem ganz anderen Erleben. Pollution hatte immer eine doppelte Bedeutung: die Absonderung von Samen außerhalb des Geschlechtsverkehrs und Verschmutzung, Befleckung. Diese Kombination passt zu einer Mischkategorie von

Träumen, die es bei den Griechen noch nicht gab und mittlerweile wieder verschwunden ist, aber jahrhundertelang Menschen Angst einflößen konnte.

Erotische Albträume

Erotische Träume und Albträume sind heute zwei unterschiedliche Traumkategorien. In umfänglichen Sammlungen von Albträumen hat man keinen einzigen Hinweis auf Sex und Erotik gefunden.[2] Das ist auch naheliegend: Angst scheint Begehren auszuschließen. Umgekehrt führen erotische Träume meist nicht zu einem durch Angst bedingten Erwachen. Aus beiden Traumkategorien kann man mit jagendem Atem aufwachen, aber kein Träumer wird die beiden als gleich erfahren.

Darin ähneln wir eher den Traumdeutern aus der klassischen Antike als denen des Mittelalters, die uns zeitlich so viel näher stehen. Der griechisch-römische Arzt Galenus betrachtete den erotischen Traum im zweiten Jahrhundert nach Christus als eine einfache Konsequenz des körperlichen Zustands des Träumenden. In einer frühen Abfassung formulierte er, was man später »Ventiltheorie« nannte: »Männer, die voller Sperma sind, sollen sich vorstellen, sie hätten Geschlechtsverkehr.«[3] In griechischen Traumerläuterungen konnten erotische Träume auf Reichtum verweisen, Glück, Erfolg – also auf etwas anderes als Sex, aber noch immer ohne jede Suggestion von Angst. Wer doch lieber keine erotischen Träume haben wollte, für den gab es Ratschläge, wie der Verzicht auf warme Mahlzeiten vor dem Schlafengehen, auf der Seite liegend zu schlafen oder die Liebe ausschließlich im Dunkeln zu betreiben, damit man später in den Träumen nicht durch reizvolle visuelle Erinnerungen bedrängt werden konnte. Über alles andere kann nach den Auffassungen jener Zeit über das Verhältnis zwischen erotischen Träumen und Albträumen nur spekuliert werden. Es gibt ein Fragment eines Marmorreliefs, auf dem ein alter Hirte schläft, halb auf dem Rücken, halb auf der Seite.[4] Sein Glied ragt empor. Er wird von einer Frau erklommen, die Anstalten macht, sich rittlings auf ihn zu setzen. Sie ist geflügelt und nackt, in der griechischen Bildsprache ein Traum. Aber *was* träumt der Hirte? Ist es ein Wunschtraum? Wird er von den »Dämonen des Mittags« besucht? Wird er überwältigt, verführt? Ist hier das Begehren des Mannes dargestellt oder das der Frau? Es gibt nur dieses Fragment, keine Erläuterung. Aber wie die Deutung auch ausfällt, die Stimmung scheint nicht von Angst oder Abwehr geprägt.

Der »erotische Albtraum« ist eine frühchristliche Erfindung, so darf man das wohl nennen. Im Laufe des vierten Jahrhunderts nach Christus wurde der erotische Traum dämonisiert – buchstäblich. Wollust im Traum war eine Eingebung des Teufels und musste im Traum genauso heftig bekämpft werden wie tagsüber. Johannes Cassianus, einer der ersten frühchristlichen »Wüstenväter«, war aus der Stadt weggezogen, um ein Leben in Askese und Vergeistigung zu führen. Er verleibte den erotischen Traum ohne Umschweife dem Albtraum ein. Unkeuschheit, Verführung und Begehren waren Bedrohungen für das Ideal der Reinheit und Enthaltsamkeit und mussten auch im Traum unter das Regime der Selbstbeherrschung gebracht werden. Der Träumende wurde moralisch für seinen Traum verantwortlich. Träume, erläuterte Cassianus, seien häufig eine Fortsetzung des Lebens über Tag: Wer tagsüber unkeusche Gedanken habe, brauche sich nicht zu wundern, wenn sie im Traum wiederkehrten. Bischof Timotheus von Alexandrien war der Ansicht, der Träumer dürfe eine Zeit lang nicht zur Kommunion gehen, wenn die Ejakulation die Folge eines Traums von einer Frau gewesen sei. Aber wenn es sich um eine dämonische Verführung gehandelt habe, solle er unbedingt zur Kommunion gehen, denn sonst wäre es dem Teufel gelungen, einen treuen Christen davon abzuhalten.[5] Die Dinge lagen nicht einfach.

Cassianus behielt dabei schon die Gegebenheiten des männlichen Körpers im Auge. Nächtliche Samenergüsse einmal alle zwei Monate waren »noch natürlich«, auch wenn dreimal pro Jahr eigentlich besser seien. Und eine spontane Ejakulation, nicht hervorgelockt von unkeuschen Bildern, sei ganz sicher ein Zeichen des Fortschritts auf dem Weg zur Vergeistigung. Sogar das Eindringen von Lust in den Traum sei in gewissem Maße noch zu entschuldigen, aber wenn der Träumer zu lange dabei verweilte oder sich ohne Widerstand von der Geschichte mitreißen ließ, beging er eine schwere Sünde. Drei Jahrhunderte nach den Wüstenvätern hatten Unterscheidungen wie diese ihren Weg zu verschiedenen Bußtarifen für unkeusche Träume gefunden: Nach Samenergüssen, die mit Einverständnis erfolgt waren, mussten mehr Psalmen gesungen und gebetet werden als nach Samenergüssen, gegen die man sich gewehrt hatte.

Auch als erotische Träume und Albträume schon längst wieder zu gesonderten Kategorien geworden waren, erklang noch das Echo frühchristlicher Ermahnungen. Der viktorianische Arzt William Acton führte eine Kampagne gegen die Gefahren der Selbstbefriedigung. Er glaubte, jeder Mann habe bei Geburt einen endlichen Vorrat sexueller Energie und Sperma mitbekommen und dieser könne durch Selbstbefriedigung vorzeitig erschöpft werden. Feuchte Träume seien daher ebenso gesundheitsschädlich wie Masturbation. Seine Warnung hatte einen anderen Hintergrund als die von Cassianus, war aber wundersam gleichlautend: »Hat sich ein Mann erlaubt, tagsüber bei libidinösen Themen zu verweilen, wird er merken, dass sein Geist abends von wollüstigen Träumen erfüllt ist.«[6] Im Kampf gegen feuchte Träume konnten »Pollutionsleidende« ein Gerät vorbinden, das den Penis daran hinderte, anzuschwellen. Andere Geräte brachten den Penis beim Anschwellen mit scharfen Eisenspitzen in Kontakt. Im *Algemeen Handelsblad* erschienen ab 1847 regelmäßig Anzeigen für »Hümmerts Pollutions-Verhütungsinstrument«, das versprach, innerhalb kurzer Zeit »die so sehr erschöpfenden Pollutionen«[7] zu beenden. Sie erschienen noch bis kurz vor dem Jahrhundertwechsel. Feuchte Träume waren eine Qual, wer sie hatte, dem musste geholfen werden.

Unserer Zeit noch näher sind die erotischen Albträume von Frederik van Eeden. Seine »wollüstigen Träume mit Pollution« waren furchterregende Erfahrungen. Es war immer wieder eine Prüfung, wenn sich einer andiente. In den meisten kamen weibliche Dämonen vor, manchmal als käufliche Frauen, immer zwielichtiger Gestalt. Vor allem die Kombination mit Luzidität (»Bewusstsein«) sorgte für ein quälendes Gewissen. Im Oktober 1901 notierte er: »Die weiblichen Wesen verführten mich und das hatte Pollution zur Folge. Aber ich fühlte mich dabei gänzlich nicht unschuldig. Ich war vollkommen bei Bewusstsein und war schwach gewesen, für mein Gefühl. Das hatte es seit Jahren nicht gegeben. Ich verstand nun, dass ein weiser Mann niemals Pollutionen haben darf, dass er dafür verantwortlich ist. Er muss die Dämonen auch im Schlaf bekämpfen.«[8]

Von der ägyptischen Wüste im dritten Jahrhundert in ein Bussumer Schlafzimmer 1901 ist es ein weiter Weg – und Van Eedens Abkehr von erotischen Träumen hatte einen ganz anderen Hintergrund –, aber die frühchristliche Vorstellung, der Träumer sei moralisch für das verantwortlich, was er träumt, hatte weite Ausläufer.

Die Erektionen von L.

Die experimentelle Erforschung erotischer Träume von Männern startet 1965 mit dem, was man für einen logischen Anfang gehalten haben musste: der Beobachtung ihrer Erektionen. Diese Experimente fanden im Schlaflabor des Mount Sinai Hospital in New York statt, aber der Anlass für diese Versuche lag auf der anderen Seite des Ozeans, im Vorkriegsdeutschland. Paul Ohlmeyer, einem jungen Physiologen aus Tübingen, war es 1936 gelungen, eine Versuchsperson zu überreden, elf Nächte in einem

einfachen, aber sehr in die Intimsphäre eingreifenden Versuchs-
aufbau zu verbringen. Vor dem Schlafengehen schob man dem
Mann, einem gewissen L., einen elastischen Kontaktring um den
Penis, der mit einem Zeitschreiber verbunden war. Dehnte sich
der Ring aus, wurde der Strom unterbrochen. Am nächsten Morgen konnte Ohlmeyer bis auf die Minute genau ablesen, wann
und wie lange L. eine Erektion gehabt hatte.

Es war schon sehr lange bekannt, dass Erektionen im Schlaf
auftreten und wieder verschwinden. Aber Ohlmeyer entdeckte
etwas, das bis dahin noch niemand vermutet hatte: Diese Erektionen zeigten eine strikte Periodizität. Nacht für Nacht erschienen sie bei L. im Durchschnitt alle 79,7 Minuten. Diese un-
wahrscheinliche Pünktlichkeit hätte eine sofortige Publikation
gerechtfertigt. Aber er ließ die Sache jahrelang ruhen. Über seine
Beweggründe hat er nie etwas gesagt, ebenso wenig hat er übrigens verlauten lassen, wie er auf die Idee gekommen war, eine
Nacht lang den Penisumfang einer Versuchsperson zu messen.
Noch rätselhafter ist, weshalb er ausgerechnet 1943 mit einer
Reihe neuer Experimente anfing, jetzt mit mehreren Versuchspersonen, gesunde Männer zwischen zwanzig und vierzig Jahren.
Der Bericht über die Regelmäßigkeit des Auftretens der Erektionen erschien noch während des Krieges unter dem keuschen Ti-
tel »Periodische Vorgänge im Schlaf«.[9]

Bei der neuen Versuchsreihe war auch L. wieder mit von
der Partie. Sieben Jahre später präsentierten sich seine Erektionen noch genauso regelmäßig, auch wenn die durchschnittliche
Pause nun bei 87,4 Minuten lag. In Messungen an fünf Versuchspersonen über etliche Nächte hinweg kamen die Erektionen im
Durchschnitt alle 85,4 Minuten. Die Pünktlichkeit ihres Auftretens und wieder Verschwindens war also keine individuelle Ei-
genart von L. Sie schienen von einer Art physiologischen Uhr ge-
steuert. Die Erektionen hielten im Durchschnitt 25,3 Minuten an.

Im Juli 1944 folgte erneut eine Versuchsreihe.[10] Der Zyklus galt
offensichtlich auch für tagsüber Schlafende. Die Experimente

verdeutlichten noch etwas anderes. Viele Männer werden morgens mit einer Erektion wach und verknüpfen diese Tatsache mit einer vollen Blase. Aber aus den Experimenten war ersichtlich, dass die Wahrscheinlichkeit, mit einer Erektion aufzuwachen, während des *gesamten* Schlafzyklus über 55 Prozent beträgt, obwohl Männer höchstens während eines Viertels der Nacht eine Erektion haben. Mit einer Erektion haben Männer offensichtlich einen leichteren Schlaf als ohne.

Die Tübinger Physiologen schrieben, sie seien neugierig, ob es noch andere Phänomene gäbe, die mit dem Zyklus, den sie entdeckt hätten, synchron liefen. Die sollte es tatsächlich geben, wie sich zwanzig Jahre später herausstellte. 1965 griff der amerikanische Physiologe Charles Fisher das Thema der nächtlichen Erektionen wieder auf. Inzwischen hatte man den REM-Schlaf entdeckt und Fisher und seine Kollegen fragten sich, ob der Erektionszyklus – über den sie in »zwei obskuren Artikeln deutscher Forscher« gelesen hatten – vielleicht im Zusammenhang stünde mit dem Zyklus des REM-Schlafs und der Träume.[11]

Verglichen mit der treffsicheren Instrumentierung und Methodologie Ohlmeyers gingen die Amerikaner ziemlich tastend zu Werke. Den Kontaktring ersetzten sie durch einen »Phalloplethysmografen« eigener Erfindung: ein dicker, mit Wasser gefüllter Ring, der bei Ausdehnung den Wasserstand in einer damit verbundenen Röhre steigen ließ. Dem Probanden kam es so vor, als werde er gebeten, sein Glied in einen Donut zu stecken. Danach wurde die Penistemperatur gemessen: Bei Erektionen steigt diese ein wenig an. Die besten Ergebnisse verbuchten sie, als sie ihre Versuchspersonen baten, nackt unter einer Decke aus transparentem Plastik zu schlafen. Der Versuchsleiter schaute sich die Sache regelmäßig an und notierte den Umfang des Glieds auf einer Vierpunkteskala. Das Nacktschlafen war für die Versuchspersonen anfangs etwas ungewohnt, gaben die Forscher zu, aber sie versuchten, die Situation weitestgehend zu desexualisieren, indem sie sich »arztmäßig« verhielten.

Die siebzehn Versuchspersonen waren zwischen Anfang zwanzig und Anfang dreißig. Während des Schlafs wurden auch EEGs erstellt und Augenbewegungen registriert. Die Ergebnisse waren unzweideutig. Während der REM-Phase trat in 95 Prozent der Fälle eine teilweise oder vollständige Erektion auf. Die Schwellung begann schon einige Minuten vor Beginn der REM-Phase, erreichte ihr Maximum fünf Minuten nach Beginn und war erst zehn Minuten nach dem Ende des REM-Schlafs wieder verschwunden. Außerhalb der REM-Phase wurden keine Erektionen registriert. Beim Schlafen über Tag traten dieselben Muster auf, wie sie Ohlmeyer bereits festgestellt hatte. Außerdem bestätigte sich, dass die Morgenerektionen nichts mit einer vollen Blase zu tun hatten: Der letzte REM-Abschnitt ist der längste und das ist auch der Zeitpunkt, zu dem die Blase am vollsten ist. Es stimmt jedoch, dass die Morgenerektion die stärkste ist, ein Phänomen, für das viele Sprachen sehr ähnliche Bezeichnungen haben (»Morgenprachtlatte«, »morning wood«).

Galenus und andere Anhänger der »Ventiltheorie« wären sicherlich außerordentlich erstaunt gewesen, dass sexuelle Aktivität vor dem Besuch des Schlaflabors offenbar keinerlei Einfluss hatte. Eine der Versuchspersonen hatte fünf Stunden vor dem Experiment Geschlechtsverkehr gehabt, durchlief jedoch in dieser Nacht unbeirrt seinen normalen Erektionszyklus. Über eine lange Zeit keine sexuelle Aktivität gehabt zu haben, hatte genauso wenig Einfluss. In einem anderen Experiment bat man zehn junge Männer, etwa zehn Tage sexuell enthaltsam zu bleiben und dann ins Labor zu kommen, um dort die Nacht zu verbringen.[12] Danach gingen sie mit dem Auftrag nach Hause, die Abstinenz zu beenden und in der folgenden Nacht für eine zweite Messung zurückzukehren. In der ersten Nacht traten sogar noch etwas weniger Erektionen auf als in der Nacht, nachdem sie wieder Geschlechtsverkehr gehabt hatten.

1965 galt die REM-Phase noch als die Traumphase – die Frage lag also nahe, ob die genaue Synchronizität der Erektionen etwas mit dem Inhalt der Träume zu tun habe. Hier bekommt der Bericht einen etwas hybriden Charakter. Fisher war von Haus aus eigentlich Gehirnphysiologe, hatte sich jedoch inzwischen als Psychiater und Psychoanalytiker niedergelassen. In dem Experiment hatte er zwar Traumberichte gesammelt, jedoch nicht allzu systematisch, und die vorhandenen wurden mehr oder weniger psychoanalytisch interpretiert. Ein Zusammenhang mit erotischen Träumen schien ihm aus mehreren Gründen wenig überzeugend. Die Morgenerektion zum Beispiel war relativ häufig mit Träumen verbunden, aber selten mit erotischen Träumen. In den 27 Nächten des Experiments hatte man lediglich eine Ejakulation registriert. Diese trat während der REM-Phase auf. In seinem Traum hatte die Versuchsperson die Hand eines Mädchens festgehalten. Des Weiteren gab es noch einige suggestive Beobachtungen, beispielsweise die einer schnell abflauenden Erektion bei einer Person, deren Traum in eine inzestuöse Richtung abzudriften drohte, und es gab noch eine abrupte Erschlaffung bei einem Mann, der träumte, von einem Hai angegriffen zu werden – zweifelsohne ein Kastrationstraum. Aber beim überwiegenden Teil der Erektionen spielte sexuelle Begierde keinerlei Rolle.

Der logische nächste Schritt – wie ist das denn bei den Frauen? – ließ ein wenig auf sich warten. Die Untersuchung bei Frauen erforderte andere Methoden, andere Instrumente und vielleicht auch andere Zeiten. Schlafen unter durchsichtigem Plastik – wenn sich weibliche Versuchspersonen überhaupt darauf eingelassen hätten, wäre nichts zu sehen gewesen: Physiologische Zeichen von Erregung sind äußerlich nicht wahrnehmbar. Die Schwellung der Klitoris wäre ein willkommenes Maß, aber die Klitoris in Ruhe ist zu klein, als dass man ihr einen elastischen Ring überschieben könnte. Während der sexuellen Revolution und dem Beginn der Erforschung weiblicher Erregung in den Siebzigerjahren wurden Instrumente zur Messung steigender Durchblutung der Vaginawand entwickelt. Damit stand eine

Technik zur Verfügung, die einen quantitativen Eindruck dessen geben konnte, was – noch immer – als weibliches Äquivalent zur Erektion gilt. Wieder war es der unermüdliche Fisher, der hier Pionierarbeit verrichtete.[13]

Zehn Frauen, die 1983 einige Nächte in seinem Schlaflabor verbrachten, führten sich selbst den Sensor ein. Perioden mit höherer Durchblutung wurden als Ausschlag eines Stifts auf Grafikpapier sichtbar. Vier Frauen hatten sich dazu bereit erklärt, das Gerät zu kalibrieren, indem sie mit dem bereits eingeführten Sensor masturbierten. Ein Orgasmus ergab den maximalen Ausschlag von 45 mm. Danach begannen die experimentellen Nächte. Fisher stellte fest, dass die schnellere Durchblutung in 95 Prozent der Perioden während des REM-Schlafs auftrat. Der Ausschlag des Stifts lag in derselben Größenordnung wie bei einem Orgasmus.

Diese 95 Prozent entsprechen exakt dem Prozentsatz von Erektionen während des REM-Schlafs bei Männern. Aber damit hörte die Übereinstimmung auch schon auf. Erektionen erscheinen schon kurz vor Beginn des REM-Schlafs und halten danach noch ein Weilchen an, sodass Männer etwa zwei Stunden pro Nacht Erektionen haben. Bei Frauen waren die Perioden mit gestiegener Durchblutung während des REM-Schlafs kürzer, im Durchschnitt etwa acht Minuten, zusammen etwa eine halbe Stunde pro Nacht. Treten bei Männern Erektionen ausschließlich im REM-Schlaf auf, gab es bei Frauen auch in zwei von drei Perioden des Non-REM-Schlafs eine erhöhte Durchblutung. Zählte man diese mit, verbrachten sie wie die Männer etwa zwei Stunden pro Nacht in einem Zustand physiologischer Erregung. Aus diesem Non-REM-Schlaf sind jedoch nahezu keine Träume auszuloten, ganz zu schweigen von erotischen Träumen. Auch bei Frauen war die Wahrscheinlichkeit auf einen erotischen Traum am höchsten, wenn sie während dieses Fensters von acht Minuten im REM-Schlaf geweckt wurden.

Ein Dreivierteljahrhundert nach den Erektionen von L. muss festgestellt werden, dass all diese einfallsreiche Forschung im Dreieck REM-Schlaf, genitale Erregung und erotische Träume nur zur Verwirrung beigetragen hat. Die Zweifel, die Fisher schon 1965 hatte, ob Erektionen überhaupt etwas mit erotischen Träumen zu tun hatten, sind berechtigt gewesen. In einer ganzen Reihe von Laborstudien hat sich herausgestellt, dass von je zehn Träumen, die während des REM-Schlafs stattfinden, höchstens einer etwas mit Sex oder Erotik zu tun hat. Männer träumen mit Erektion und allem von Briefmarken, Konferenzen, Prüfungen – von allem Möglichen, aber meistens nicht von Sex. Es ist nicht logisch, das eine Mal, bei dem wirklich ein erotischer Traum im Spiel ist, als Erklärung für die Erektion anzuführen. Für jede Erektion, die man auf diese Weise mit einem erotischen Traum verbindet, blieben neun übrig, für die es dann keine Erklärung gäbe. So betrachtet träumen Männer eigentlich zu wenig von Sex. Es läuft darauf hinaus, dass es viel zu viele Erektionen gibt, als dass man sie mit erotischen Träumen erklären könnte.

Bei Frauen liegt dieses Verhältnis noch ungünstiger. Ihre physiologische Erregung zeigt sich wie bei den Männern auch bei nicht erotischen Träumen, spielt sich dann aber zum Teil noch in einer Schlafphase ab, die überhaupt keine Träume liefert, schon gar keine erotischen. Fisher blieb dabei, dass genitale Erregung und Träume mit dem physiologischen Prozess verbunden sind, der den REM-Schlaf verursacht, aber nicht voneinander abhängig sind. Inzwischen ist klar, dass der Erektionszyklus sich sogar aufrecht zu halten weiß, wenn der REM-Schlaf schwer gestört ist und Träume zum großen Teil ausbleiben.[14] Das führt zu einer seltsamen Schlussfolgerung: Der Traum scheint der einzige Ort zu sein, an dem genitale Erregung nicht mit Sex zu tun hat.

Tagträume

Freud starb im Herbst 1939. Da hatte Ohlmeyer den Erektions-zyklus von L. bereits entdeckt, aber noch nichts darüber veröf-fentlicht. Man fragt sich, was Freud von seinen Ergebnissen – und später von denen Fishers über den Zusammenhang mit dem REM-Schlaf – gehalten hätte. *Zwei Stunden Erektion pro Nacht*, ausgerechnet in der Phase, in der man träumt, was hatte das zu bedeuten? Dass in neun von zehn Fällen keine sexuellen Themen vorkommen, obwohl es doch Erektionen gibt, wäre für Freud kein Problem gewesen, eher eine willkommene Bestätigung sei-ner Theorie, so gut wie *alle* Träume stellten eine sexuelle Wunsch-erfüllung dar. Es gab einfach zehn latente Traumgedanken über Sex – daher zehn Erektionen – und einer dieser Träume hatte zu einem manifesten Traum geführt, der *auch* von Sex handelte. In den anderen Träumen war es der Traumarbeit offensichtlich ge-lungen, das sexuelle Motiv so zu verhüllen, dass der manifeste Traum von etwas anderem zu handeln schien. Der Körper wusste es besser.

Aber vielleicht hätte Freud diesen Gedanken auch schnell wie-der verworfen. Denn wie wahrscheinlich ist es, dass diese Träume exakt alle 85 Minuten auftreten? Dass die Leidenschaft und das Aufgewühltsein des Trieblebens die Pünktlichkeit einer physio-logischen Uhr aufweist? Freud hat sich sein Leben lang davor ge-scheut, von der Neurologie oder Physiologie dargereichte »Be-weise« für seine Theorie zu akzeptieren; die sicherste Spekulation ist, dass er auf alle Ergebnisse aus dem Schlaflabor ebenso zu-rückhaltend reagiert hätte.

Aber *gibt* es Hinweise darauf, dass erotische Träume Wunsch-erfüllungen sind? Dass sie sexuellen Sehnsüchten Ausdruck ver-leihen, derer wir uns tagsüber gar nicht bewusst sind? Gehen Träume vielleicht dort weiter, wo die Realität bei der Befolgung sexueller Impulse eine Grenze zieht? Diese Fragen führen ganz von selbst zu einem zweiten Weg zum Triebleben, der weniger »königlich« ist als der andere.

Sexfantasien, ob es sich bei ihnen um flüchtige Tagträume handelt oder um Masturbationsfantasien, spielen sich in der reibungsfreien Welt der Imagination ab. Sie sind nicht an praktische Beschränkungen gebunden. Man braucht nicht auf die günstige Gelegenheit zu warten, es gibt keine Sorgen über Verfügbarkeit, Zurückweisung, Erreichbarkeit oder Sittenlehre. Gerade weil sie der Fantasie entspringen, so manchmal das Argument, ergeben sie ein wahrheitsgetreueres Bild des sexuellen Begehrens als tatsächliches oder berichtetes sexuelles Verhalten.[15] Das verführt dazu, die Eigenschaften erotischer Träume neben die von Sexfantasien zu stellen. Träumen Menschen davon, was sie in ihrer Fantasie am liebsten tun, oder haben erotische Träume ein eigenes Repertoire? Und ist alles, was im Traum erregt, auch in Fantasien erregend? Treten in erotischen Träumen dieselben Unterschiede zwischen Männern und Frauen auf wie bei Sexfantasien?

Sexfantasien sind höchst privat, individuell und unverwechselbar. Sie werden selten geteilt, auch nicht mit engsten Vertrauten. Für nächtliche Gespräche mit Freunden, die in die Richtung fantasierter Sehnsüchte gehen – »Und mit wem würdest du gerne mal …?«–, hat fast jeder ein Geschichtchen parat, das jedoch nur selten mit der wirklich favorisierten Fantasie übereinstimmt. Aber so persönlich die Fantasien auch sind, in Kategorien geordnet hat plötzlich jede wieder Gesellschaft. Wirkliche Einzigartigkeit von Fantasien ist selten. Nirgends ist das sichtbarer als auf Pornoseiten, auf denen man zwar nicht die eigene Fantasie anschauen kann, aber dennoch Clips aus der Kategorie, in die sie gehört. Diese Kategorie ist im Handumdrehen geschaffen, man muss nur nach Variablen wie sexuelle Orientierung, Alter, Ort, Drehbuch, Anzahl Sexualpartner und noch unzählige andere Optionen im Menü filtern, darunter nicht zu vergessen die Aktivität selbst und welche Genitalien dabei einbezogen sein sollen. Auch in den kleinsten Nischen, auf die von Suchseiten aus verwiesen wird, herrscht Hochbetrieb. In Studien, die Checklisten verwenden – auf Basis von Anonymität –, erscheinen in den freien Feldern bei offenen Fragen daher auch selten Fantasien, die nicht in anderen Listen vorkamen. Die Exklusivität steckt darin, dass man über spezifische Personen fantasiert, und wenn man zum Beispiel über Sex mit Mutter und Tochter fantasiert, hat man mit mehr Menschen Gemeinsamkeiten als nur mit Professor Osler.

In Bezug auf Themen, Frequenz und Atmosphäre hangelt sich die Erforschung von Sexfantasien traditionell entlang der Linien der Geschlechtlichkeit – mit der Anmerkung, dass die Unterschiede nirgends absolut sind und immer Gruppen kennzeichnen und keine Individuen.[16] Fast jeder gibt an, hin und wieder eine Sexfantasie zu haben, aber Männer haben sie häufiger als Frauen, zum Teil, weil sie mehr masturbieren als Frauen. Damit beginnen sie früher und führen es auch länger fort. Masturbationsfantasien von Männern fallen etwas kürzer aus als die von Frauen, sie kommen schneller zur Sache, der Sex ist häufiger als bei Frauen mit mehreren Partnern, manchmal gleichzeitig, manchmal, weil die eine Frau auf halbem Weg der Fantasie gegen eine andere eingetauscht wird. Bei Frauen gibt es mehr Raum für eine Anwärmphase: Blicke, die gewechselt werden, das Gespräch, das eine schwüle Wendung nimmt, das Spiel der Verführung. Bei ihnen findet der Sex häufiger mit Bekannten statt, von früher oder jetzt. Fantasien über Sex handeln selten vom eigenen Partner, im Reich der Fantasie ist Ehebruch die Regel, bei Männern zu 98 Prozent, bei Frauen zu 80 Prozent.[17]

Männer wie Frauen fantasieren während des Sex auch dann meistens über Sex mit anderen Partnern und möchten deshalb das Licht ausmachen. Bei Männern kommen diese Fantasien schon bald nach Beginn einer Beziehung, bei Frauen etwas später. Ein Viertel von ihnen fühlt sich deswegen schuldig, Männer und Frauen im gleichen Maße. Männer beschreiben ihre Fantasien vor allem als visuelle Erfahrungen, die Bilder sind konkret, grafisch, explizit und betreffen häufiger als bei Frauen die Geschlechtsteile. Bei Frauen ist mehr Raum für andere Sinnesorgane wie Geruch oder eine Stimme. Männer sind in ihren Fantasien aktiv, Frauen lassen den anderen etwas mit ihnen machen.

Frauen sind in ihren Fantasien hinsichtlich ihrer sexuellen Ausrichtung offener als Männer. Ein Viertel der Heterofrauen fantasiert schon einmal über Sex mit einer Frau, von den Heteromännern fantasieren nicht einmal zehn Prozent über Sex mit Männern. Für homosexuelle Männer und lesbische Frauen gilt Vergleichbares. Messungen des genitalen Responses beim Betrachten erotischer Clips weisen in dieselbe Richtung. Männer lassen sich von allem erregen, was zu ihrer bevorzugten Fantasie passt, was dort nicht hineinpasst, interessiert sie weniger; Frauen lassen sich auch von anderen Sexspielarten erregen.

1974 wurde zum ersten Mal berichtet, dass viele Frauen darüber fantasierten, mit Gewalt genommen zu werden.[18] Dieses Ergebnis wurde vielfach repliziert. Die genaue Position in der Top fünf der bevorzugten Fantasien variiert, aber »rape fantasies« fehlen nie.[19] Ebenso sicher ist, dass Frauen nie hoffen, diese Fantasie in Wirklichkeit zu erleben. Der Genuss erzwungenen Sexes bleibt auf die Fantasie beschränkt. In der feministischen Literatur der Siebzigerjahre wurden Vergewaltigungsfantasien als Überreste tatsächlichen Missbrauchs gedeutet. Sie sollten vor allem bei Frauen vorkommen, die in ihrer Jugend zu Sex gezwungen worden seien. Andernorts wird argumentiert, diese Fantasien würden beweisen, wie sich gesellschaftliche Muster männlicher Dominanz und weiblicher Unterwerfung auch bei Frauen sozusagen »von innen« festsetzen. Aber für keine der beiden Erklärungen fand sich Unterstützung: Dafür gab es zu viele Frauen ohne Missbrauchsvergangenheit, die dieser Fantasie den Vorzug gaben, und auch zu viele äußerst unabhängig eingestellte Frauen, die dennoch regelmäßig über erzwungenen Sex fantasierten.

Eine neuere Deutung lautet, der Zwang reduziere das Schuldgefühl. Man musste ja, man wurde gezwungen und das macht den Weg frei für Fantasien über Sex mit »verbotenen« Partnern – dem Schwager, einem Kollegen des Mannes, vollkommen Fremden. Eine andere Deutung ist, eine Fantasie mit Zwang sei eigentlich eine Fantasie über die eigene Unwiderstehlichkeit. Man ist so attraktiv und aufregend, kein Wunder, dass sich der andere nicht mehr beherrschen kann. Er – oder sie, in lesbischen Fantasien – begnügt sich nicht mit einem Nein und bricht den Widerstand. Beide Erklärungen schließen einander nicht aus, wie in dieser (verkürzten) Fantasie:

Dieser Freund kommt vorbei und schiebt mich gleich gegen die Wand, drückt meine Hände über meinem Kopf, er beginnt mich leidenschaftlich zu küssen. Der Junge in meiner Fantasie ist mein heutiger Freund, aber diesen Tagtraum hatte ich schon, als wir beide noch mit anderen zusammen waren. Aber jetzt ist er nicht so lieb und zärtlich wie sonst, er verlangt nach mir. Ich sage ihm, er solle aufhören, es sei falsch. Er sagt dann, das interessiere ihn nicht, er könne keine Minute länger warten. Seine Zunge drängt in meinen Mund. Er sagt, ich sei unwiderstehlich und er wisse, dass ich mich nach ihm sehne, er sehe das daran, wie ich ihn anschaue und berühre, wenn wir beisammen sind. Wir sind beide nackt und er küsst meinen ganzen Körper. Ich flehe ihn an, aufzuhören, wir könnten jeden Moment erwischt werden. Er hält mich fest und vögelt mich im Stehen an der Wand. Erst tut es weh, aber danach fühlt es sich so gut an, dass ich es einfach genießen muss. Als wir fertig sind, geht er, denn er weiß, dass mein Freund noch vorbeikommt. Er sagt, wie fantastisch er meinen Körper findet, dass keine Frau ihn so errege wie ich und dass er alles dafür gäbe, bei mir zu sein. Es zerreißt mich zwischen Verlangen und Schuldgefühl.[20]

In einer Studie unter 355 Studentinnen an zwei amerikanischen Universitäten, die ein Logbuch über ihre Sexfantasien führten, machten Vergewaltigungsfantasien etwa ein Viertel aller Fantasien aus, aber darin fehlten viele Elemente, die bei echten Vergewaltigungen auftreten.[21] Die Gewalt bestand in der Fantasie aus Drücken und Ziehen, es wurde nicht geschlagen oder getreten, die Kehle wurde nicht gewürgt, es gab keine zerrissene Kleidung, der Angreifer drohte nicht mit einer Waffe. Der erzwungene Sex war nicht anal, der Täter zwang fast nie zu oralem Sex, es gab kein Gefühl der Demütigung und Verschmutzung. In der Fantasie will die Frau sich »sexuell begehrenswert, nicht sexuell verletzlich« fühlen.[22] Die Bezeichnung als Vergewaltigungsfantasie über vierzig Jahre hinweg rührt daher, dass die Definition von Vergewaltigung im selben Zeitraum immer breiter wurde.

Erotische Träume

Für Freud war an Sexfantasien wenig Geheimnisvolles: Sie entstanden aus Mangel an echtem Sex und hatten eine kompensierende Funktion. Manche Autoren haben dies bestritten mit dem Argument, häufige und variierende Sexfantasien gingen in der Regel mit einem befriedigenden und abwechslungsreichen Sexualleben einher.[23] Sexuell aktive Menschen fantasieren eben auch dazu. Aber das ist zu schlicht gedacht. Schon das Wissen, dass Sexfantasien fast immer von einem anderen als dem eigenen Partner handeln, hätte sie ins Grübeln bringen müssen. Vielleicht wird doch etwas kompensiert: Der »echte Sex« war schließlich nicht mit dem Partner aus der Fantasie. Das ist auch schon ein Punkt, den erotische Träume mit Fantasien teilen: Sie drehen sich selten um den eigenen Partner.

Alles andere, was auf Grundlage von Studien über erotische Träume zu sagen ist, führt regelrecht in ein physiologisches und psychologisches Labyrinth.

Fisher stellte 1965 bei Männern und 1983 bei Frauen fest, dass genitale Erregung nichts mit dem Inhalt von Träumen zu tun hat, selbst dann nicht, wenn der Traum erotischer Art ist. Aber es ist noch schlimmer. Auch ein Orgasmus während des Schlafs hat nicht immer etwas mit erotischen Träumen zu tun oder auch nur mit Träumen im Allgemeinen. »Feuchte Träume« handeln nicht automatisch von Sex und es sind auch nicht immer Träume.

Dass Samenergüsse nicht zwangsläufig mit einem Orgasmus im Traum verbunden sind und umgekehrt ein Orgasmus im Traum nicht immer zu einem Samenerguss führt, hatte der ungarische Psychoanalytiker Sándor Ferenczi bereits 1916 beschrieben[24]. Er deutete einen Traum, der nicht sexuell gefärbt war und dennoch zur Pollution geführt hatte, als Beweis dafür, dass es der Verdrängung offensichtlich bis zum letzten Moment gelungen war, den Traum als vollkommen unschuldig zu tarnen. Bei entsprechenden Patienten war es für ihn in der Analyse immer einfach, den tatsächlichen sexuellen Inhalt aufzuspüren, der für die Pollution verantwortlich war. Diese frühe Feststellung, man könne erotischen Traum, Orgasmus und Ejakulation nicht einfach gleichsetzen, die Verhältnisse seien viel komplizierter, verlor man gerade durch diese psychoanalytische Interpretation leider auch wieder aus dem Blick, genauso wie es der Beobachtung ergangen war, Flugträume gingen mit genitaler Erregung einher. Als eine Generation später Alfred Kinsey das Thema der nächtlichen Orgasmen aus einer ganz anderen sexologischen Orientierung wieder aufnahm, hatte Ferenczis Werk schon an Beachtung verloren.

In seinem berühmten Report über die Sexualität der Frau aus dem Jahr 1953 – basierend auf Studien unter fast sechstausend Frauen –, gab Kinsey an, rund eine von drei Frauen mittleren Alters hätte schon einmal einen Orgasmus im Schlaf erlebt.[25] Er berichtete auch, nicht mal eine von zwanzig Frauen habe einen nächtlichen Orgasmus vor ihrem ersten Koitus erlebt. Er taucht erst auf, nachdem die Frauen sexuell aktiv geworden waren, mit einem Partner oder masturbierend, wenn sie außerhalb des Schlafs ihren ersten Orgasmus gehabt hatten. Das ist sofort schon ein ganz anderes Bild als bei den feuchten Träumen von Jungen: Für etwa ein Viertel der Jungen ist der feuchte Traum gerade das erste Mal in ihrem Leben, dass sie einen Orgasmus erleben. Bei Männern werden sie nach der Pubertät seltener, tauchen bei Frauen aber weiterhin genauso häufig auf, drei- bis viermal im Jahr, unabhängig vom Alter. Ein anderer Unterschied ist, dass Männer ihre feuchten Träume verschlafen können und erst am nächsten Morgen entdecken, dass sie einen Samenerguss gehabt hatten, während Frauen fast immer durch den einsetzenden Orgasmus wach werden und seinen Verlauf bewusst erleben.

Ergebnisse von Studien zum sexuellen Erleben zeigen über die Jahre traditionell massive Variationen. 1953 hatten laut Kinsey nur acht Prozent der zwanzigjährigen Frauen Erfahrung mit nächtlichen Orgasmen. In späteren Studien erhöhte sich dieser Prozentsatz schnell. Eine Studie aus dem Jahr 1976 unter amerikanischen Studentinnen kam auf 22 Prozent.[26] 1986 waren es, auch bei Studentinnen, schon 37 Prozent.[27] Die *Häufigkeit* nächtlicher Orgasmen blieb fast gleich. Sie hatten um ihr sechzehntes Lebensjahr begonnen, was deutlich später ist als die feuchten Träume bei Jungen. Nächtliche Orgasmen hingen bei Frauen nicht von spezifischen sexuellen Erfahrungen ab oder davon, wie sexuell aktiv sie waren, sondern, im positiven Sinn, von der Zufriedenheit über das eigene Sexualleben und einer offenen Haltung gegenüber Sex.[28]

Ein anderer Prozentsatz Kinseys ist seither jedoch dramatisch gesunken. Er berichtete, bei 99 Prozent der Frauen ginge der Orgasmus im Schlaf mit einem erotischen Traum einher. Die übrigen, dachte er, hätten ihren Traum wahrscheinlich vergessen. Keine nachfolgende Studie hat dieses Ergebnis bestätigt. Die Sexologin Franceen King promovierte über den weiblichen Orgasmus im Schlaf und veröffentlichte auf ihrer Website (franceenking.com) einen Fragebogen.[29] Der wurde hauptsächlich von

Frauen ausgefüllt, die selbst einen solchen Orgasmus erlebt hatten und im Internet nach Informationen suchten. Wegen fehlender Repräsentativität müssen die Ergebnisse daher mit Vorsicht interpretiert werden. Aber obwohl etwa 90 Prozent der Frauen erlebt hatten, dass der Orgasmus auf einen Traum über Sex folgte, gaben 36 Prozent der Frauen an, nach einem Traum ohne jeglichen erotischen Inhalt einen Orgasmus gehabt zu haben. Eine von ihnen schrieb, er habe begonnen, als sie träumte, sie stünde telefonierend in einer Telefonzelle. Die Hälfte der Frauen war sich *keines einzigen Traums* bewusst, als sie von dem beginnenden Orgasmus geweckt wurden. Die genauen Prozentsätze sind weniger wichtig als die Tatsache, dass Orgasmen im Schlaf in allen Variationen vorkommen können, auch bei ein und derselben Frau: nach erotischen Träumen, nach nicht erotischen Träumen und ohne Träume. Sexträume sind für einen Orgasmus offensichtlich nicht notwendig. Das weibliche Äquivalent für einen feuchten Traum braucht noch nicht einmal ein Traum zu sein.

Inhaltsanalysen haben gezeigt, dass erotische Träume im Vergleich zu Sexfantasien in allerlei Hinsicht über ein vielfältigeres Repertoire verfügen. Die meisten Menschen haben eine bevorzugte Fantasie oder eine Handvoll rotierende Fantasien. Sie bleiben nicht ihr Leben lang gleich, sie wechseln, unter anderem durch tatsächliche erotische Erfahrungen. Aber häufig gibt es eine Zeit lang ein festes Drehbuch, mit denselben Personen und Handlungen. Bei erotischen Träumen fehlt diese Wiederholung. Der Träumer landet jäh zwischen irgendwelchen Personen, in nicht vorhersehbaren Umständen. In erotischen Träumen können Personen auftauchen, über die der Träumer nie fantasieren wollen würde.

Auch die Grenzen hinsichtlich der eigenen sexuellen Orientierung liegen in Träumen anders. In Fantasien haben Heterofrauen zwei bis dreimal häufiger Sex mit Frauen als Heteromänner Sex mit Männern. In erotischen Träumen sind Männer den Frauen ähnlicher: Häufiger als in ihrer Fantasie – und meist zu ihrem großen Schrecken – haben sie Sex mit einem Mann. Die Spannung und der Genuss des geträumten Sex können einen Menschen in große Verwirrung stürzen. In ihrer Monografie über erotische Träume gibt Delaney einige Beispiele der ambivalenten Gefühle nach und manchmal schon *im* Traum. Eine junge Frau: »In einem Traum hatte ich Sex mit einer älteren Frau. Ich fühlte mich schuldig und schämte mich.« Eine Studentin: »Ich träumte von meinem ersten Freund und wir schliefen gerade ungestüm und leidenschaftlich miteinander, als er sich plötzlich in eine lesbische Freundin verwandelte, die sich zur Zeit dieses Traums von mir angezogen fühlte. Das schockierte mich, aber ich war auch ziemlich fasziniert und erregt von der Verwandlung.«[30] Delaney hat eine therapeutische Praxis. Nach ihrer Erfahrung hatte fast jede Frau schon einmal so einen Traum gehabt und lesbische Klientinnen waren genauso beunruhigt, wenn sie angenehm von Sex mit einem Mann geträumt hatten. Auch Expartner(innen) neigen dazu, in Träumen häufiger aufzutauchen als in Fantasien, und hinterlassen manchmal dasselbe Gefühl von Verwirrung. Träume von Expartnern können um Erinnerungen herumgewoben sein, schließlich können ehemalige Geliebte zwar aus dem Leben verschwinden, aber nicht aus dem Gedächtnis.

Ein deutlicher Unterschied zwischen Fantasie und Traum ist, dass in Träumen häufiger inzestuöse Partner auftauchen.[31] Jungen und Männer landen in erotischen Situationen mit ihrer Mutter, Schwester oder Tante, Frauen mit Vätern, Onkeln und Brüdern. Dass dies in Träumen geschieht und in Fantasien selten ist, muss auf einem realen Unterschied beruhen oder darauf, dass über inzestuöse Fantasien weniger berichtet wird, vielleicht aus Scham, die man bei einem Traum in geringerem Maße verspüren wird als bei einer Fantasie. In einer Studie unter Studenten unterschieden sich Jungen mit inzestuösen erotischen Träumen bezüglich ihrer sexuellen Vorlieben und Eigenschaften übrigens nicht von Jungen, die von Partnern außerhalb des Familienkreises träumten. Sie schauten sich zum Beispiel nicht häufiger oder länger im Internet Pornos an.[32]

Die Stimmung erotischer Träume verteilt sich bei Männern und Frauen entlang derselben Linien wie bei Sexfantasien. Die Träume von Männern sind expliziter und direkter auf sexuelle Handlungen gerichtet, während Frauen die Intimität und das Gefühl, intensiv begehrt zu werden, als erotisch erfahren. Zu erotischen Träumen liegen viele Einzelfälle vor, eine quantitative Studie unter größeren Gruppen von Träumern ist selten. In Montreal führten 109 Männer und 64 Frauen – im Alter zwischen zwanzig und neunzig, im Durchschnitt dreißig Jahre alt – auf Bitte des Psychologen Zadra einen knappen Monat ein Traumlogbuch.[33] Das ergab rund 3500 Träume, im Durchschnitt etwa zwanzig pro Teilnehmer. Etwas weniger als die Hälfte von ihnen hatte in diesem Zeitraum einen oder mehrere Träume über Sex. Der Unterschied zwischen Männern und Frauen konnte vernachlässigt werden. Von allen Träumen waren etwa acht Prozent erotischer Art. Von den fast 300 Träumen waren noch keine vier Prozent auf einen Orgasmus hinausgelaufen. Der Unterschied in Traumthemen zwischen Männern und Frauen stimmte mit den Unterschieden bei den Sexfantasien überein. Bei den Frauen handelten die Träume zu 80 Prozent von einer anderen Person als dem heutigen oder einem früheren Geliebten. Bei Männern lag dieser Prozentsatz noch höher. Für Träume über andere als die aktuellen Geliebten kommen die Prozentsätze also sehr in die Nähe der Zahlen, die man bei Sexfantasien gefunden hat. Die Träume von Männern handelten häufiger von Sex an einem öffentlichen oder unbekannten Ort, sie hatten meist selbst die Initiative ergriffen, der Sex fand häufiger mit Unbekannten statt. Männer träumten doppelt so oft wie Frauen von Sex mit verschiedenen Partnern gleichzeitig. Frauen träumten wiederum doppelt so oft von Sex mit einer Berühmtheit. Das Thema, ob der Partner einen Orgasmus hat, kam nur in einigen Frauenträumen vor. Der größte Unterschied war noch, dass bei Frauen einer von fünf Träumen ungewünschten Sex betraf, bei Männern war das nur einer von zwanzig.

Was ist nun aus all diesen Fakten und Schnipseln zu schließen? Auf jeden Fall das Folgende: Erotische Träume und Fantasien teilen dieselbe Stimmung und vergleichbare Themen und Motive, als entstammten sie dem Stift desselben Drehbuchschreibers. Mit ihrer gemeinsamen Vorliebe für andere als den eigenen Partner, oft »verbotene« Personen, scheinen Träume und Fantasien zum Teil aus demselben Stoff gewoben. Die Muster erotischer Träume machen höchstens einen etwas lockereren, improvisierteren Eindruck, mit unerwarteten Orten, Personen und Situationen. Wenn jemand eine Reihe von Beschreibungen erotischer Szenen vorgelegt bekäme mit der Bitte, jeweils anzugeben, ob diese Szene einer Fantasie oder einem Traumbericht entspränge, hätte er am Inhalt der Szene wenig Orientierung. Wenn er dieselben Szenen Männern oder Frauen zuschreiben sollte, würde dies sicherlich mehr Treffer ergeben. Mit anderen Worten, erotische Träume von Frauen ähneln mehr den erotischen Fantasien von Frauen als den erotischen Träumen von Männern. Bei Männern ist das nicht anders.

Die Erforschung erotischer Fantasien und Träume ist nahezu immer auf die Unterschiede zwischen Männern und Frauen ausgerichtet gewesen. Diese Einteilung hat den Nachteil, dass Unterschiede zwischen Männern untereinander und Frauen untereinander nicht betrachtet werden. Auch bei gleichbleibenden Unterschieden zwischen Männern und Frauen als Gruppen wird es noch immer viele Fantasien und Träume von Männern geben, die denen von Frauen ähneln und umgekehrt. Sie gehen in den prototypischen Darstellungen von Männern und Frauen auf. Forschung *innerhalb* von Männer- oder Frauengruppen ist selten. Beispielsweise wurde nie untersucht, ob sich die Themen erotischer Träume bei Männern mit dem Älterwerden verschieben. Vor Kurzem hat man jedoch entdeckt, dass Frauen in der

Zeit vor dem Eisprung häufiger über Sex fantasieren und dass während der fruchtbaren Phase die Anzahl der Männer in ihren Fantasien steigt.[34]

Die traditionelle Orientierung an Unterschieden zwischen Männern und Frauen ist vielleicht auch einer der Gründe, warum diese erotischen Träume und Fantasien so genau in den Rahmen stereotyper Vorstellungen fallen. Männer wollen Sex mit möglichst vielen Frauen, egal ob gleichzeitig oder nicht, sie sind der aktive Part, sie ergreifen die Initiative, erobern, fassen zu, setzen ihren Willen durch, sind auf die Tat aus. Frauen verführen, nehmen sich Zeit, suchen Intimität, den richtigen Moment, emotionale Verbundenheit, sie genießen das Gefühl, begehrt zu werden, so unwiderstehlich zu sein, dass der andere den Kopf verliert, und haben häufiger einen ausgedachten oder geträumten Partner mit Status. Das sind Stereotypen mit denen die evolutionäre Psychologie umzugehen weiß: Der Mann, der nichts lieber will, als möglichst viele Nachfahren zeugen, die Frau, die die Kinder großziehen muss und deswegen behutsam und wählerisch ist. Aber sie passen genauso gut in kulturell orientierte Erklärungen für die gesellschaftliche Rollenverteilung zwischen Männern und Frauen. Beiden Theorien zufolge ist die Freiheit, die wir in Fantasien und Träumen zu haben glauben, nur Schein. Unsere wachende oder schlafende Vorstellung streut umher, so fühlt es sich an, bewegt sich aber in Wirklichkeit noch innerhalb festgelegter Linien, ob diese nun durch die Evolution in unsere neurophysiologische Ausrüstung gestanzt wurden oder ob sie durch die gesellschaftlichen Verhältnisse eingraviert wurden, in denen wir aufgewachsen sind.

Nebel

Tagsüber ist eine Erektion ein Zeichen sexueller Erregung. Tagsüber kann intensive sexuelle Erregung zur Ejakulation führen. Tagsüber gibt es keine Ejakulation ohne vorherige sexuelle Erregung. Die physiologische Forschung in Schlaflaboratorien wurde von dem Gedanken geleitet, im Traum würden wohl dieselben Verhältnisse herrschen. Es schien auch so plausibel, dass Erektionen während der Traumphase mit erotischen Träumen verbunden sind, entweder als Ursache oder als Folge, dass ein Orgasmus im Schlaf die Folge von Träumen über Sex ist, dass ein feuchter Traum auch wirklich ein Traum ist. Dies alles ist nicht – oder nicht immer – der Fall.

Erotische Träume und Albträume sind in unserer Kulturgeschichte viel länger miteinander verbunden als getrennt gewesen. Paradoxerweise haben neurophysiologische Studien bei Albträumen so vieles aufgeklärt, während sich bei erotischen Träumen das Rätsel vergrößerte. Ergebnisse aus dem Schlaflabor zerlegten die zuvor noch diffuse Sammlung nächtlicher Schrecken in deutlich zu unterscheidende Traumkategorien, jede mit ihrem eigenen Erleben und ihrer Physiologie. Bei erotischen Träumen ist das nicht geschehen. Physiologische Studien haben verdeutlicht, was alles *nicht* der Fall war – auch nützlich, aber an die Stelle all dieser verworfenen Vermutungen und Eingebungen sind keine positiven Erkenntnisse oder Unterscheidungen getreten. Erotische Träume haben es geschafft, sich ihre Nebelhaftigkeit zu bewahren.

Auch der Schlenker über die erotische Fantasie hat nicht viel gebracht. Vielleicht ist das auch nicht so erstaunlich. Jede Fantasie, auch eine erotische, ist eine *suspension of disbelief* – man nimmt sich vorübergehend alle Freiheit und hat damit, ebenfalls vorübergehend, kein Schuldgefühl. Dieses Schuldgefühl kann später kommen, wenn es eine Fantasie ist, für die man sich heimlich schämt. Aber für die Dauer der Fantasie fehlen Schuld und Scham. In einem Traum ist das anders. Da *gibt* man sich nicht die Freiheit, denn die hat man schon dadurch, dass man in der Geschichte aufgeht. In Träumen ist Unglaube nicht aufgeschoben, sondern verschwunden. Man ist den Wendungen ausgeliefert, die der Traum nimmt, und wenn diese gegen das Gewissen gehen, kann man schon *im* Traum die Schuldgefühle haben, die bei Fantasien erst im Nachhinein kommen. Wer ist noch nie nach einem erotischen Traum mit dem intensiven Gefühl der Erleichterung aufgewacht, dass es nur ein Traum war? Bei Sexfantasien fehlt genau diese Erleichterung.

Vertragen sich luzide Träume und Sex deswegen so schlecht? In Kings Studie stellte sich heraus, dass Frauen, die ab und an luzide Träume hatten, häufiger im Schlaf einen Orgasmus bekamen als Frauen ohne Erfahrung mit luziden Träumen.[35] Aber auf die Frage, ob sie diesen Orgasmus dann auch häufiger in einem luziden Traum bekämen als in einem normalen Traum, antworteten 70 Prozent, dies sei nicht der Fall. Der luzide Traum, so scheint es, lädt nicht unbedingt zu erotischen Verwicklungen ein. Manche Frauen gaben das auch erklärtermaßen an. Sie wussten aus Erfahrung, dass sie durch sexuelle Erregung aus dem Traum gleiten würden. Ihnen war der Genuss von Luzidität lieber als der von Sex. Aber ein anderer Grund war, dass dieselbe Luzidität ein Bewusstsein von Unschicklichkeit aufrief. Sex mit einem Kollegen oder dem Nachbarn begann sich unangenehm anzufühlen. Mit der Luzidität tauchten auch die Hemmungen und Schuldgefühle auf, die Van Eeden so beklemmend beschrieben hatte. In erotischen Träumen sollte man lieber nicht allzu klaren Geistes sein.

Nachtreste

Carl Gustav Jung glaubte, wir träumten die ganze Nacht. Damit stand er nicht allein: Es hat mehrere Forscher gegeben, die vorbrachten, die Prozesse, die uns träumen lassen, seien vom Einschlafen bis zum Erwachen aktiv und wir seien nur ab und zu klar genug, um davon einen Schimmer zu erhaschen. Weniger Zustimmung erfuhr Jungs Theorie, wir träumten auch *tagsüber* ständig. Tief in unserem Gehirn gehe die Produktion einfach weiter. Dass wir davon nichts merkten, sei kein Wunder: Die ätherischen, verletzlichen Traumbilder gingen in der Macht der sinnlichen Reize verloren, die wir im wachen Zustand zu verarbeiten haben. Aber wirklich verschwunden seien diese Bilder nicht. Schließlich spanne sich auch tagsüber der Sternenhimmel über uns. Wenn die Sinnesorgane abgeschlossen werden könnten, würden die Traumbilder erst zögernd und dann immer deutlicher im Dunkel aufleuchten.

Es ist nicht wahrscheinlich, dass die neuronale Maschinerie, die eifrig damit beschäftigt ist, die Reize des Tages zu verarbeiten, auch noch Träume erzeugt. Aber das augenscheinlich verschwundene Firmament ist ein ergreifendes Bild für das, was von all diesen Träumen bei Tageslicht übrig bleibt. Manchmal scheint beim Erwachen gar nichts mehr da zu sein. Man kann sich nicht erinnern, geträumt zu haben. Aber später am Tag begegnet man einem Menschen und weiß, dass man in dieser Nacht von ihm geträumt hat. Gleichzeitig mit der Person kommen auch Fetzen der Traumgeschichte zurück. Erstaunt stellt man fest, dass doch etwas bewahrt worden ist, vielleicht viel mehr, als man denkt, denn die Fetzen, an die man sich jetzt erinnert, wären ohne die zufällige Begegnung nicht zurückgekehrt. Vielleicht ist ja *alles* noch da, denkt man unwillkürlich, und es fehlt tagsüber nur an den richtigen Reizen, um es wieder aufzurufen. So wie in Träumen manchmal Tagesreste auftauchen, Fetzen aus dem Leben am Tage, können tagsüber ab und zu Nachtreste nach oben treiben.

Manchmal ist es eher die Stimmung als der Traum selbst. Das Gefühl der Beklemmung, die ein Albtraum hinterlassen kann. Die Verwirrung und Unruhe, wenn man vom Tod eines Liebsten geträumt hat. Die Einschüchterung durch einen Prüfungstraum. Die Drohung, die immer wieder von diesem einen Traum ausgeht. Aber Träume können auch etwas von ihrer Leichtigkeit, Aufregung und Euphorie an den Tag weiterreichen. Frederik van Eeden hatte beides erlebt: Den Missmut, der hängen blieb, als er geträumt hatte, er müsse noch immer dieses eine Examen ablegen, und das Gefühl des Entzückens bei einem Flugtraum.

Doch von den meisten Träumen bleibt nach dem Erwachen kaum etwas übrig. Manchmal ist es nur die Gewissheit, geträumt zu haben, die Stimmung des Traums ist noch kurz hängen geblieben, während der Traum selbst verschwunden ist und im Laufe des Tages auch nicht zurückkehrt. Freud sah in diesem schnellen Vergessen die verzweifelten Bemühungen des Zensors, möglichst viele der Traumfragmente zu löschen, die er erst gar nicht hätte durchlassen dürfen. Heute sucht man die Erklärung im Fehlen von Neurotransmittern, die notwendig sind, um den Traum im Gedächtnis zu verankern.[1] Vielleicht ereignet sich dieses Vergessen auch schon *während* des Traums. Woher sonst käme die ungeheure Toleranz für Ungereimtheiten? Hat man im Traum nicht einfach ein zu kurzes Gedächtnis, um Inkonsistenzen zu bemerken? Um sich darüber klar zu werden, dass man etwas träumt, das im Widerspruch zu dem steht, was man zuvor träumte, muss man schließlich erst einmal behalten, *was* man vorher geträumt hat. Wenn man die Geschehnisse *innerhalb* eines Traums genauso schnell vergisst wie den Traum selbst *nach* dem Traum, ist es fast unmöglich, Inkonsistenzen in einem Traum zu bemerken. Einer der Faktoren, die dazu führen, dass Träume so schwer zu fassen sind, ist, dass die Unmöglichkeiten und Absurditäten erst beim Nacherzählen des Traums auffallen, einem selbst oder einem anderen, und sich in diesem Moment offensichtlich sehr wohl wieder im Gedächtnis befinden.

Bei jeder Revolution in der Traumforschung flackerte die Hoffnung auf, dieses ausweichende Nachtleben endlich in den Griff zu bekommen. Aber die Vorstellung von »Revolutionen«, durch die die Traumforschung erneut angefangen haben soll oder erst *wirklich* begonnen hat, ist eine Version der Geschichte, die erst später geschrieben wurde. Für Forschungstraditionen sind Revolutionsjahre, was Landesgrenzen für Sprachen sind: offizielle Trennungslinien, die Dialekte einfach unterlaufen. Mit Ausnahme von Freud glaubten die Revolutionäre selbst, sie stünden in einer ehrenvollen Tradition. In ihrer Arbeit sieht man, wie Innovationen und Entdeckungen manchmal auf rührende Weise auf den Spuren ihrer Vorgänger interpretiert werden. Die Gehirnphysiologen, die 1965 in einem Schlaflabor den Erektionszyklus in Zusammenhang mit erotischen Träumen zu bringen versuchten, schrieben das schnelle Abklingen einer Erektion einem Kastrationstraum zu. Hall und Van de Castle gaben Freud eigene Rubriken in ihrem System für Inhaltsanalyse. Viele Traumforscher, die im Labor aktiv waren, hatten eine solide psychoanalytische Schulung hinter sich, wenn sie nicht sowieso praktizierende Analytiker waren. Unter der Oberfläche verliefen lange Leitungen, die Wurzeln reichten tief und Traditionen hielten noch lange die Hand über etwas, das erst später als ein Umsturz präsentiert wurde.

Die experimentelle Forschung in Schlaflaboratorien hat viel Licht ins Dunkel von Entstehung, Verlauf und manchmal auch vom Erleben von Träumen gebracht. Es wurde verdeutlicht, welche Gehirnbereiche beim Träumen einbezogen sind, es gab Klarheit über Hormone und Neurotransmitter, die Verriegelung und

Entriegelung der Motorik, die EEG-Muster, mit denen verschiedene Arten von Träumen verbunden sind. Sherrington wäre entzückt gewesen, was seine späteren Kollegen alles an Kenntnissen über die nächtliche Aktivität seines verzauberten Webstuhls hatten zusammentragen können. Die Frage ist, ob er auch das Gefühl gehabt hätte, jetzt mehr von Träumen zu verstehen. Flugträume und Prüfungsträume, Nacktträume und luzide Träume, Albträume und erotische Träume – sie alle werden auf diesem einen Webstuhl gesponnen. Aber in Bezug auf die Frage, warum nun gerade diese Träume entstehen und was sie für den Träumenden bedeuten, muss auch nach einem halben Jahrhundert der Forschung noch viel dahingestellt bleiben. In der Traumforschung – und in *Wie wir träumen* – sind viele Hypothesen und Theorien zu finden, die auf Kosten eines anderweitigen Rätsels eine Erklärung bieten, wie etwa Hobsons Theorie über Flugträume. Im REM-Schlaf liegt der Körper reglos im Bett, während der Träumer alles Mögliche erlebt, der Frontallappen löst dieses Paradox geschickt mit einer Geschichte, in der sich der Träumende bewegt, ohne sich zu bewegen: Er schwebt. Aber diese elegante Theorie macht es umso rätselhafter, warum andere während exakt derselben Schlafphase, mit demselben Muster an Gehirnaktivität und ebenso blockierter Motorik träumen, sie säßen auf dem Fahrrad oder würden schwimmen. In der Traumforschung bedeutet mehr Licht an der einen Stelle tiefere und längere Schatten an einer anderen.

Traumforscher sind, wie Astronomen, für ihre Arbeit auf die Nacht angewiesen. Die Träumer selbst auch. Aber was sie aus dieser Nacht in den Tag mitnehmen können – auf Grafikpapier oder in ihrem Gedächtnis –, hat leider nichts von der Schärfe und der Präzision astronomischer Daten. Es sind tatsächliche Nachtreste, dürftig, fragmentarisch, ein wenig düster und verwirrend – und wenn man sie denn als Zeichen auffassen wollte, wüsste man nur allzu gern, aus welchem Alphabet sie denn wohl stammen.

Literatur & Anmerkungen

Motto

L. Wittgenstein, *Lectures and conversations on aesthetics, psychology, and religious belief,* Oxford 1966, 45. Hier zitiert aus: L. Wittgenstein, *Vorlesungen und Gespräche über Ästhetik, Psychoanalyse und religiösen Glauben* (übers. von R. Funke), 2., neu durchgesehene Auflage, Düsseldorf, Bonn 1996, 66.

Der Traumweber. *Über das Gehirn und Träume*
1. C. Sherrington, *Man on his nature,* Cambridge 1940. Zitiert aus C. Sherrington, Körper und Geist. Der Mensch über seine Natur (übers. von Dr. Mira Koffka), Bremen 1964.
2. Sherrington, *Körper und Geist,* 242.
3. Sherrington, *Körper und Geist,* 241.
4. E. Aserinsky & N. Kleitman, ›Regularly occurring periods of eye motility, and concomitant phenomena, during sleep‹, *Science,* 118 (1953), 273–274.
5. S. Freud, *Die Traumdeutung,* Leipzig/Wien 1900. Zitiert aus S. Freud, *Die Traumdeutung.* Studienausgabe, Band II, Frankfurt 1972.
6. S. Freud, *Über den Traum,* Wiesbaden 1901. Zitiert aus: S. Freud, *Über den Traum* in: Gesammelte Werke, Band II und III, Frankfurt a. M. 1999, 643–700.
7. Freud, *Traum,* 673.
8. Freud, *Traum,* 694.
9. Freud, *Traum,* 697.
10. Freud, *Traumdeutung,* 577.
11. Freud, *Traumdeutung,* 577.
12. L. Gamwell (ed.), *Dreams 1900–2000. Science, art, and the unconscious mind,* New York 2000.
13. Freud, *Traumdeutung,* 33.
14. H. Berger, *Psyche,* Jena 1940, 6.
15. D. Millett, ›Hans Berger: from psychic energy to the EEG‹, *Perspectives in Biology and Medicine,* 44 (2001), 4, 522–542, 535.
16. H. Berger, ›Über das Elektrenkephalogramm des Menschen‹, *Archiv für Psychiatrie und Nervenkrankheiten,* 87 (1929), 527–570.

17. C. Borck, *Hirnströme. Eine Kulturgeschichte der Elektroenzephalographie,* Göttingen 2005, 81.
18. C. Brown, ›The stubborn scientist who unraveled a mystery of the night‹, *Smithsonian Magazine,* Oktober 2003. www.smithsonianmag.com/science-nature/stubborn.
19. E. Aserinsky & N. Kleitman, siehe Anmerkung 4.
20. Brown, ›Stubborn‹, 7.
21. W. Dement & N. Kleitman, ›The relation of eye movements during sleep to dream activity: an objective method for the study of dreaming‹, *Journal of Experimental Psychology,* 53 (1957), 5, 339–346.
22. E. Aserinsky, ›Memories of famous neuropsychologists. The discovery of REM sleep‹, *Journal for the History of Neurosciences,* 5 (1996), 3, 213–227.
23. J. F. Pagel, ›Nondreamers‹, *Sleep Medicine,* 4 (2003), 3, 235–241.
24. W. Dement, ›The effect of dream deprivation‹, *Science,* 135 (1960), 1705–1707.
25. Dement, ›Effect‹, 1707.
26. D. Foulkes, ›Dream reports from different states of sleep‹, *Journal of Abnormal and Social Psychology,* 65 (1962), 14–25.
27. J. F. Pagel, ›What physicians need to know about dreams and dreaming‹, *Current Opinion in Pulmonary Medicine,* 18 (2012), 6, 574–579, 574.
28. M. Solms, ›Dreaming and REM sleep are controlled by different brain mechanisms‹, *Behavioral and Brain Sciences,* 23 (2000), 843–850.
29. A.-M. Daoust, F.-A. Lusignan, C. M. J. Braun, L. Mottron & R. Godbout, ›Dream content analysis in persons with Autism Spectrum Disorder‹, *Journal of Autism and Developmental Disorders,* 38 (2008), 634–643.
30. C. S. Hall & R. L. Van de Castle, *The content analysis of dreams,* New York 1966.
31. Hall & Van de Castle, *Content,* X.
32. Hall & Van de Castle, *Content,* 293–294.
33. G. W. Domhoff & A. Schneider, ›Much ado about very little: the small effect sizes when home and laboratory collected dreams are compared‹, *Dreaming,* 9 (1999), 2–3, 139–151.
34. D. Foulkes, ›Home and laboratory dreams: four empirical studies and a conceptual reevaluation‹, *Sleep,* 2 (1979), 2, 233–251.
35. A. Alvarez, *Night: an exploration of night life, night language, sleep and dreams,* New York 1995, 153.
36. J. A. Hobson & R. W. McCarley, ›The brain as a dream-state generator: an activation-synthesis hypothesis of the dream process‹, *American Journal of Psychiatry,* 134 (1977), 1335–1368.
37. J. A. Hobson, E. F. Pace-Schott & R. Stickgold, ›Dreaming and the brain: toward a cognitive neuroscience of conscious states‹, *Behavioral and Brain Sciences,* 23 (2000), 793–842.

38. Hobson & McCarley, ›Brain‹, 1347.
39. L. Wittgenstein, *Lectures and conversations on aesthetics, psychology, and religious belief*, Oxford 1966, 45. Hier zitiert aus: L. Wittgenstein, *Vorlesungen und Gespräche über Ästhetik, Psychoanalyse und religiösen Glauben* (übers. von R. Funke), 2., neu durchgesehene Auflage, Düsseldorf, Bonn 1996, 66.

Der unbewegte Beweger. *Über Fliegen und Schweben in Träumen*

1. M. Arnold-Forster, *Studies in dreams*, New York 1921.
2. Arnold-Forster, *Studies*, 44.
3. G. Fink, *Dromen encyclopedie*, Rijswijk 1992.
4. C.G. Seligman, ›Anthropology and psychology: a study of some points of contact‹, *The Journal of the Royal Anthropological Institute of Great Britain and Ireland*, 54 (1924), 13–46.
5. Seligman, ›Anthropology‹, 44.
6. R.M. Griffith, O. Miyagy & A. Tago, ›The universality of typical dreams: Japanese vs. Americans‹, *American Anthropologist*, 60 (1958), 1173–1179.
7. D. Barrett, ›Flying dreams and lucidity: an empirical study of their relationship‹, *Dreaming*, 1 (1991), 129–134.
8. M. Schredl & E. Piel, ›Prevalence of flying dreams‹, *Perceptual and Motor Skills*, 105 (2007), 657–660.
9. M. Schredl, ›Frequency and nature of flying dreams in a long dream series‹, *International Journal of Dream Research*, 4 (2011), 1, 31–34.
10. T.L. Brink, ›Flying dreams: the relationship to creativeness, handedness, and locus of control factors‹, *Journal of Altered States of Consciousness*, 5 (1979–80), 2, 153–157.
11. M. Schredl, ›Personality correlates of flying dreams‹, *Imagination, Cognition and Personality*, 27 (2007–2008), 2, 129–137.
12. S. Freud, *De droomduiding*, Amsterdam 1900, 334. Hier zitiert aus S. Freud, *Die Traumdeutung*. Studienausgabe, Band II, Frankfurt 1972, 275.
13. W. Stekel, *Die Sprache des Traumes*, München 1921, 187.
14. E.A. Gutheil, ›Universal (typical) dreams‹, in R.L. Woods & H.B. Greenhouse (eds.), *The new world of dreams*, New York 1974, 218–223.
15. P. Federn, ›Über zwei typische Traumsensationen‹, *Jahrbuch für Psychoanalyse*, 6 (1914), 89–134.
16. C. Fisher, J. Gross & J. Zuch, ›Cycle of penile erection synchronous with dreaming (REM) sleep‹, *Archives of General Psychiatry*, 12 (1965), 29–45.
17. F. van Eeden, *Dromenboek*, Amsterdam 1979, 356.
18. Van Eeden, *Dromenboek*, 310.
19. Van Eeden, *Dromenboek*, 135.
20. Van Eeden, *Dromenboek*, 230.
21. Van Eeden, *Dromenboek*, 253.

22. J. Fontijn, *Tweespalt. Het leven van Frederik van Eeden tot 1901*, Amsterdam 1999, 89.
23. Van Eeden, *Dromenboek*, 298–299.
24. Van Eeden, *Dromenboek*, 207.
25. Van Eeden, *Dromenboek*, 292.
26. Van Eeden, *Dromenboek*, 244.
27. Van Eeden, *Dromenboek*, 260.
28. Van Eeden, *Dromenboek*, 263–264.
29. G. Bachelard, *L'Air et les songes*, Paris 1943.
30. F. van Eeden, ›A study of dreams‹, *Proceedings of the Society for Psychical Research*, 26 (1913), 431–461. Zitiert aus der Übersetzung von Hans van Eeden, die in *Dromenboek* erschien, 319–352, 339.
31. Barrett, ›Flying dreams‹, 131.
32. G. Almansi & C. Beguin, *Theatre of sleep. An anthology of literary dreams*, Londen 1986, 55.
33. Arnold-Forster, *Studies*, 42.
34. J. A. Hobson, *The dreaming brain*, New York 1988.

Nachtscham! Nachtscham! *Über Nacktträume*

1. F. van Eeden, *Dromenboek*, Amsterdam 1979, 415–416.
2. Van Eeden, *Dromenboek*, 430.
3. J. Fontijn, *Trots verbrijzeld. Het leven van Frederik van Eeden vanaf 1901*, Amsterdam 1996, 344.
4. S. Freud, *De droomduiding*, Amsterdam 1900, 301–307. Hier zitiert aus S. Freud, *Die Traumdeutung*. Studienausgabe, Band II, Frankfurt 1972, 247–252.
5. Freud, *Traumdeutung*, 248.
6. Van Eeden, *Dromenboek*, 244.
7. Van Eeden, *Dromenboek*, 36.
8. Van Eeden, *Dromenboek*, 58.
9. Zitiert in C. Green, *Luciede dromen*, Amsterdam 1970, 135.
10. W. C. Middleton, ›Nocturnal dreams‹, *The Scientific Monthly*, 37 (1933), 5, 460–464.
11. C. H. Ward, A. T. Beck & E. Rascoe, ›Typical dreams. Incidence among psychiatric patients‹, *Archives of General Psychiatry*, 5 (1961), 606–615.
12. R. M. Griffith, O. Miyagy & A. Tago, ›The universality of typical dreams: Japanese vs. Americans‹, *American Anthropologist*, 60 (1958), 1173–1179.
13. V. Barnouw, *Culture and personality*, Homewood 1979, 234.
14. L. J. Saul, ›Embarrassment dreams of nakedness‹, *International Journal of Psychoanalysis*, 47 (1966), 552–558.
15. Saul, ›Embarrassment‹, 552.
16. W. A. Myers, ›The traumatic element in the typical dream of feeling embar-

rassed at being naked‹, *Journal of the American Psychoanalytic Association*, 37 (1989), 117–130, 121.

17. Myers, ›Traumatic‹, 121.

18. Myers, ›Traumatic‹, 121.

19. A. Faraday, *De positieve kracht van het dromen*, Bloemendaal 1974, 73.

20. M.-J.-L. d'Hervey de Saint-Denys, *Les rêves et les moyens de les diriger*, Paris 1867. Zitiert aus der Übersetzung von C. M. den Blanken, *Dromen: praktische observaties*, 2005 (E-Book).

Durchgefallen. *Über Prüfungsträume*

1. S. Freud, *De droomduiding*, Amsterdam 1900, 336. Hier zitiert aus S. Freud, *Die Traumdeutung*. Studienausgabe, Band II, Frankfurt 1972, 277.

2. Freud, *Traumdeutung*, 277.

3. Freud, *Traumdeutung*, 322.

4. E. Verbeek, *De man met de glazen hoed. Biografisch essay over de dromen van Sigmund Freud*, Nijkerk 1973, 262.

5. Freud, *Traumdeutung*, 279.

6. Freud, *Traumdeutung*, 278.

7. Freud, *Traumdeutung*, 279.

8. G. Halliday, ›Examination dreams‹, *Perceptual and Motor Skills*, 77 (1993), 489–490.

9. M.-A. Delorme, M. Lortie-Lussier & J. De Koninck, ›Stress and coping in the waking and dreaming states during an examination period‹, *Dreaming*, 12 (2002), 4, 171–183.

10. C. G. Seligman, ›Anthropology and psychology: a study of some points of contact‹, *The Journal of the Royal Anthropological Institute of Great Britain and Ireland*, 54 (1924), 13–46.

11. P. P. Ekeh, ›Examination dreams in Nigeria: a sociological study‹, *Psychiatry*, 35 (1972), 352–365.

12. N. Lemann, *The Big Test. The secret history of the American meritocracy*, New York 2000.

13. S. G. Freedman, ›Dreamed you didn't study? Be proud, you meritocrat‹, *The New York Times*, 8 september 2004.

14. Freedman, ›Dreamed‹.

15. Cf. E. Kafka, ›On examination dreams‹, *The Psychoanalytic Quarterly*, 48 (1979), 426–447. O. Renik, ›Typical examination dreams, ›superego dreams‹, and traumatic dreams‹, *The Psychoanalytic Quarterly*, 50 (1981), 159–189.

16. R. Sterba, ›An examination dream‹, *International Journal of Psychoanalysis*, 9 (1928), 353–354, 353.

17. M. Ostow, ›The examination dream revisited‹, *The Psychoanalytic Study of the Child*, 50 (1995), 418–424.

18. Ostow, ›Examination‹, 419.

19. Ostow, ›Examination‹, 420.

20. W. Stekel, ›Beiträge zur Traumdeutung‹, in E. Bleuler & S. Freud (red.), *Jahrbuch für Psychoanalytische und Psychopathologische Forschungen*, Leipzig/Wien 1909, 458–512, 464.

21. A. L. Zadra, ›Recurrent dreams: their relation to life events‹, in D. Barrett (red.), *Trauma and dreams*, Cambridge (MA) 1996, 231–247, 247.

22. F. van Eeden, *Dromenboek*, Amsterdam 1979, 370.

23. Van Eeden, *Dromenboek*, 179.

24. Van Eeden, *Dromenboek*, 258.

Ach Mary, sagte Mr Lincoln nachdenklich, es ist nur ein Traum.

Über prophetische Träume

1. W. H. Lamon, *Recollections of Abraham Lincoln, 1847–1865*, Washington 1895 (ed. 1911).

2. Lamon, *Recollections*, 84.

3. Lamon, *Recollections*, 85.

4. C. Sandburg, *Abraham Lincoln: the Prairie Years and the War Years*, New York 1954, 697.

5. Sandburg, *Abraham Lincoln*, 702.

6. G. Devereux (ed.), *Psychoanalysis and the occult*, London 1953.

7. Devereux, *Psychoanalysis*, 53.

8. S. Freud, ›Traum und Telepathie‹, *Imago*, 8 (1922), 1–22. Zitiert aus ›Droom en telepathie‹, *Psychoanalytische Duiding* 4, Amsterdam 1990, 166. Hier zitiert aus *Imago. Zeitschrift für Anwendung der Psychoanalyse auf die Geisteswissenschaften* VIII (1922), S. 1–22,1.

9. I. L. Child, ›Psychology and anomalous observations. The question of ESP in dreams‹, *American Psychologist*, 40 (1985), 11, 1219–1230.

10. Eine auf ein breites Publikum abzielende Zusammenfassung findet sich in M. Ullman, S. Krippner & A. Vaughan, *Dream telepathy*, New York 1973.

11. S. Krippner & M. Ullman, ›Telepathy and dreams: a controlled experiment with electroencephalogram-electro-oculogram monitoring‹, *The Journal of Nervous and Mental Disease*, 151 (1970), 6, 394–403.

12. E. Belvedere & D. Foulkes, ›Telepathy and dreams: a failure to replicate‹, *Perceptual and Motor Skills*, 33 (1971), 783–789.

13. G. Globus, P. Knapp, J. Skinner & J. Healy, ›An appraisal of telepathic communication in dreams‹, *Psychophysiology*, 4 (1968), 3, 365.

14. K. R. Rao, ›On the question of replication‹, *Journal of Parapsychology*, 45 (1981), 311–320.

15. Belvedere & Foulkes, ›Telepathy‹, 788.

16. S. Krippner, C. Honorton, M. Ullman, R. Masters & J. Houston, ›A long-

distance ›sensory bombardment‹ study of ESP in dreams‹, *Journal of the American Society for Psychical Research,* 65 (1971), 468–475.

17. D. Foulkes, E. Belvedere, R. Masters, J. Houston, S. Krippner, C. Honorton & M. Ullman, ›Long-distance ›sensory bombardment‹ ESP in dreams: a failure to replicate‹, *Perceptual and Motor Skills,* 35 (1972), 731–734.

18. Für diesen Teil stammen einige Hinweise aus M. Derksen & D. Draaisma, ›Telepathie en replicatie: de drogrede van de witte kraai‹, *De Psycholoog,* 29 (1994), 7/8, 261–265.

19. W. James, ›Address of the President before the Society for Psychical Research‹, in W. James, *Essays in psychical research,* Cambridge (MA) 1986, 131.

20. J. A. Hadfield, *Dreams and nightmares,* London 1954, 221–223.

21. Hadfield, *Dreams,* 222.

22. Hadfield, *Dreams,* 223.

23. J. G. Neu, ›De waarde(loosheid) van spontane bijdragen van paragnosten: een analyse van paranormale tips in de Heineken-affaire‹, *Algemeen Politieblad,* 134 (1985), 3, 51–57.

24. A. Verburg, *De verzoening. Het verhaal van Hank Heijn,* Amsterdam 2006.

25. Sein wahrer Name ist Bert van Riel, ein ehemaliger Marktkaufmann. Siehe für einen Bericht von einer seiner Lesungen K. van der Velde, ›De nieuwe tijd van goeroe Bert‹, *Trouw,* 29. Februar 2000.

26. Verburg, *Verzoening,* 156.

27. Verburg, *Verzoening,* 200.

28. Verburg, *Verzoening,* 214.

29. J. L. F. Gerding, B. Millar, G. C. Molewijk, J. G. Neu & W. Voois, ›Analyse van de paranormale tips in de ontvoeringszaak G. J. Heijn‹, *Tijdschrift voor Parapsychologie,* 57 (1985), 2–71.

30. Gerding *et al.,* ›Analyse‹, 6.

31. Ein kurioses Detail ist, dass niemand in den 109 paranormalen Tipps bei der Heineken-Entführung einen Mercedes nannte, obwohl genau diese Marke benutzt worden war.

32. Gerding *et al.,* ›Analyse‹, 31.

33. Gerding *et al.,* ›Analyse‹, 31.

34. H. A. Murray & D. R. Wheeler, ›A note on the possible clairvoyance of dreams‹, *Journal of Psychology,* 3 (1937), 309–313.

35. J. Musch & K. Ehrenberg, ›Probability misjudgment, cognitive ability, and belief in the paranormal‹, *British Journal of Psychology,* 93 (2002), 169–177.

36. R. A. McConnell & G. Schmeidler, *ESP and personality patterns,* New Haven (CT) 1958, 24.

37. S. L. Rattet & K. Bursik, ›Investigating the personality correlates of paranormal belief and precognitive experience‹, *Personality and Individual Differences,* 31 (2001), 433–444.

38. S. J. Blackmore & T. Troscianko, ›Belief in the paranormal: probability judgments, illusory control, and the chance baseline shift‹, *British Journal of Psychology,* 81 (1985), 455–468.
39. D. Olivastro, ›A likely story‹, *The Sciences,* 31 (1991), 2, 54–56, 54.
40. M. Blagrove, C. C. French & G. Jones, ›Probabilistic reasoning, affirmative bias and belief in precognitive dreams‹, *Applied Cognitive Psychology,* 20 (2006), 65–83.
41. S. Blackmore, ›Probability misjudgment and belief in the paranormal: a newspaper survey‹, *British Journal of Psychology,* 88 (1997), 683–689.
42. Blackmore, ›Probability‹, 687.
43. H. Zulliger, ›A ›prophetic‹ dream‹, in Devereux, *Psychoanalysis,* 183–187, 183.

Wissen, dass man träumt. *Über luzide Träume*

1. J. Fontijn, *Trots verbrijzeld. Het leven van Frederik van Eeden vanaf 1901,* Amsterdam 1996.
2. F. van Eeden, *Dromenboek,* Amsterdam 1979, 421.
3. F. van Eeden, ›A study of dreams‹, *Proceedings of the Society for Psychical Research,* 26 (1913), 431–461. Zitiert wird aus ›Over dromen‹, der Übersetzung von Hans van Eeden, die im *Dromenboek* erschienen ist, 319–352.
4. D. Blum, *Ghost hunters. William James and the search for scientific proof of life after death,* New York 2006.
5. J. Fontijn, *Tweespalt. Het leven van Frederik van Eeden tot 1901,* Amsterdam 1990, 253.
6. Van Eeden, *Dromenboek,* 333.
7. Van Eeden, *Dromenboek,* 309.
8. Van Eeden, *Dromenboek,* 74.
9. Van Eeden, *Dromenboek,* 185.
10. Van Eeden, *Dromenboek,* 35.
11. Van Eeden, *Dromenboek,* 76.
12. Van Eeden, *Dromenboek,* 83.
13. Van Eeden, *Dromenboek,* 170.
14. Van Eeden, *Dromenboek,* 120–121.
15. Van Eeden, *Dromenboek,* 343.
16. Van Eeden, *Dromenboek,* 26.
17. Van Eeden, *Dromenboek,* 283.
18. Van Eeden, *Dromenboek,* 348.
19. Van Eeden, *Dromenboek,* 379.
20. F. van Eeden, *Paul's ontwaken,* Amsterdam 1913.
21. G. Almansi & C. Beguin, *Theatre of sleep. An anthology of literary dreams,* London 1986, 154–155.

22. M.-J.-L. d'Hervey de Saint-Denys, *Les rêves et les moyens de les diriger,* Paris 1867.

23. Zitiert in Almansi & Beguin, *Theatre,* 160.

24. A.E. Brown, ›Dreams in which the dreamer knows he is asleep‹, *Journal of Abnormal and Social Psychology,* 31 (1936), 59–66.

25. Brown, ›Dreams‹, 65.

26. C. Green, *Lucid dreams,* London 1968. Die Verweise beziehen sich auf die niederländische Übersetzung *Luciede dromen,* Amsterdam 1970.

27. Green, *Luciede dromen,* 30.

28. F.W.H. Myers, ›Automatic Writing – III‹, *Proceedings of the Society for Psychical Research,* 4 (1887), 241–242.

29. Green, *Luciede dromen,* 77.

30. Green, *Luciede dromen,* 85.

31. S.P. LaBerge, ›Lucid dreaming as a learnable skill: a case study‹, *Perceptual and Motor Skills,* 51 (1980), 1039–1042.

32. LaBerge, ›Lucid‹, 1041.

33. S.P. LaBerge, L.E. Nagel, W.C. Dement & V.P. Zarcone, ›Lucid dreaming verified by volitional communication during REM sleep‹, *Perceptual and Motor Skills,* 52 (1981), 727–732.

34. T. Stumbrys, D. Erlacher, M. Schädlich & M. Schredl, ›Induction of lucid dreams: a systematic review‹, *Consciousness and Cognition,* 21 (2012), 1456–1475.

35. S.P. LaBerge, *Lucid dreaming. A concise guide to awakening in your dreams and in your life,* Boulder 2009, 26.

36. Stumbrys *et al.,* ›Induction‹.

37. M. Schredl & D. Erlacher, ›Lucid dreaming frequency and personality‹, *Personality and Individual Differences,* 37 (2004), 1463–1473.

38. M. Schredl & D. Erlacher, ›Frequency of lucid dreaming in a representative German sample‹, *Perceptual and Motor Skills,* 112 (2011), 1, 104–108.

39. M. Dresler & R. Wehrle *et al.,* ›Neural correlates of dream lucidity obtained from contrasting lucid versus non-lucid REM sleep: a combined EEG/fMRI case study‹, *Sleep,* 35 (2012), 7, 1017–1020.

40. Zitiert in LaBerge, *Lucid dreaming,* 50.

41. V. Spoormaker & J. van den Bout, ›Lucid dreaming treatment for nightmares: a pilotstudy‹, *Psychotherapy and Psychosomatics,* 75 (2006), 389–394.

42. LaBerge, *Lucid dreaming,* 6.

Die wunderschönen blauen Augen von Professor Brücke.
Über die Farbe von Träumen

1. E. S. Tauber & M. R. Green, ›Color in dreams‹, *American Journal of Psychotherapy*, 16 (1962), 221–229.
2. F. van Eeden, *Dromenboek*, Amsterdam 1979.
3. A. Garma, ›Colour in dreams‹, *International Journal of Psychoanalysis*, 42 (1961), 556–559, 556.
4. E. Kahn, W. Dement, C. Fisher & J. E. Barmack, ›Incidence of color in immediately recalled dreams‹, *Science*, 137 (1962), 1054–1055.
5. J. Herman, H. Roffwarg & E. S. Tauber, ›Color and other perceptual qualities of REM and NREM sleep‹, *Psychophysiology*, 5 (1968), 223–229.
6. M. Bentley, ›The study of dreams. A method adapted to the seminary‹, *American Journal of Psychology*, 26 (1915), 2, 196–210.
7. W. C. Middleton, ›The frequency with which a group of unselected college students experience colored dreaming and colored hearing‹, *Journal of General Psychology*, 27 (1942), 221–229.
8. Middleton, ›Frequency‹, 225.
9. E. Schwitzgebel, ›Do people still report dreaming in black and white? An attempt to replicate a questionnaire from 1942‹, *Perceptual and Motor Skills*, 96 (2003), 25–29.
10. Diese Spalte erzielt keine 100 Prozent, weil nicht alle Studenten diese Frage beantwortet hatten.
11. E. Schwitzgebel, C. Huang & Y. Zhou, ›Do we dream in color? Cultural variations and skepticism‹, *Dreaming*, 16 (2006), 1, 36–42.
12. E. Murzyn, ›Do we only dream in colour? A comparison of reported dream colour in younger and older adults with different experiences of black and white media‹, *Consciousness and Cognition*, 17 (2008), 1228–1237.
13. H. Okada, K. Matsuoka & T. Hatakeyama, ›Life span differences in color dreaming‹, *Dreaming*, 21 (2011), 3, 213–220.
14. R. Hoss, ›Content analysis on the potential significance of color in dreams: a preliminary investigation‹, *International Journal of Dream Research*, 3 (2010), 1, 80–90.
15. S. C. Miller, ›The manifest dream and the appearance of colour in dreams‹, *International Journal of Psychoanalysis*, 45 (1964), 512–518.
16. Hoss, ›Content‹, 86.
17. E. O. Wilson, *Consilience. The unity of knowledge*, New York 1998, 162.
18. Eine exakte Zählung ist unmöglich, weil Van Eeden Träume ab und an gruppenweise besprach, ohne anzugeben, wie viele es waren.
19. S. Freud, *De droomduiding*, Amsterdam 1900, 496. Hier zitiert aus S. Freud, *Die Traumdeutung*. Studienausgabe, Band II, Frankfurt 1972, 409.

20. Freud, *Traumdeutung*, 409.
21. Freud, *Traumdeutung*, 410.
22. Freud, *Traumdeutung*, 523.
23. V. Calef, ›Color in dreams‹, *Journal of the American Psychoanalytic Association*, 2 (1954), 453–461, 460.
24. N. Roth, ›The significance of color in dreams‹, *Diseases of the Nervous System*, 22 (1961), 278–281, 279.
25. E. Schwitzgebel, ›Why did we think we dreamed in black and white?‹, *Studies in History and Philosophy of Science*, 33 (2002), 649–660.
26. Schwitzgebel, ›Why‹, 652.
27. Aristoteles, *Over het geheugen, de slaap en de droom*, Groningen 2003.
28. H. Havelock Ellis, *The world of dreams*, London 1911. Zitiert aus *De wereld der droomen*, Baarn 1913, 10.
29. W. C. Middleton, ›Nocturnal dreams‹, *The Scientific Monthly*, 37 (1933), 5, 460–464.
30. M. Arnold-Forster, *Studies in dreams*, London 1920, 129.
31. Middleton, ›Frequency‹, 222.
32. H. P. Blum, ›Colour in dreams‹, *International Journal of Psychoanalysis*, 45 (1964), 519–529, 519.
33. I. McEwan, *Enduring love*, London 1997.
34. Schwitzgebel suggerierte, Traumbilder ähnelten den Vorstellungen, die man sich beim Lesen eines Romans macht, ›Why‹, 658. Er seinerseits verdankt diese Analogie Gary Watson.

Nicht im Bilde. *Über Träume von Blinden*

1. A. L. Zadra, T. A. Nielsen & D. C. Donderi, ›Prevalence of auditory, olfactory, and gustatory experiences in home dreams‹, *Perceptual and Motor Skills*, 87 (1998), 819–826.
2. G. Heermann, ›Beobachtungen und Betrachtungen über die Träume der Blinden, ein Beitrag zur Physiologie und Psychologie der Sinne‹, *Monatsschrift für Medicin, Augenheilkunde und Chirurgie*, 3 (1838), 116–180.
3. J. Jastrow, ›The dreams of the blind‹, *New Princeton Review* (1888). Zitiert wird aus der Neuauflage in J. Jastrow, *Fact and fable in psychology*, Boston 1900, 337–370.
4. C. S. Hurovitz, S. Dunn, G. W. Domhoff & H. Fiss, ›The dreams of blind men and women: a replication and extension of previous findings‹, *Dreaming*, 9 (1999), 183–193.
5. F. Hitschmann, ›Über das Traumleben des Blinden‹, *Zeitschrift für Psychologie und Physiologie der Sinnesorgane*, 7 (1894), 387–394.
6. L. Bolli, ›Le rêve et les aveugles. I: Le rêve et les aveugles-nés‹, *Journal de psychologie normale et pathologique*, 27 (1930), 20–73. L. Bolli, ›Le rêve et

les aveugles. II: De la survivance des images visuelles‹, *Journal de psychologie normale et pathologique*, 29 (1932), 258–309.

7. Jastrow, ›Dreams‹, 347.
8. Jastrow, ›Dreams‹, 369–370.
9. Heermann, ›Beobachtungen‹, 155.
10. T. Mulder, J. Hochstenbach, P.U. Dijkstra & J.H.B. Geertzen, ›Born to adapt, but not in your dreams‹, *Consciousness and Cognition*, 17 (2008), 1266–1271.
11. P. Brugger, ›The phantom limb in dreams‹, *Consciousness and Cognition*, 17 (2008), 1272–1278.
12. Brugger, ›Phantom‹, 1274.
13. Mulder *et al.*, ›Born‹, 1269.
14. N.H. Kerr, D. Foulkes & M. Schmidt, ›The structure of laboratory dream reports in blind and sighted subjects‹, *The Journal of Nervous and Mental Disease*, 170 (1982), 5, 286–294.
15. F. Strunz, ›Die Traumerfahrung der Blinden‹, *Heilpädagogische Forschung*, 13 (1987), 2, 75–83.
16. Strunz, ›Traumerfahrung‹, 77.
17. H. Bértolo, T. Paiva, L. Pessoa, T. Mestre, R. Marques & R. Santos, ›Visual dream content, graphical representation and EEG alpha activity in congenitally blind subjects‹, *Cognitive Brain Research*, 15 (2003), 277–284, 277.
18. Bértolo *et al.*, ›Visual‹, 330.
19. N.H. Kerr & G.W. Domhoff, ›Do the blind literally »see« in their dreams? A critique of a recent claim that they do‹, *Dreaming*, 14 (2004), 230–233.
20. J. Kennedy, *Drawing and the blind*, New Haven 1993.
21. F.H. Lopes da Silva, ›Visual dreams in the congenitally blind?‹, *Trends in Cognitive Sciences*, 7 (2003), 8, 328–330.

Ihre Träume sind sicher Hörspiele?

Über das Traumleben von Vincent Bijlo

1. In Träumen gelingt es tatsächlich selten, Text zu lesen, meistens bleibt dies auf eine Überschrift begrenzt oder einen Satzfetzen. Es scheint, als erfordere Lesen – übrigens ebenso wie Rechnen und Schreiben – ein Konzentrationsniveau, das in einem Traum unerreichbar ist. Auch dass man überhaupt liest, kommt kaum als Traumthema vor.

2. Pavlov, NTR, Sendung vom 6. Januar 2012. Das f in fMRT steht für »funktionell«: Man gibt der Versuchsperson Aufgaben – wie Lesen oder Rechnen – und das Gerät zeichnet die Intensität und den Ort der neuronalen Aktivität auf, die damit einhergehen.

3. Es ist kein Widerspruch, dass Blinde eine Darstellung im Relief gut nach-

zeichnen können: in diesem Fall wird eine zweidimensionale Darstellung in eine andere zweidimensionale Darstellung übersetzt.

Ein furchterregendes Klappern. *Über Zeit in Träumen*

1. B. Eppensteiner & J. Reichmayr, ›Die Psychoanalyse im Film 1925–1926‹, *Psyche*, 41 (1987), 2, 129–139.
2. G. Jelgersma, *De wekdroom*, Leiden 1930.
3. Jelgersma, *Wekdroom*, 7.
4. ›Wekdroomen‹, *Nieuwe Rotterdamsche Courant*, 1. März 1922.
5. Jelgersma, *Wekdroom*, 10.
6. Jelgersma, *Wekdroom*, 20.
7. Jelgersma, *Wekdroom*, 26–27.
8. Jelgersma, *Wekdroom*, 27.
9. Jelgersma, *Wekdroom*, 27.
10. S. Freud, *Die Traumdeutung*, Leipzig/Wien 1900. Zitiert aus S. Freud, *Die Traumdeutung*. Studienausgabe, Band II, Frankfurt 1972, 54.
11. P. M. Simon, *Le monde des rêves*, Paris 1888, 18–19.
12. Freud, *Traumdeutung*, 549.
13. Freud, *Traumdeutung*, 52.
14. Jelgersma, *Wekdroom*, 7.
15. W. Dement & E. A. Wolpert, ›The relation of eye movements, body motility and external stimuli to dream content‹, *Journal of Experimental Psychology*, 55 (1958), 543–553.
16. D. Dennett, *Brainstorms*, Hassocks 1979, 136.
17. H. Havelock Ellis, *The world of dreams*, London 1911, 7.
18. H. Havelock Ellis, *World*, 214.

Das Grauen der Nacht *Über Albträume*

1. J. M. Schneck, ›Henry Fuseli, nightmare and sleep paralysis‹, *Journal of the American Medical Association*, 207 (1969), 725–726.
2. E. Jones, *On the nightmare*, London 1931.
3. Jones, *Nightmare*, 52.
4. V. Spoormaker, *Nightmares. Assessment, theory, and treatment*, Enschede 2005, 33–38.
5. I. Oswald, *Sleep*, London 1966, 45.
6. P. L. Brooks & J. H. Peever, ›Identification of the transmitter and receptor mechanisms responsible for REM sleep paralysis‹, *The Journal of Neuroscience*, 32 (2012), 29, 9785–9795.
7. E. J. O. Kompanje, ›The devil lay upon her and held her down. Hypnagogic hallucinations and sleep paralysis described by the Dutch physician Isbrand van Diemerbroeck (1609–1674) in 1664‹, *Journal of Sleep Research*, 17 (2008), 464–467.

8. Kompanje, ›Devil‹, 465.

9. N. Dahmen & M. Kasten, ›REM-associated hallucinations and sleep paralysis are dependent on body posture‹, *Journal of Neurology*, 248 (2001), 423–424.

10. S. Law & L. J. Kirmayer, ›Inuit interpretations of sleep paralysis‹, *Transcultura Psychiatry*, 42 (2005), 1, 93–112. Die gesamte Ausgabe widmet sich den kulturellen Unterschieden in der Interpretation von Schlaflähmung.

11. D. J. Hufford, *The terror that comes in the night*, Philadelphia 1982.

12. R. J. McNally & S. A. Clancy, ›Sleep paralysis, sexual abuse, and space alien abduction‹, *Transcultural Psychiatry*, 42 (2005), 1, 113–122.

13. J. T. V. M. de Jong, ›Cultural variations in the clinical presentation of sleep paralysis‹, *Transcultural Psychiatry*, 42 (2005), 1, 78–92.

14. De Jong, ›Cultural‹, 83.

15. Hufford, *Terror*, 161.

16. C. Hublin, J. Kaprio, M. Partinen, K. Heikkilä & M. Koskenvuo, ›Prevalence and genetics of sleepwalking: a population-based twin study‹, *Neurology*, 48 (1997), 177–181.

17. K. Abe, M. Amatoni & N. Oda, ›Sleepwalking and recurrent sleeptalking in the children of childhood sleepwalkers‹, *American Journal of Psychiatry*, 141 (1984), 800–801.

18. A. Kales, C. R. Soldatos, E. O. Bixler, R. L. Ladda, D. S. Charney, G. Weber & P. K. Schweitzer, ›Hereditary factors in sleepwalking and night terrors‹, *British Journal of Psychiatry*, 137 (1980), 111–118.

19. M. R. Pressman, M. W. Mahowald, C. H. Schenck & M. Cramer Bornemann, ›Alcoholinduced sleepwalking or confusional arousal as a defense to criminal behavior: a review of scientific evidence, methods and forensic considerations‹, *Journal of Sleep Research*, 16 (2007), 198–212.

20. M. Pilon & J. Montplaisir & A. Zadra, ›Precipitating factors of somnambulism: impact of sleep deprivation and forced arousals‹, *Neurology*, 70 (2008), 2284–2290.

21. F. Pillmann, ›Complex dream-enacting behavior in sleepwalking‹, *Psychosomatic Medicine*, 71 (2009), 231–234.

22. D. Oudiette, S. Leu, M. Pottier, M.-A. Buzare, A. Brion & I. Arnulf, ›Dreamlike mentations during sleepwalking and sleep terrors in adults‹, *Sleep*, 32 (2009), 12, 1621–1627.

23. Kompanje, ›Devil‹, 465.

24. T. B. A. Mason & A. I. Pack, ›Sleep terrors in childhood‹, *The Journal of Pediatrics*, 147 (2005), 3, 388–392.

25. A. S. Baran, A. C. Richert, R. Goldberg & J. M. Fry, ›Posttraumatic stress disorder in the spouse of a patient with sleep terrors‹, *Sleep Medicine*, 4 (2003), 73–75.

26. C.G. Roland, ›Sir William Osler's dreams and nightmares‹, *Bulletin of the History of Medicine,* 54 (1980), 3, 418–446, 421.

27. Roland, ›Osler‹, 433.

28. Roland, ›Osler‹, 434.

29. Roland, ›Osler‹, 434.

30. A. Zadra, M. Pilon & D. Donderi, ›Variety and intensity of emotions in nightmares and bad dreams‹, *Journal of Nervous and Mental Disease,* 194 (2006), 4, 249–254.

31. J.B. Murray, ›Psychophysiological aspects of nightmares, night terrors, and sleepwalking‹, *The Journal of General Psychology,* 118 (1991), 2, 113–127.

32. J.F. Pagel, ›Nightmares and disorders of dreaming‹, *American Family Physician,* 61 (2000), 7, 2037–2042.

33. T. Lidz, ›Nightmares and the combat neuroses‹, *Psychiatry,* 9 (1946), 1, 37–49.

34. B. Shephard, *A war of nerves: soldiers and psychiatrists, 1914–1994,* London 2000.

35. Für die noch einzuführende DSM-5 wird erwogen, die Bezeichnung »Störung« (›disorder‹) durch die weniger stigmatisierende »Schädigung« oder »Verletzung« (›injury‹) zu ersetzen.

36. A.J. Phelps, D. Forbes & M. Creamer, ›Understanding posttraumatic nightmares: an empirical and conceptual review‹, *Clinical Psychology Review,* 28 (2008), 338–355.

37. D. Berntsen & D.C. Rubin, ›Emotionally charged autobiographical memories across the life span: the recall of happy, sad, traumatic, and involuntary memories‹, *Psychology and Aging,* 17 (2002), 4, 636–652.

38. C.M. Nappi, S.P.A. Drummond & J.M.H. Hall, ›Treating nightmares and insomnia in posttraumatic stress disorder: a review of current evidence‹, *Neuropharmacology,* 62 (2012), 576–585.

39. Spoormaker, *Nightmares.*

40. M.A. Raskind, E.R. Peskind & D.J. Hoff, ›A parallel group placebo controlled study of prazosin for trauma nightmares and sleep disturbance in combat veterans with posttraumatic stress disorder‹, *Biological Psychiatry,* 61, 2007, 928–934.

Licht aus? *Über erotische Träume*

1. C.G. Roland, ›Sir William Osler's dreams and nightmares‹, *Bulletin of the History of Medicine,* 54 (1980), 3, 418–446, 429.

2. E. Hartmann, *The nightmare: the biology and psychology of terrifying dreams,* New York 1984.

3. C. Stewart, ›Erotic dreams and nightmares from antiquity to the present‹, *Journal of the Royal Anthropological Institute,* 8 (2002), 279–309, 304.

4. Stewart, ›Erotic‹, 287.

5. D. Brakke, ›The problematization of nocturnal emissions in early Christian Syria, Egypt, and Gaul‹, *Journal of Early Christian Studies,* 3 (1995), 419–460, 435.

6. Zitiert nach S. Marcus, *The other Victorians: a study of sexuality and pornography in mid-nineteenth-century England,* New York 1966, 24.

7. Anzeige im *Algemeen Handelsblad,* 19. Oktober 1863. Im Rückblick werden Gerätschaften wie diese die Erschöpfung gerade *verursacht* haben: der Träger wird zu Beginn des REM-Schlafs immer wieder vor Schmerz erwacht sein.

8. F. van Eeden, *Dromenboek,* Amsterdam 1979, 131.

9. P. Ohlmeyer, H. Brilmayer & H. Hüllstrung, ›Periodische Vorgänge im Schlaf‹, *Pflügers Archiv für die gesammte Physiologie,* 248 (1944), 559–560.

10. P. Ohlmeyer & H. Brilmayer, ›Periodische Vorgänge im Schlaf. II. Mitteilung‹, *Pflügers Archiv für die gesammte Physiologie,* 249 (1947), 50–55.

11. C. Fisher, J. Gross & J. Zuch, ›Cycle of penile erection synchronous with dreaming (REM) sleep‹, *Archives of General Psychiatry,* 12 (1965), 29–45.

12. I. Karacan, R. L. Williams & P. J. Salis, ›The effect of sexual intercourse on sleep patterns and nocturnal penile erections‹, *Association for the Psychophysiological Study of Sleep,* 7 (1970), 2, 338–339.

13. C. Fisher, H. D. Cohen, R. C. Schiavi, D. Davis, B. Furman, K. Ward, A. Edwards & J. Cunningham, ›Patterns of female arousal during sleep and waking: vaginal thermo-conductance studies‹, *Archives of Sexual Behavior,* 12 (1983), 2, 97–122.

14. P. Lavie, ›Penile erections in a patient with nearly total absence of REM: a follow-up study‹, *Sleep,* 13 (1990), 276–278.

15. S. J. Dawson, K. D. Suschinsky & M. L. Lalumière, ›Sexual fantasies and viewing times across the menstrual cycle: a diary study‹, *Archives of Sexual Behavior,* 41 (2012), 41, 173–183.

16. H. Leitenberg & K. Henning, ›Sexual fantasy‹, *Psychological Bulletin,* 117 (1995), 3, 469–496.

17. T. V. Hicks & H. Leitenberg, ›Sexual fantasies about one's partner versus someone else: gender differences in incidence and frequency‹, *The Journal of Sex Research,* 38 (2001), 1, 43–50.

18. E. B. Hariton & J. L. Singer, ›Women's fantasies during sexual intercourse‹, *Journal of Consulting and Clinical Psychology,* 42 (1974), 313–322.

19. J. Bivona & J. Critelli, ›The nature of women's rape fantasies: an analysis of prevalence, frequency, and contents‹, *Journal of Sex Research,* 46 (2009), 1, 33–45.

20. Bivona & Critelli, ›Nature‹, 41.

21. Bivona & Critelli, ›Nature‹, 37.

22. Dawson *et al.*, ›Sexual‹, 174.
23. Leitenberg & Henning, ›Sexual‹, 490.
24. In Übersetzung erschienen als ›Pollution without dream orgasm and dream orgasm without pollution‹ in S. Férenczi, *Further contributions to the theory and technique of psycho-analysis,* London 1950, 297–304.
25. B. L. Wells, ›Predictors of female nocturnal orgasms: a multivariate analysis‹, *The Journal of Sex Research,* 22 (1986), 4, 421–437.
26. C. L. Henton, ›Nocturnal orgasm in college women: its relation to dreams and anxiety associated with sexual factors‹, *Journal of Genetic Psychology,* 129 (1976), 2, 245–251.
27. Wells, ›Predictors‹, 429.
28. Wells, ›Predictors‹, 432.
29. F. King, *Waking into ›the Big O‹,* Lutz 2012.
30. G. Delaney, *Erotische dromen,* Baarn 1994, 32–33.
31. C. K.-C. Yu & W. Fu, ›Sex dreams, wet dreams, and nocturnal emissions‹, *Dreaming,* 21 (2011), 197–212.
32. C. K.-C. Yu, ›Pornography consumption and sexual behaviors as correlates of erotic dreams and nocturnal emissions‹, *Dreaming,* 22 (2012), 230–239.
33. A. Zadra, ›Sex dreams: what do men and women dream about?‹, *Sleep,* 2007, A 1093.
34. Dawson *et al.*, ›Sexual‹, 173.
35. King, *Waking,* 154–156.

Nachtreste

1. Siehe für eine Übersicht zu Theorien über das Vergessen von Träumen das Kapitel »Warum wir Träume vergessen« in D. Draaisma, *Vergeetboek,* Groningen 2010, 39–63. In Übersetzung von Verena Kiefer als *Das Buch des Vergessens* erschienen bei Galiani Verlag, Berlin, 2012, 49–80.

Personenregister

Liste der Abbildungen

Der unbewegte Beweger. *Über Fliegen und Schweben in Träumen* (S. 57)
Mrs Mary Arnold-Forster (1861–1951), Foto aus dem Jahr 1947; aus:
A. Arnold-Forster, *Basset Down. An old country house*, London 1950, 160

Nachtscham! Nachtscham! *Über Nacktträume* (S. 83)
Frontispiz von M.-J.-L. d'Hervey de Saint-Denys, *Les rêves et les moyens
de les diriger*, Paris 1867

Ach Mary, sagte Mr Lincoln nachdenklich, es ist nur ein Traum.
Über prophetische Träume (S. 109)
Freud mit seinen Söhnen Ernst (links) und Martin, beide in der Uniform
der österreichischen Armee. August 1916, Salzburg. Foto: Carl Ellinger

Wissen, dass man träumt. *Über luzide Träume* (S. 135)
Frederik van Eeden, um 1910

Das Grauen der Nacht. *Über Albträume* (S. 226)
Gravur von Thomas Burke aus dem Jahr 1783, nach dem Ölgemälde
»Der Nachtmahr« (1781) von Henry Fuseli. © The Trustees of the British
Museum

Dank

Zuallererst möchte ich Henny Aerts danken: Ohne ihre Neugier auf die Träume von Blinden hätte es dieses Buch nicht gegeben. Vincent Bijlo gestattete mir den Zugang zur Intimität seines Traumlebens, ich danke ihm und Mariska Reijmerink für die Herzlichkeit, mit der sie mich aufgenommen haben. Mein Kollege Maarten Derksen war auch dieses Mal wieder ein zuverlässiger und scharfsinniger Kommentator. Aus Zierikzee kamen ebenso begeisterte wie willkommene Vorschläge von Frans Meulenberg. Von Jaco Groot – hat irgendwer ihn einst »die fliegende Schere« genannt? – durfte ich wieder viele braune Briefumschläge empfangen. Herzerfrischend waren die Reaktionen aus einem nahen Kreis von Mitlesern: Pea, Marius und Bertine, Marian und Ylse.

In den vergangenen fünf Jahren hat sich die Buchwelt einschneidend verändert – zum Glück ist geblieben, dass ich das Manuskript von *Wie wir träumen* Rudo Hartman und Patrick Everard anvertrauen konnte.

Wer den Rätseln der Welt
gerne nachspürt, der darf dieses Buch
nicht verpassen!

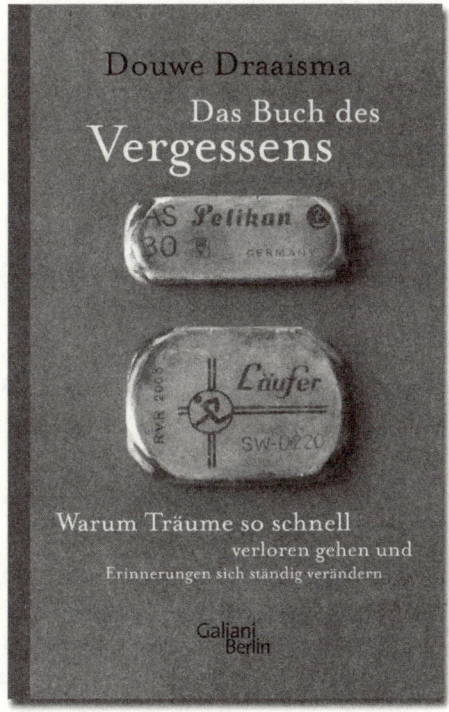

352 S., Euro 19,99 (D)
Aus dem Niederländischen von Verena Kiefer

»Eines der besten und schönsten Bücher über das
Gedächtnis überhaupt.« *Psychologie Heute*

»Ein großartiges Sachbuch … voller Neugier und Poesie.«
Deutschlandradio Kultur

www.galiani.de